# 形象史学 研究

2015/下半年

中国社会科学院历史研究所文化史研究室 编

人民出版社

图书在版编目（CIP）数据

形象史学研究（2015/下半年） ／ 中国社会科学院历史研究所文化史研究室编.

—北京：人民出版社，2016

ISBN 978-7-01-016151-8

Ⅰ.①形… Ⅱ.①中… Ⅲ.①文化史－中国－文集 Ⅳ.①K203-53

中国版本图书馆 CIP 数据核字（2016）第 082679 号

形象史学研究（2015/下半年）

XINGXIANG SHIXUE YANJIU（2015 /XIABANNIAN）

编　　者：中国社会科学院历史研究所文化史研究室
责任编辑：杜艳茹
封面设计：刘洪波
出版发行：人 民 出 版 社
地　　址：北京市朝阳门内大街166号
邮政编码：100706
印　　刷：三河弘翰印务有限公司
版　　次：2016年4月　第1版
印　　次：2016年4月　北京第1次印刷
开　　本：787毫米×1092毫米　1/16
印　　张：13.5
字　　数：200千字
书　　号：ISBN 978-7-01-016151-8
定　　价：58.00元
发行电话：（010）65257256　65245857　65276861
销售中心：（010）65250042　65273937　65289539

# 目　录

## 理论动态

纪雪娟：2015年汉代画像石研究述评/3


## 文物与图像

苏辉：常乐卫士铜量研究拾遗/19

练春海："虎噬人"母题研究/30

宋艳萍：汉代画像与汉代"厌胜"之风/59

沙武田：敦煌莫高窟"太保窟"考/86

扬之水：一幅宋画中的名物制度与宋墓出土器具——《春游晚归图》细读/121

杨富学、彭晓静：福州福寿宫所见摩尼光佛像杂考/136


## 文献

杨宝玉：敦煌文书中所存尼僧祭文校考/161

翟金明：琉球国金石文献述略/174


## 妈祖文化与海洋史研究

陈支平：连城四堡邹氏家族的妈祖信仰/185

高荣盛："香料"辨义——以东西交通为视角/193

理论动态

# 2015年汉代画像石研究述评

纪雪娟

画像石始于西汉，盛行于东汉，是多用于墓地祠堂、地下墓室内雕刻画像的建筑构石。汉代画像石的研究自20世纪70年代后进入到综合研究阶段，成为佐证文本材料的新证据。巫鸿《武梁祠——中国古代画像艺术的思想性》、信立祥《汉代画像石综合研究》、蒋英炬等《汉代画像石与画像砖》、邢义田《画为心声：画像石、画像砖与壁画》等经典著作，从考古学、艺术史和文化史等角度，揭示了汉画像石背后深层的文化符码，这些著作提出的观点广为研究者采纳，对于汉画像石研究具有奠基性意义。近年来对汉代画像石的研究超越了考古学、美术史的领域，多学科的综合运用推动汉画像石研究向更深层次发展。

2015年，汉代画像石的研究持续了往年的热度，"中国汉画学会第十五届年会"在徐州召开，该会围绕"汉画与中国传统艺术研究""'汉画'与'汉学'的学术史研究""徐州地区汉画专题研究""各地新发现汉画资料研究"四个议题进行了深入研讨，与会论文收录于《图像的表征——中国汉画学会第十五届年会论文集》。另外，本年度相关研究著作与文章相继涌现，从不同视角对汉画像石进行了解读。

民间丧葬习俗及观念在中国古代文献中一向记载较少，思想史研究中对于民间丧葬思想关注同样不够，黄宛峰《汉画像石与汉代民间丧葬观念》[1]一书，以汉画像石为文化载体，作为民间丧葬观念之"镜像"，从民间属性与生命主题、神仙观念、等级观念与功名意识、孝道观、夫妻观、吉祥文化等角度探讨汉代乃至中国古代民间丧葬观念的某些特点。书中提出的几个观点值得考究：（1）汉代画像石墓主多属于中下层人士，虽然以画像石作为整体汉墓墓葬研究对象有些局限性，但在民间丧葬中以图像浓缩的表现形式可以映射出帝王以及各级官吏的威仪和排场。汉画像石中体现的是尊卑分明的等级制，一定程度上体现出"汉官威仪"。（2）汉画像石墓葬中出现频率最高、最为流行的羽人形象反映出民众对于长生的向往，受到了帝王求仙以及士人神仙说的影响。（图1）如山东芗氏两兄弟建立祠堂的目的是"冀二亲魂零（灵）有所依止"；武梁的子孙"竭家所有"挑选名石，聘请良匠，修建祠堂，其目的是"垂示后嗣，万世

[1] 黄宛峰：《汉画像石与汉代民间丧葬观念》，中国社会科学出版社，2015年版。

图1　武氏祠前石室屋顶前坡东段羽人画像

不亡"，不断强化与巩固灵魂不灭的观念。但山东宋山石祠铭文"天命有终，不可复追"、四川崖墓铭文"生日甚少，死日甚多"、四川郫县墓门铭文"谁不辟世"等，又反映了汉代民间对于死亡的理性认识。（3）画像石的设计者和制作者来源于民间工匠，画像石中使用的固定图像模式的重要特点是将事物拟人化、具象化、世俗化。较之于富丽堂皇的宫廷艺术，画像石中的龙凤模式等吉祥物象表达了趋吉避凶、求富趋利的意图。（4）与传世文献对比，汉画像石中的孝子图彰显了庶民孝养之义，成双成对人物的画面内容又反映了"和合"的内涵（图2）。

卜友常《汉代墓葬艺术考述》[1]从汉代画像石墓起源与中原棺椁制度、汉代画像中的"秘戏图"与道教房中术、南阳汉代画像石制作过程中的粉本与制作基地、南阳现存"汉代宗资墓前天禄、辟邪"辨析、南阳汉代画像砖墓的渊源及其影响、汉代伏羲女娲交尾画像、楚美术作品中"S"线的基本形态与发展等角度来考述汉代墓葬艺术，探讨了画像石与道教、艺术传播以及画像制作过程中的粉本问题等。

除上述专著外，另有诸多文章从以下几个角度对汉代画像石进行了剖析。

---

[1]　卜友常：《汉代墓葬艺术考述》，上海三联书店，2015年版。

图2　武梁祠堂画像石

# 一　"新"：材料的发现与释读

"新"包含了两层含义：既包括对新材料的发现、整理与出版，另外还有对现有材料与观点新的订正与释读。

## （一）画像石资料的整理出版

凌皆兵等主编的《中国南阳汉画像石大全》[1]是一部比较全面、系统地呈现南阳汉画馆馆藏画像石的大型图录，分为"墓葬出土图像"和"散存征集图像"两部分。第一至三卷为典型墓葬出土画像，共收录22座墓葬的700多幅图像；第四至十卷共收录1700多幅征自民间的散存画像。杨孝军《徐州新征集的汉画像石研究》[2]一文介绍了徐州汉画像石馆新征集到一批画像石，包括扳手腕、出行、舂米、宴饮杂技等图像，有的图像在该地区是首次发现。《台湾华梵大学文物馆所藏汉代画像砖》[3]一文介绍了华梵大学所藏八块画像砖，该画像砖为浅浮雕，由上而下共分七层，属于图案花纹类图像，据此推断时间最迟不晚于东汉，可能来源于河南地区。另外，《山东汉代碑刻研究》[4]收录并研究了山东一些地区的汉代画像石题记。

---

[1] 凌皆兵等主编：《中国南阳汉画像石大全》，大象出版社，2015年版。

[2] 杨孝军：《徐州新征集的汉画像石研究》，《东南文化》2015年第4期。

[3] 周莎：《台湾华梵大学文物馆所藏汉代画像砖》，《中国文物报》2015年5月30日。

[4] 刘海宇：《山东汉代碑刻研究》，齐鲁书社，2015年版。

图3 滕州画像石 一佛二胁侍

**（二）新材料的释读**

朱浒《山东滕州新发现佛教内容汉画像石的初步研究》[1]将山东滕州画像石初步定为"胡人礼佛"题材的汉画像石（图3）。此类胡人多为流寓汉地的贵霜大月氏人，其核心位置，描绘了"一佛二胁侍"的图像，这一图像与同时期贵霜犍陀罗美术中"梵

图4 河南周口力士画像砖

---

[1] 朱浒：《山东滕州新发现佛教内容汉画像石的初步研究》，《中原文物》2015年第5期。

天劝请"佛传故事图像形成可供对比研究的序列，代表了早期佛教与中国儒家以及道教在鲁南地区的碰撞和融合。作者的这一发现可为佛教初传中国与中国传统文化相融合提供例证。

### （三）现有材料的新解读

练春海《勇士申博图像考》[1] 以河南周口地区以及扶沟县出土的力士画像砖（图4）为研究对象，认为由于造墓工匠文化水平较低，造成了铭文错误，画像砖上的铭文"电转"应被释读为周代勇士"申博"——被汉人视为与夏育、成荆等人一样的勇士，从而作为辟邪图像用于墓室。

## 二 "绣像的历史"：对图像程序以及设计意图的解读

汉代画像石题材丰富，多表现了古圣先贤、历史故事、神话传说以及统治阶级享乐生活的场景如乐舞百戏等。通过这些画像，可以获得对汉画像话语系统与汉墓信仰属性的实质性认识。

### （一）画像石的图像程序

六博图是汉墓画像的常见题材，姜生《六博图与汉墓之仙境隐喻》[2] 一文，不是从学界普遍认为的世俗性、娱乐性分析六博图，而是提出了六博图像的主旨在于助死者成仙，是复杂的墓葬仪式的重要一环。作者将六博图（仙人弈棋图）与《汉书·五行志》、任昉《述异记》、《西京杂记》等文献综合分析，认为博具是宗教通神之物，神仙六博等弈棋类情景暗示着墓室之所在乃神仙洞窟，墓主人进入这个空间通过一定的程序即可转变成仙。作者的观点突破了前人对六博图像形制、规则的研究，是为另一层面的"以图证史"，令人耳目一新。

车马出行图像是早期中国绘画的一种重要艺术形式，也是东汉画像砖、画像石以及墓葬壁画的流行题材。刘祥辉《"车马出行"图像的早期历史考察》[3] 通过对殷商至西汉带有车马出行图像材料的梳理和论述，总结出车马出行图像的真正确立时间是在战国时期，殷商至东周的车马形象材料分布呈现一种由北方逐渐扩散至中原周边的趋势；车马出行图像由战国末期的地上宫殿壁画转向了地下墓葬设施，并最终成为东汉中后期车马出行图像的主要载体；由秦至西汉时期，车马出行图像的一个重要变化是斜侧视和两轮画法的出现。（图5）

---

[1] 练春海：《勇士申博图像考》，《文物》2015年第5期。

[2] 姜生：《六博图与汉墓之仙境隐喻》，《史学集刊》2015年第2期。

[3] 刘祥辉：《"车马出行"图像的早期历史考察》，《美术研究》2015年第2期。

图5　山东安丘董家庄墓中室南壁横额车马出行图像

　　西王母图像是汉画像石的常见图像，汪小洋《汉墓绘画中的两个图像体系——主流社会天界图像与非主流社会仙界图像的比较》[1]对其进行了分析，指出汉墓绘画中西王母图像存在着不同的类型分布，西王母图像普遍存在于中下阶层墓葬且主宰着整个构图，而中上层贵族墓葬壁画中却很少出现，这说明神化的西王母没有得到主流社会的关注。作者的这一发现甚为难得，而为何会出现此种现象，还需研究者的进一步分析。

　　"树下射鸟"图也是全国各地墓葬中反复出现的图像，金爱秀《汉画像中"树下射鸟图"考辨》[2]不同意信立祥的祭祀说，在邢义田射爵说、汪小洋原始神话说的基础上，认为"树下射鸟"为一种流行的宗教仪式，含义与升仙密切相关。该文以射鸟人为核心，将此类图像分为两大类：一是射鸟人具有神性，表现的是远古神话后羿射日；一类是射鸟人不具备神性，射鸟属宗教仪式，表达了人们升仙的期望。

　　胡军《汉画像砖石中"树"图像特征研究》[3]将两汉画像砖石中的树木图像进行了分期：这些图像从早期三角形示意性的树形，演变为中期图案化的装饰性风格，再到晚期装饰性与写实性共存。具有代表性的为陕西—晋西北区域的剪影式、山东嘉祥的缠绕式、苏北—皖北—鲁西的凤尾式。

　　姜生《界定者：汉墓画像边饰研究》[4]一文对汉墓画像石边框纹饰之主要纹样符号、涵义及其施用方式进行了分析。他指出边饰不是简单的装饰纹，而是有着象征意义：斜线纹、菱形纹、铜钱纹组合，表示大地的构成要素土（地之肉）、石（地之骨）、水（地之血），展示了冥界；鸮纹、鱼纹、柏纹、垂帐纹等纹饰则是鬼廷冥府的

[1]汪小洋：《汉墓绘画中的两个图像体系——主流社会天界图像与非主流社会仙界图像的比较》，《民族艺术研究》2015年第1期。

[2]金爱秀：《汉画像中"树下射鸟图"考辨》，《江汉论坛》2015年第9期。

[3]胡军：《汉画像砖石中"树"图像特征研究》，《中华文化论坛》2015年第2期。

[4]姜生：《界定者：汉墓画像边饰研究》，《东岳论丛》2015年第11期。

代表。

除此之外，另有区域性画像石题材分析，郝利荣、杨孝军《徐州汉代墓葬画像中自然灾害题材的图像表现——以徐州汉画像石研究为例》[1]一文，叙述了汉代灾害频仍时期，汉代画像石中的祈雨除旱、升仙祥瑞题材，都呈现出自然灾害和灾异思想进入汉代画像石的过程。孔永红《南阳汉画中农业生产图像稀少的原因探析》[2]分析了南阳地区反映农业生产场景的画像石相当稀缺的原因：一是因为虽然汉代南阳地区农业发达，但富商大贾把持着农业收入的成果，农民不是收入的主体。表达农业生产的画像没有受到太多关注；二是因为南阳地区发达的商业文明使墓主向往"乐舞百戏"和"饮酒宴乐"等奢靡生活，从而成为画像石的主要内容；三是因为南阳地区受到楚文化的影响，画像中多为敬鬼升仙的内容，而非表达农业生产的艰辛。

**（二）画像石中的文化意蕴**

汉代以孝治天下，表现孝道主题的画像石在鲁、晋、苏、豫等地均有出土。刘克《汉代传统孝道观念变迁及其价值的图像考古》[3]将东西汉分离开来，着重分析了东汉孝子图像的变迁。他认为东汉中期，汉画的最大变化是孝子驯行，人们对忠孝关系的认识，并没有贯彻落实儒家的忠孝同体观点，弃忠尽孝成为当时人们普遍遵守的法则。东汉后期，人们把孝看作是自然情感的流露，反对各种伪孝压制和篡弑人的自然性情，儒家繁冗的礼义规范遭到了否弃。随着道教影响的扩大，孝以致仙观念在这一时期被社会接受。卢升弟《"养老"画像砖与两汉时期的尊老爱老传统》[4]以四川彭州、德阳出土的汉代养老题材画像砖为切入点，说明了在汉代"以孝治天下"的方针下，老人的政治待遇和社会地位不断改善。

李群喜《论鲁西南汉画像石中神明形象的宇宙论意义》[5]以山东济宁—枣庄地区的画像石为依据，提出画像石中西王母与东王公的结合是昆仑神话系统与蓬莱神话系统融合的象征，代表了生死刑法与现实世界的结合。作者将风伯形象解释为匈奴来犯的象征，而伏羲女娲图像的模式化为两汉经学烂熟的表现。

**（三）画像石与社会生活**

画像石中保留的图像可以在一定程度上复原汉代的建筑形制，如邢义田《说"堂

[1] 郝利荣、杨孝军：《徐州汉代墓葬画像中自然灾害题材的图像表现——以徐州汉画像石研究为例》，《文物世界》2015年第1期。

[2] 孔永红：《南阳汉画中农业生产图像稀少的原因探析》，《农业考古》2015年第4期。

[3] 刘克：《汉代传统孝道观念变迁及其价值的图像考古》，《河北师范大学学报》（哲学社会科学版）2015年第2期。

[4] 卢升弟：《"养老"画像砖与两汉时期的尊老爱老传统》，《中华文化论坛》2015年第1期。

[5] 李群喜：《论鲁西南汉画像石中神明形象的宇宙论意义》，《安徽理工大学学报》（社会科学版）2015年第5期。

图6　山东诸城凉台孙琮墓画像

皇"——读简牍与画像札记》[1]，以汉代画像石为依据（图6），考证了汉代的"堂皇"是一种正面敞开，用于接待宾客或治事的厅堂类建筑。说明古代实际的"堂"正面敞开，不一定如颜师古所说是四面皆无壁，有时正面和左右侧有柱无壁，有时左右有壁或加背后有三壁。平民住屋或官府的堂前多有阶，阶或双或单。马骥、宋红宇《阙在汉画像石、画像砖上的表现》[2]通过研究汉画像石和画像砖以及现存阙的实物，将汉阙按照规制、题材、区域分类，指出阙除了宫阙、城阙之外，又有门阙、墓阙之分。汉代的城门、宫室和显宦的宅邸，往往都要立阙以象征王权的尊贵。

李亚利、滕铭予《汉画像中的亭榭建筑研究》[3]一文比较全面细致地梳理了汉画像石中出现的亭榭的建筑类型和结构。汉代亭榭是先秦时期台榭的发展，其最大的建筑特点是支撑结构利用了斗拱的发展和创新，创造出了倾斜透迤的高耸悬空木结构建筑。汉代亭榭主要有两种结构：单侧楼梯的临水亭榭和双侧楼梯的平地亭榭，临水亭榭又进一步发展成为唐宋时期水榭的雏形。汉代亭榭相对于先秦时期的台榭，其作为军事和专门藏器场所的功能消失，成为娱乐休闲式的建筑。二人的另一文章《汉画像中桥梁图像的象征意义研究》[4]分析了汉代画像中出现的桥梁图像，按其内容大致可归为四类：故事图、渔猎图、过桥图和战争图。桥梁象征了生界到仙界的通道。

孙良玉《南阳汉画像石中所见的女性发式和发饰》[5]将南阳汉画像石中女性的发式分为高髻、椎髻、双丫髻、圆髻等几种髻型；发饰则主要有假发与假髻、頍和帻、冠等。

## 三 "完整的证据链"：图像与文献的结合

通过图像与相对应文本的对接，既可以揭示画像石包含的内容，更可再现画像石背后的历史信息，打开观察、理解汉代精神世界的新视野。汉代画像石的研究逐渐脱离了插图式或简单形制考证的基础性价值解读，达到了挖掘图像深层蕴义，将图像与文献连接起来构筑完整证据链的层面。

日本学者黑田彰《孝子传、列女传的图像与文献》[6]以李善图（图7）、曾子图、柏榆图等为例，展示了如何将图像孝子传图、列女传图与文献孝子传、列女传作为一个

[1] 邢义田：《说"堂皇"——读简牍与画像札记》，《湖南大学学报》（社会科学版）2015年第3期。
[2] 马骥、宋红宇：《阙在汉画像石、画像砖上的表现》，《湖南省博物馆馆刊》，2015年。
[3] 李亚利、滕铭予：《汉画像中的亭榭建筑研究》，《考古与文物》2015年第2期。
[4] 李亚利、滕铭予：《汉画像中桥梁图像的象征意义研究》，《华夏考古》2015年第1期。
[5] 孙良玉：《南阳汉画像石中所见的女性发式和发饰》，《中原文物》2015年第3期。
[6] 〔日〕黑田彰：《孝子传、列女传的图像与文献》，《中国典籍与文化》2015年第1期。

图7　武梁祠李善图

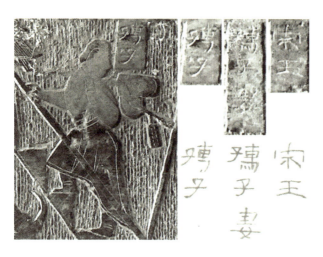

图8　嘉祥画像石榜题

研究整体。姜生《韩凭故事考》[1]，以嘉祥所出民间收藏汉画像石上的"宋王""孺子""孺子妻"等榜题为切入点（图8），为研究韩凭夫妇为挚情而死后尸解变仙的故事提供了可靠的突破点。

"穆天子见西王母"题材在汉画像石是否存在及其判断标准一直是研究者的关注焦点。方艳《"穆天子见西王母"题材汉画像辨析》[2]一文基本同意"穆天子见西王母"存在说，并且结合《穆天子传》所提供的文本信息，从构图方式所传达的人物关系将其分为三种不同类型：即周穆王与西王母、东王公与西王母、凡夫与神女。文章指出，所谓"穆天子见西王母"画像与"东王公和西王母"画像之间存在很强的相似性，故而导致了"周穆王""东王公"之争，揭示出在男权文化背景下，女性神祇形象不断

[1] 姜生：《韩凭故事考》，《安徽史学》2015年第6期。
[2] 方艳：《"穆天子见西王母"题材汉画像辨析》，《民族艺术研究》2015年第1期。

图9　武梁祠西壁画像

被尊崇、遮蔽、消解的过程。

姜生《汉代列仙图考》[1]以武梁祠图像为中心（图9），解释了各色历史人物杂处一处的原因，即符合汉代墓葬画像背后隐含的宗教价值的评判标准：帝王、贤相、能将及刺客类图像，反映了"自三代以来贤圣及英雄者为仙"的成仙标准；忠臣、孝子及列女类图像则表明，在汉代，生前为忠、孝、节、义之典范者亦得死后成仙。文章指出，神学化的儒家道德伦理，重武尚侠的社会风尚与历史上长期积淀的神仙思想相结合，是汉代"仙谱"所据以形成的思想基础。该文的另一特色是将汉墓画像系统与道书文献《真诰》相互印证，可在一定程度上还原汉代"仙谱"的基本面貌，揭示当时的成仙标准，对于研究汉代宗教形态和早期道教的起源问题具有钩沉起蔽的意义。

姜生另一文章《汉代神祇考》[2]，通过对早期道教文献与汉墓画像资料的结合考证，识别出更多汉代神祇，如在徐州汉王乡元和三年墓祠画像石、临沂费县潘家疃东汉墓画像石及相关画像石上，可以发现汉代信仰中被神化的四首双躯之神容成公、名曰"灵鸽"的鸟喙之神太上老君、名曰"罗立"的牛首之神即炎帝等若干重要神祇。台湾地区李珮瑜《汉代画像石中有关神仙世界的题材研究》[3]以汉代画像石为研究素材，将其中的神话题材具体分成神仙之属、神灵之物两类，通过比对图像特色与文献记载，

图10　南阳麒麟岗出土四灵及伏羲女娲图

[1] 姜生：《汉代列仙图考》，《文史哲》2015年第2期。

[2] 姜生：《汉代神祇考》，《江西社会科学》2015年第1期。

[3] 李珮瑜：《汉代画像石中有关神仙世界的题材研究》，《衍学集》，2015年版。

图11　武梁祠雷公出行图

指出神仙之属有西王母、东王公、伏羲、女娲、高禖神、羲和、常羲、牛郎、织女、神荼、郁垒等。神灵之物则种类繁多，在有西王母、东王公出现的画像石中，往往发现三足乌、九尾狐、蟾蜍和玉兔等足迹，有时伴随其他人面兽身、兽首人身之怪物，抑或是龙、虎，还有一种九头人面的开明兽。

姜生、冯渝杰《汉画所见存思术考——兼论〈老子中经〉对汉画的文本化继承》[1]一文指出，汉墓画像中的某些歌舞图及"四灵在旁"类图像（图10），是同时代《王子乔碑》《帝尧碑》及《老子铭》所记当时社会中流行的"弦琴以歌太一""覃思以历丹田"之类存思修炼活动的图像表达。《老子中经》则为对应于武氏祠左石室"雷公出行图"的文本依据（图11），由此进一步确证了汉画所蕴涵的内炼属性，而《老子中经》是对汉画所代表的东汉宗教思想的文本化继承。

---

[1] 姜生、冯渝杰：《汉画所见存思术考——兼论〈老子中经〉对汉画的文本化继承》，《复旦学报》（社会科学版）2015年第2期。

通过对2015年汉代画像石研究的综合分析，可以看出，对于画像石的解读逐渐超越了单幅作品以及区域性特色，将画像题材作为整体，进而分析整个汉代画像演变已经成为主流。此外，对于纹饰、固定图像的细微解读也成为画像石研究的潮流之一。巫鸿在《马王堆一号汉墓中的龙、璧图像》[1]一文中提出了对图像"超细读"的观点，他认为细读将朝着更为精微和敏锐的方向发展，把审视和分析的目光集中到一些能够反映出艺术家特殊意图的细节上。这个观点同样适用于画像石研究，更加精微、深层地探究汉代画像石的个性特征或将成为今后研究者的关注点之一。

作者单位：中国社会科学院历史研究所

收稿日期：2016-1-20

## 勘误一则

因印刷前版面调整，致使上期刘中玉《知白守黑：〈中山出游图〉的视觉性考察》一文第106页结尾两段文字末尾出现错合和乱码，付印时未能及时发现，谨向读者致歉。

---

[1] 巫鸿：《马王堆一号汉墓中的龙、璧图像》，《文物》2015年第1期。

文 物 与 图 像

# 常乐卫士铜量研究拾遗

苏辉

常乐卫士铜量是金石大家陈介祺收藏过的一件重要文物，带长柄，器身椭圆，平底，口沿外壁平行刻铭27字："常乐卫士上次士，铜饭帻容八升少，新始建国地皇上戊二年二月造"，铭文下方有一正方形斗检封。此器在簠斋身后流散出国，而形制在当时罕有人见到，拓片也流传不广，再加上铭文中存在难解之处，故学者讨论的并不多。2009年，国内一位收藏者在美国通过拍卖将此器带回北京，由于机缘巧合，我与器主结识，随即看到了这件铜量，得以上手仔细观摩，并撰写了《陈簠斋旧藏莽量的重新发现与研究》一文[1]，重点在考释铭文和论证史实，对于器物和拓本流传并未作过多的探讨。

根据福开森（J. C. Ferguson）《历代著录吉金目》[2]，此器拓本分见于《簠斋吉金录》5.31（钤印"簠斋两京文字"）、《愙斋集古录》25.6（钤印"簠斋藏古""君车汉石亭长"）、《小校经阁金文拓本》13.51（未钤印）、《汉金文录》4.21（斗检封内有"海滨病史"钤印）。此外，孙慰祖等所编《秦汉金文汇编》列在529号[3]。这是当时查到此器拓本的一些情况，最近又发现了几种常乐卫士莽量的拓片，对于考察器物的流传与研究均有裨益，故作续论以补前文之阙。

一

晚清陈介祺收藏金石之富，冠绝一时，而辨审之精，更是得到了古器物专家的一致推崇，后来学者叹服"他的眼光太好了，他一生收藏的铜器等，不下几千件，没有一件是假的"[4]。簠斋每得一器，均拓印分送好友，数量多的则售出，以筹措助拓之资，金石圈中也争相购藏。常乐卫士铜量拓片赠送的记录，见于《致吴云书》：

弟今年又得一始皇诏者，拟合吴、鲍、李三量、诏版七八、吕不韦戈一、新

[1] 苏辉：《陈簠斋旧藏莽量的重新发现与研究》，《文博》2013年第1期。
[2] 〔美〕福开森：《历代著录吉金目》，中国书店，1991年版。
[3] 孙慰祖、徐谷甫编：《秦汉金文汇编》，上海书店出版社，1997年版。
[4] 商承祚：《古代彝器伪字研究》，收入《商承祚文集》，中山大学出版社，2004年版。

莽饭帻制同秦量者，共各拓数十纸，装册分存诸同好，乞以尊藏先拓付二十纸为企。[1]

从中可以推测，这件莽量当时有几十张拓片，而流传至今已不过十来张。

本文要讨论的第一张拓片发表在1932年《河北第一博物院半月刊》第29期（图1）。河北第一博物院的前身是由严智怡等人筹建、于1923年正式开馆的天津博物院，1928年改称河北第一博物院[2]。这份"新莽饭帻（原大）"拓片无钤印，影现的只是有铭文和斗检封的铜量外壁部分，图下说明"凤印楼赠刊"。凤印楼当为藏家室名别号，限于资料，只能阙疑待考。拓片左旁先列释文，次为解说：

　　按，王莽改长乐宫为常乐室，此常乐即长乐。莽以初始元年十一年[3]戊辰，即真天子位，改正朔，以十二月朔癸酉，为始建国元年正月朔，服色配德尚黄。其

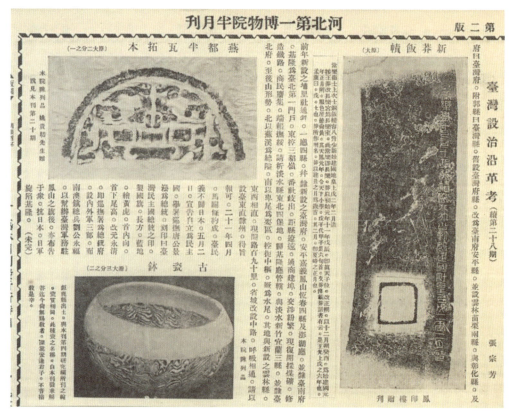

图1

---

[1] 陈介祺：《秦前文字之语》，齐鲁书社，1991年版，第231页。

[2] 马冬青、任海燕：《河北第一博物院及其出版的刊物》，《文物春秋》2006年第6期。

[3] 笔者按，"十一年"当为"十一月"之误字。

天凤元年，令天下小学，戊子代甲子为六旬首，又《莽传》载莽诏书有云：是王光上戊之六年也。孟康曰：戊，土也，莽所作历名。莽以建丑之月为岁首，其二月，即夏时之正月也。

凤印楼的拓片应该也是来自簠斋或其后人，而随图考证虽短，仅涉及铭文中的"常乐"和新莽纪年，但论述有据，非常精当，值得称道。

# 二

"中研院"史语所的青铜器拓片资料库的数据非常丰富[1]，来源是晚清以来金石家的藏品，多由傅斯年经手购入，数字化之后可以在线上免费查阅。库中收录的常乐卫士铜量拓片有3种，具列如下（图2）。

第1种出自《谥斋金文拓本》，为柯昌泗旧藏，拓片只有铭文和斗检封部分，裱装右上有题记："常乐卫士铜饭帻表此器已售归日本。"[2]

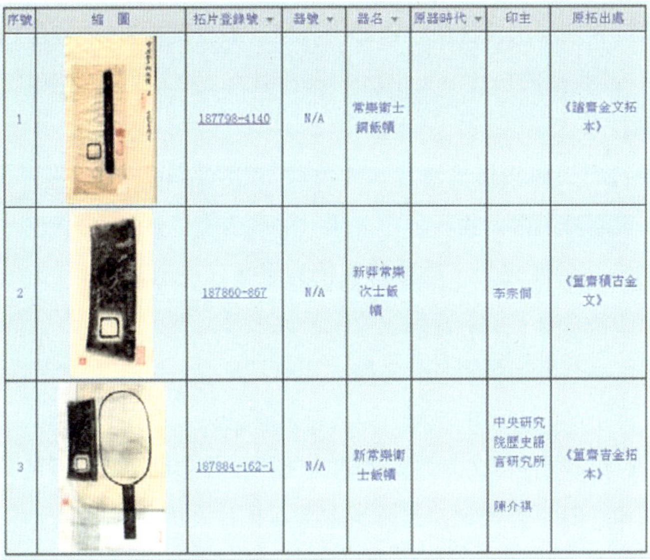

| 序號 | 縮圖 | 拓片登錄號 | 器號 | 器名 | 原器時代 | 印主 | 原拓出處 |
|---|---|---|---|---|---|---|---|
| 1 | | 187798-4140 | N/A | 常樂衛士銅飯帻 | | | 《謐齋金文拓本》 |
| 2 | | 187860-867 | N/A | 新莽常樂次士飯帻 | | 李宗倜 | 《簠齋積古金文》 |
| 3 | | 187884-162-1 | N/A | 新常樂衛士飯帻 | | 中央研究院歷史語言研究所 陳介祺 | 《簠齋吉金拓本》 |

图2

---

[1] http://rub.ihp.sinica.edu.tw/~bronze/

[2] http://ndweb.iis.sinica.edu.tw/rub_public/System/Bronze/Search/detail.jsp?Rubbing_ID=25631&Record_NO=1

柯昌泗，字燕龂，号谧斋，近现代史学名宿柯劭忞之长子，以博闻强识著称。曾师从罗振玉，精于史学以及金石研究。1921年，北京一些金石文字学者及爱好者，发起组织了一个学术研究团体——冰社，取《荀子·劝学篇》"冰，水为之，而寒于水"之义。社长是易大庵，副社长为齐宗康、周康元，柯昌泗和孙壮是秘书[1]，主要成员有罗振玉、王国维、马衡、丁佛言、陈宝琛、陈半丁、陈汉第、寿石工等，当时著名的金石学家大都在内。冰社社章规定，固定在每周六及周日，社员各携所藏或新得金石文物参加集会，互通藏品，交流信息，展开研讨。冰社的成立促进了文物拓片的流传，对传拓技术的提高也有明显的推动作用，并在国内产生了极大的影响，其中北方篆刻之学由此兴起，可与西泠印社媲美。冰社活动至1941年完全停止，柯昌泗购藏了大量的金石拓片，与此期间参与的高水平金石研讨交流是分不开的。

柯昌泗的人生经历复杂，反复出入政、学两界，既在辅仁大学、山东大学等任过教，又曾在山东做过道尹，赴察哈尔省政府做教育厅长，未能潜心著述，时人都惋惜他过于热衷宦途[2]，故他除了发表过几篇金石研究的文章外，完整的学术著作较少。代表作即《语石异同评》，此书是对叶昌炽《语石》的点评和订补，由陈公柔、张明善整理，收入《考古学专刊》丙种第四号[3]，此外还有《辛巳金石偶谭》《鲁学斋金石记》等。因为在抗战期间出任伪职，1945年后柯昌泗潦倒狼狈，一度只能靠变卖金石藏品维持生计[4]，其收藏的拓片由史语所购入者编为《谧斋金文拓本》，这件莽量的拓片也是由此而易主。

柯昌泗交游甚广，确知铜量被日本人收购，故在题跋上专门提及，较之其他学者可谓消息灵通。簠斋身后古器物为各房分属，陆续变卖，被日本人收购较多，最著名如"十钟山房"的青铜钟便成为了泉屋博古馆的藏品，民国时代的刊物中有过报道，如《潍县陈簠斋藏印将入鲁省馆》提到簠斋藏品流入日、德的情况[5]（图3）。由于常乐卫士铜量在簠斋藏品并不算最著名的文物，其流入日本，后来又被转手到美国，最后由国内藏家购回，百年漂泊，其中坎坷，令人歔歔不已。

第2种出自《簠斋积古金文》，为带铭文的铜量外壁部分，左下有印记"玄伯"，是李宗侗的自用章。右下有印记"史语所藏金石拓片之库"，均见于数据库中的3种拓

[1] 史树青、傅大卣：《冰社小记》，《北京史苑》第一辑，北京市社会科学研究所《北京史苑》编辑部，1983年版。

[2] 邓云乡：《史学家柯昌泗》，载氏著《水流云在书话》，上海书店出版社，1996年版。

[3] 叶昌炽撰，柯昌泗评，陈公柔、张明善点校：《语石 语石异同评》，中华书局，1994年版。

[4] 崔振化：《柯劭忞轶事》，中国人民政治协商会议全国委员会文史资料委员会编：《文史资料存稿选编：晚清·北洋（上）》，中国文史出版社，2002年版，第826～829页。

[5] 佚名：《潍县陈簠斋藏印将入鲁省馆》，《中华图书馆协会会报》第8卷第1～2期合刊，1932年。

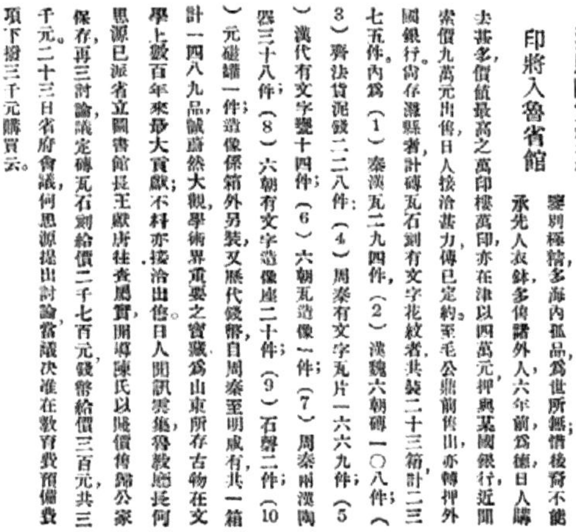

鲁潭縣名盎古家陳簠齋三世收藏金石甚富
鑒別極精搞多海内孤品爲世所罕能
承先人叙録多传譜外人六年前以四萬元押奥某國银行近聞
尖甚多價值最爲之爲樓萬印亦在津以四萬元押奥某國银行外
索價九萬元出售日人接洽甚力傳已定約至毛公鼎前售出亦嗜外
國银行尚保潍縣者計碑石刻有文字花紋木裝二十三箱計一二三

潍縣陳簠齋藏
印將入魯省館

七五件,内霽(1)秦漢瓦二九四件(2)漢魏六朝碑一〇八件(3
)齊泰貨泉錢二二八件(4)周秦有文字兆片一六六九件(5
)漢代有文字甓十四件(6)六朝有文字造像座二十件(7)秦泰州漢陶
四三八件(8)六朝有文字造像二十件(9)石磬二件(10
)元礎一件遺像係箱外另裝又歷代镜幣自周泰至明咸成一箱
計一四八九品賦嘉然大觀學術界重要之寶藏爲山東所存古物在文
學上致百年來夥大貢獻不料亦接洽出售日人聞訊累集督教總托何
思源已源立圖書館長王獻唐枉費開導陳氏以囑價傳銷公家
保存,再三討論流定銅瓦石刻給價二千七百元,共三
千元,二十三日省府會議,何思源提出討論當藏次准在教育费預備费
項下撥三千元購買云。

图3

片[1]。这件拓片应是经李氏之手转入史语所。

李宗侗，字玄伯，河北高阳人，为晚清名臣李鸿藻之孙。中国古代社会史和清史专家，代表作为《中国古代社会新研》[2]。李宗侗与故宫有不解之缘，20世纪20年代中后期曾任清室善后委员会顾问和古物保管委员会委员，参与故宫文物的清理和接收；时任故宫博物院理事长李石曾是其叔父，易培基出任故宫博物院首任院长，任命女婿李宗侗为故宫博物院秘书长，后来闹得沸沸扬扬的"故宫博物院盗宝案"便由此埋下伏笔[3]。抗日战争期间，护送故宫文物南迁宁沪和重庆，1948年故宫文物迁台，以及台北故宫博物院的建立，他均参与其中。后任台湾大学历史系教授。中华书局近年出版了《李宗侗著作集》，收录了他的部分撰述。

第3种出自《簠斋吉金拓本》，除了史语所印章，左下另有"簠斋两京文字"钤记[4]，是陈介祺的鉴藏自用印，拓片上并无其他金石藏家的印鉴。可以推知，史语所入藏之前转手的次数不多，甚至可能就是直接从陈氏家人手中购入。此拓引人注目的是铜量带文字外壁部分之外，还印了器口和长柄，可以看作是铜量的俯视图。

史语所的第3种拓片虽然罕见，但也不是绝无仅有，最近就公布了一件相近的常乐卫士铜量拓片（图4），目前藏于山东私人之手[5]。同样是既有铭文外壁也有器口加上长柄两部分的影拓，左下角也钤印"簠斋两京文字"，唯一的不同点在于右上有簠斋

［1］http://ndweb.iis.sinica.edu.tw/rub_public/System/Bronze/Search/detail.jsp?Rubbing_ID=18182&Record_NO=2

［2］李宗侗：《中国古代社会新研》，上海明文书局，1939年版。

［3］余盖：《故宫博物院盗宝冤案之谜》，中国人民政治协商会议全国委员会文史和学习委员会编：《文史资料选辑》合订本第32卷总第93～95辑，中国文史出版社，2011年版。

［4］http://ndweb.iis.sinica.edu.tw/rub_public/System/Bronze/Search/detail.jsp?Rubbing_ID=19309&Record_NO=3

［5］迟延璋、朱英：《陈氏〈新莽常乐卫铜饭帻〉拓本赏析》，《文物鉴定与鉴赏》2010年第5期。

图4

的亲笔题名"新莽常乐卫铜饭帻"，藏家请潍坊市博物馆孙敬明研究员等专家审鉴，确定是簠斋的原题和初拓本。《簠斋金文题识》一书关于该器有解说："式如秦量而底平，名曰帻，可见古帻之形。莽量也，帻其形，二十六字，外一口高起，即斗检封。地皇上戊二年。"该文中指出了拓片实际为二十七字，与书中不符，当是后人抄录题记出错。笔者推测，簠斋此拓题名中"常乐卫铜饭帻"无"士"，是否在计算铭文中遗漏了"士"字所致。

## 三

类似史语所第3种的拓片还见于1941年《辅仁生活》杂志第15期，在署名墨盒的文章《西汉常乐卫士铜帻考》中作为附录（图5）。由于刊物年代久远，图片较为模糊，拓片上的题跋和印鉴已经无法看清，幸好墨盒文章已经提供了相关的流传信息："铜帻全形拓本，不可得见。此本为山东潍县陈介祺收藏时初拓本，何昆玉、杨守敬两氏旧藏，今归敝斋。"[1]文中还详细记录铜量的各部位长度，很有参考价值，惟铭文的考释未达一间，可采信者不多。

文中提到的何昆玉（1828—1896），字伯瑜，广东高要人，金石书画家，善治印，精摹拓。罗振玉对于何昆玉刻印之术非常推崇，指出：

> 迨乎晚近，潍之王石经，粤之何伯瑜，又得古拨蜡法，能仿效古官、私玺，精雅渊穆，启前人已失之途径。至是，刻印之术三变，观止矣。[2]

---

[1]墨盒：《西汉常乐卫士铜帻考》，《辅仁生活》1941年第15期。

[2]罗振玉：《传朴堂藏印菁华序》，郁重今编：《历代印谱序跋汇编》，西泠印社出版社，2008年版，第562页。

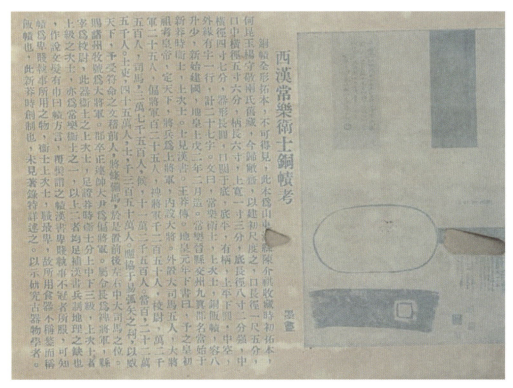

图 5

　　王石经（1831—1918），字君都，号西泉，篆刻名家，与当时的收藏家都有交游。曾辑自刻印为《甄古斋印谱》[1]，收录王石经为金石学家所治印120余方，盛昱、潘祖荫、吴大澂、王懿荣等均为题识或跋语，陈介祺并赠诗云："王君通隶法，名字采中郎。好古天机妙，多才雅事详。印摹灯照汉，帖模拓追唐。何日编钟鼎，同登叔重堂。"最近新出的《西泉印存》录印248枚[2]，列入《万印楼丛书》之一。西泉长期为簠斋制印，也多得陈氏指点。何伯瑜也与簠斋过从甚密，尤其他客居潍县之后，从簠斋游学，鉴赏水平日进，并应邀协助编辑《十钟山房印举》。陈敬第为《十钟山房印举》撰写序言记载：

　　　　同治壬申，高要何昆玉伯瑜携其吉金斋所藏，又以潘氏看篆楼、叶氏平安馆粤署烬余各印，约二千七百余事来归簠斋，即主其家。簠斋……督其次子厚滋与伯瑜同事编次，博收约取，师吾丘子行《三十五举》之意，名曰《十钟山房印

---

[1] 王石经：《甄古斋印谱》，商务印书馆影印本，1923年版。

[2] 王石经著、陈进整理：《西泉印存》，天津人民美术出版社，2014年版。

举》。[1]

何昆玉还是一个活跃的文物古董商，簠斋也与他合作出售金石拓片和印谱，并有约定的利润分成，见陈介祺《复谭雨帆书》：

> 何伯瑜由津欲入都，其徒周子芳同往。前已印得二十部，与彼三七分。彼七者，以纸、印泥一切俱属彼。[2]

常乐卫士铜量拓片自然是何昆玉得自于簠斋，后来散出归杨守敬（1839—1907）。邻苏老人不仅以版本目录、历史地理名家，其金石碑帖之学也成就斐然，有《望堂金石》《寰宇贞石图》等著述。杨氏之后，铜量拓片即辗转归墨盦所有。

《辅仁生活》是辅仁大学的校园周刊[3]，每周一发行，刊登的都是校内师生的文章。此文作者墨盦在《辅仁生活》上还发表了《说罘》（1941年第13期）、《后周夏承厚铸舍利塔考》（1941年第15期）等有关铜器碑帖的文章，也是一位金石学家，且必定属辅仁大学人士。《辅仁美术月刊》1933年第1期上刊出《陆和九治印》四方，其中"竹根印二"就是"墨盦"（图6），由这些条件推定，墨盦只能是陆和九。曾在辅仁任教的台静农回忆当时校内教师，对陆氏的爱好碑帖仍深有印象：

> 在美术系教篆刻书法的陆和九先生，以玩"黑老虎"知名于厂甸，收藏拓片多而能鉴别，偶见其有碑版的考证文，但他的收藏未见编有目录。[4]

陆和九（1883—1958），湖北沔阳人，祖父为清两江总督陆建瀛。金石书画家、篆刻家。本名开钧，号墨盦，有名号印"古复州陆和九字墨盦""墨盦""墨盦鉢"（图7）。其篆刻颇具特色，以"怪"取胜。1936年东娄班书阁为《墨盦竹印选》序云：

> 吾友陆君墨盦，幼负不羁才，壮不克行其所学，及其老也，遂不得已托艺术以自食其力，诗怪书怪画怪，治印尤怪，盖兼有郑（板桥）、高（南阜）二怪之能，而无其失，又独立于八怪之后，而自出其新意趣，并能不悖于古之法，虽以治印鸣于时，吾知其必不独以印人传也。[5]

齐白石也让其子齐良迟入辅仁拜陆和九为师学习篆刻，马国权《近代印人传》评价道：

[1] 陈敬第：《〈十钟山房印举〉序》，《历代印谱序跋汇编》，第516页。陈介祺《秦前文字之语》（第230页）已记此事："年前高要何昆玉携潘氏看篆楼古印、叶氏平安馆节署烬余古印来，弟出旧藏，率次儿厚滋纶编辑两月余，官印古印甫得稿十数册，益以东武李氏爱吾鼎斋藏印，海丰吴氏双虞壶斋藏印，子年、竹朋各数印，名曰《十钟山房印举》。拟前列一目，上则官古，下则私印，夏秋或可告成。"
[2] 转引自陆明君《簠斋研究》，荣宝斋出版社，2004年版，第224页。
[3] 王凤峤：《〈辅仁生活〉与我》，陈明章编：《学府纪闻：私立辅仁大学》，南京出版有限公司，1982年版。
[4] 台静农：《辅仁旧事》，载《学府纪闻：私立辅仁大学》。
[5] 班书阁：《〈墨盦竹印选〉序》，1936年钤印本。

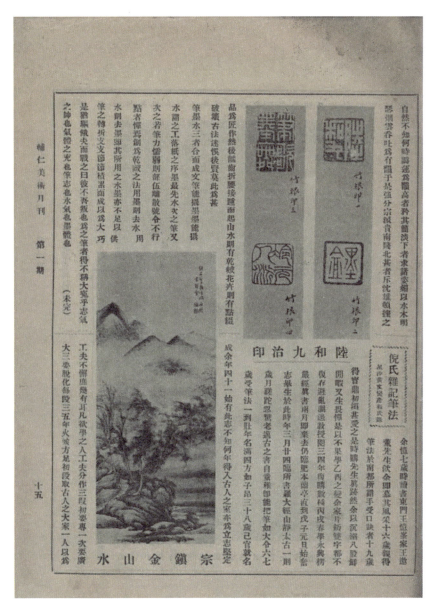

图6

图7

和九书画篆刻，盖承家学。治印至和九已七传，以深谙金石文字之学，又善变化，故能不泥于古，不染于俗，竹印尤朴茂有高致，酷似周秦两汉人铸印。……今观其所作"古复州陆和九字墨盦""开钧""楚人"三竹印，气格确高出板桥、南阜之上。[1]

陆和九民国时期任职于中国大学国学系和辅仁大学，讲授金石、书法、篆刻等课程，1952年由于辅仁大学被解散，始专任中央文史馆馆员。代表作有《中国古器物学》、《中国金石学》前编和正编等，是现代影响较大的金石学教材。1947年陆氏和乡人彭一卣、石荣暲等组织楚学精庐，编辑《湖北文徵》，有功于桑梓。陆氏好古，久负盛名，吴仲《续诗人徵略后集》云：

君工诗善画，尤僻爱古文字，凡碑碣钟鼎之类，辄摩挲竟日，非求得其精义，不忍释手，其勤学好古有足多者。[2]

墨盦收藏碑帖数万种，抗战期间为生计所迫，曾将大部分委托琉璃厂古董商出售。他去世后，尚存的千余种碑帖拓片入藏北京大学图书馆[3]。《辅仁生活》刊文所附常乐卫士铜量的拓片也不知去处，该拓历经何伯瑜、杨守敬、陆和九等金石名家收藏，且有钤印题跋，若能留存至今，一定是珍贵异常。

# 余　论

对于常乐卫士莽量，如果结合前引簠斋"制同秦量者"的描述，对其形制应无疑义，可惜簠斋之后百年之间，所有收入此器拓片的金石图录都没有将其放在度量衡的类别，这一点我的前述小文已经谈及，直至铜量回归，始得识真容。原因自然是学者在无法见到原物的情况下囿于铭文难作定论。不可否认，铭文研究非常重要，但单纯根据铭文进行古器物研究也有局限性，一旦没有明确的器物自称，或是器物称名有所歧异，如一套成组配套使用的器物互相借名，均会造成难以论定的情况，于是观察原器在文物研究中便具有不可替代的作用，最好的方式要有照片、拓片，同时观摩原器，缺一不可，才能避免研究的疏失。

对于古器物研究来说，拓片是非常重要的材料，一些难以用肉眼辨析的细节在拓片中反而能够得到很好的显现，在无法观摩原器与核对照片的情况下更是必须依赖拓片才

---

[1] 马国权：《近代印人传》，上海书画出版社，1998年版，第195～197页。

[2] 吴仲：《续诗人徵略后集》，沈宗畸编：《晨风阁丛书》，中国书店影印本，2010年版。

[3] 北京大学图书馆金石拓片整理小组：《北大图书馆藏金石拓片》，杨忠主编：《高校古籍整理十年》，江西高校出版社，1991年版，第263页。胡海帆：《北大图书馆金石拓片特藏及其整理工作》，《中国典籍与文化》1996年第4期。

能进行分析讨论，故一张精美的拓片在金石学家看来，既是重要的史料又是艺术珍品。同一张拓片递经不同的学者收藏、钤印、题跋，由此在原拓的基础上又附加了文化含量，历时越久，藏家越多，题跋印鉴也就随之如锦上添花，内涵必定丰富无比。一件文物的拓片通常不会只有一张，因为还有同时锤拓或是不同时期传拓的拓片，常乐卫士莽量拓片的多样性，提示古文物资料汇编中要尽可能将同一器物各种拓片都选录，以便读者进行多方面的比较研究。上述关于拓片的两个方面，对于器物本身的研究，以及学术史的探讨，都是极有意义的。

此外，两汉金文的资料汇编仍是一个亟待加强的工作，应作为重要课题，尽快将完善计划提上议程。民国时期容庚先生的《汉金文录》作为专门著录汉代金文的工具书[1]，首次将见诸传统金石图录中的两汉材料收罗排列，对秦汉史的研究大有裨益。于1996年面世的《秦汉金文汇编》也是只收拓片[2]，补充了20世纪30年代之后陆续出土的资料，在汉代器物的数量上超过了容氏之书，但遗漏也不在少数，尤其容书已收的一些器铭居然未被列入，如最早著录于罗振玉《贞松堂集古遗文补遗》的关邑家壶等[3]，颇让人感到意外。再往后就没有学者做类似的汇编工作。近二十年来，汉代考古有许多重要的发现，大型墓葬遗址如广州中山四路南越国宫署遗址、江苏徐州狮子山西汉楚王陵、盱眙大云山江都王陵、江西南昌海昏侯墓，其中出土的金文已不在少数，还有不胜枚举的散出材料，要是都收集起来汇为一编，体例上应包括器物照片、铭文部位细部照片、拓片、摹本，按照出土单位或时代先后顺序或器类排列均可，提供详细的器物背景信息，包括尺寸、大小、出处、流传、原有著录、已有研究目录，等等，正好作为《殷周金文集成》的姊妹篇，可以极大地推动秦汉史的深入探讨。李学勤先生早就呼吁："尽可能把海内外收藏的战国秦汉文字材料集中起来，编成大型汇编出版，必能大大促进战国秦汉文字这一学科分支的研究，对这一时期历史、考古、语言文字以及文化史等方面的研究也将有深远影响。把这一大批材料的整理研究同文献的研究结合起来，更会产生许多有意义的成果。"[4]这已经不限于汉代的史料研究，属于更长远的学术规划，一旦完成意义非凡，值得学界重视并着手实施落实。

作者单位：中国社会科学院历史研究所、
出土文献与中国古代文明研究协同创新中心

收稿日期：2015-11-20

[1] 容庚：《汉金文录》，中研院史语所，1931年。

[2] 孙慰祖、徐谷甫编：《秦汉金文汇编》。

[3] 罗振玉：《贞松堂集古遗文》（附《补遗》《续编》），北京图书馆出版社，2003年影印本。

[4] 李学勤：《〈战国秦汉文字汇编〉拟议》，收入氏著《缀古集》，上海古籍出版社，1998年版，第230页。

# "虎噬人"母题研究

练春海

## 一　虎噬人母题及有关器物

虎噬人母题，又称"虎食人"或"人虎相抱"母题，也有学者将之称为"人兽母题"[1]、"巫蹻"[2]，甚至"辟邪"[3]。通常指商周时期出土或传世器物中，有人、人首或与人相关的造型和虎或虎身的某一部分造型组合在一起的图像、浮雕或圆雕装饰。其实使用诸如"虎食人"或"人虎相抱"之类较直观地反映图像特征的术语并不能够充分概括此类图像的特点。直接表现为"人虎相向而抱"的作品目前能够见到的只有两件，相对而言，"虎噬人"这个概念所能传达的意象要准确许多。"人兽母题"尽管可以轻松地囊括人与虎之间的各种图像组合，但也可以把人与其它动物的组合包括进来，这样的组合也被一些专家看作人与虎组合的一个变体[4]，但它确实过于宽泛了些；而"辟邪"则是远比"人兽母题"更无针对性的一个术语。因此本文使用"虎噬人"来命名这类母题。

给我们印象最深刻的以"虎噬人"母题为饰的器物就是青铜虎噬人卣，目前已知的两件分别藏于日本京都的泉屋博物馆（图1）和法国巴黎塞努奇亚洲艺术博物馆（图2）。虎噬人卣，又称"乳虎食人卣""人虎相抱卣""乳虎卣""饕餮食人卣""鹿钮乳虎卣"或"虎卣"。二者形制非常接近，应该是一对，皆为商代后期器物[5]。陈佩芬的断代更为具体，说是殷墟晚期作品。日本藏卣高35.7厘米，重5.09千克，形制为虎形，踞坐并以后足与尾支撑，前爪抱持一人。卣顶为椭圆形器口，有盖，上立一鹿形兽，两侧连接饰有夔纹的兽首提梁。虎耳竖起，虎耳、面部及颚侧均饰有鳞纹，上唇有

[1] 徐良高：《商周青铜器"人兽母题"纹饰考释》，《考古》1991年第5期，第404、442～446页。

[2] 张光直：《濮阳三蹻与中国古代美术上的人兽母题》，《文物》1988年第11期，第36～39页。

[3] 上海博物馆青铜器研究组编：《商周青铜器纹饰》，文物出版社，1984年版，第14页。

[4] 张光直：《中国青铜时代》，生活·读书·新知三联书店，1983年版，第319页。

[5] 两件虎卣据传出自湖南宁乡沩山与安化边界附近。李学勤：《试论虎食人卣》，《南方民族考古》1987年第1期，第37～43页。

表示须根的密点，虎颈两侧饰鳞纹，其下沿人手处有蛇纹。虎的前爪饰顾首龙纹，后足饰虎纹，背饰牛首纹并起扉棱，尾饰鳞纹。人体与虎体相对，脸向左朝外，手拊虎肩，脚踏在虎的后爪上，人背衣领饰方格纹，下有一小兽面，腿部饰蛇纹。器外底饰游龙纹，两侧各有一头游鱼，朝向相反。卣上各处龙纹均长有瓶状角。法国藏卣与之相比，器物略矮，只有35.2厘米，虎的门齿两两相连，人耳穿孔，所饰龙纹、夔纹中，虎体侧顾首龙纹头后和身下的两处夔纹均无柱状角而只有尖叶耳，卣底的鱼纹头向一致，人背上饰雷纹。此外，据悉国内还出现过一些体型略小或材质不同的虎噬人卣。但因无可靠的出土信息，不足采信[1]。

除了上述两件虎噬人卣之外，在其它的殷周器物上也发现了不少虎噬人母题图像。但在具体的造型细节上出入较大，学者对其中的动物是否为虎，动作究竟是否为"吞噬"，意见不一。因此本文只选取那些争议不大的作品加以讨论。此类图像经过调查，有不少于40件，辑录如下。

**（一）礼器七件**

1957年出土于安徽阜南朱砦润河的龙虎尊（图3），现藏中国国家博物馆。尊高50.5厘米，口径45厘米，足径24厘米，重26.2千克。该尊器口侈大，呈喇叭

图1　青铜虎噬人卣
京都泉屋博物馆藏

图2　虎噬人卣
巴黎塞努奇亚洲艺术博物馆藏

---

[1]国内曾有一件小型的青铜虎食人卣，器底有龟纹，经李学勤考证，其为伪器。李学勤：《试论虎食人卣》。国内古董市场还出现过玉雕的虎食人卣。叶舒宪：《虎食人卣与妇好圈足觥的图像叙事——殷周青铜器的神话学解读》，《民族艺术》2010年第2期，第99～108页。

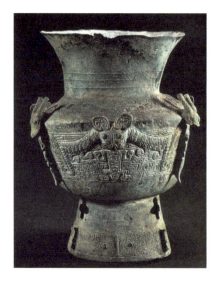

图3　龙虎尊
安徽阜南出土

图4　龙虎尊
四川广汉三星堆遗址一号器物坑出土

形，束颈折肩，下腹内收，高圈足。颈饰三道弦纹，肩上浮雕三条游龙，龙首采用立体的形式塑造而成，龙首下对应三条扉棱。尊腹饰三组虎噬人纹，纹饰上部为一虎双身，立体的虎头凸出器身，虎尾下垂并饰有鳞纹。虎口下含一双臂向上曲伸，两腿下蹲的人形，人无衣冠[1]。阜南尊曾被定为殷墟一期器[2]，后又被定为商代中期器[3]。林巳奈夫则认为它是西周中期的仿古作品[4]。1986年在四川广汉三星堆遗址一号器物坑出土了一件形制与纹饰布局与阜南龙虎尊完全一致的K1：258尊（图4），尊高44厘米，肩径32厘米，区别在于它的喇叭口略微紧收，其时代应与阜南尊相近或更晚。

　　1939年出土于河南安阳侯家庄武官村的后母戊大方鼎，现藏中国国家博物馆。为殷墟二期（约公元前14—前11世纪）铜器。鼎高133厘米，口长112厘米，口宽79.2厘米，

[1] 葛介屏：《安徽阜南发现殷商时代的青铜器》，《文物》1959年第1期，封二。

[2] 郑振香、陈志达：《殷墟青铜器的分期与年代》，《殷墟青铜器》，文物出版社，1985年版，第27～78页。传统的殷墟文化一般指商代晚期的文化，关于它的分期有多种意见，其中比较有代表性的是邹衡，他把殷墟的遗址和墓葬都分成了四期：殷墟文化第一期，武丁早期或盘庚、小辛、小乙时代（约公元前1300—前1260）；殷墟文化第二期，约当武丁晚期至祖庚、祖甲时期（约公元前1259—前1157）；殷墟文化第三期，约当廪辛、康丁、武乙、文丁时期（约公元前1156—前1097）；殷墟文化第四期，约当帝乙、帝辛时期（约公元前1096—前1046）。见邹衡：《试论殷墟文化分期》，《北京大学学报》1964年第4期，第37～63页；《北京大学学报》1964年第5期，第63～90页。

[3] 中国青铜器全集编辑委员会编：《中国青铜器全集》第1卷《夏、商》，文物出版社，1996年版，第118页。

[4] 〔日〕林巳奈夫著，常耀华等译：《华中青铜器若干种と羽涡纹の伝统》，《泉屋博物馆》1995年第10期，第28～33页。

图5　后母戊大方鼎局部　　　　　　图6　殷代鸟兽纹觥
　　　河南安阳出土　　　　　　　　　　美国弗利尔美术馆藏

重832.84千克[1]。形制为厚立耳，折沿宽缘，直壁深腹平底，下承四中空柱足。鼎耳上饰一浅浮雕式鱼纹，首尾相接，耳外侧饰双虎噬人首纹（图5），鼎腹四隅及足上部均饰扉棱，鼎腹各面周边饰夔纹，中间素面，足上部饰兽面纹。

美国弗利尔美术馆藏有一件殷代带盖鸟兽纹觥（图6）。觥高31.4厘米，其盖前端为卷角露齿的兽首，后端作牛首，盖背上有伏龙，两侧饰夔纹、象纹和带鳞纹的顾首虎纹。器身前部分为突出喙的鸮形，中间有扉棱，身后有立鸟形兽首鋬。觥的两后足上有人形，人首突出，大眼粗眉，双手交叉抱于腹前，两腿相盘，人像上部有张口的虎纹，人虎身上均饰鳞纹[2]。该鸟兽纹觥中人的周身均饰鳞纹，尤其下半身几乎就是一条蛇尾，这更加说明他可能是一个人首蛇身形象。林巳奈夫通过人面额头上的V字形判定他是一个神[3]。

弗利尔美术馆还藏有一件非常精美的人面盉（图7），商代晚期器，传为河南安阳出土，通高18.5厘米，口长12厘米，宽20.8厘米。器盖是一个带有柱形角的人脸，面部塑造得较为立体，浓眉大眼，鼻子耳朵嘴唇厚重而突出。器身鼓腹圈足，两侧贯耳，腹中部有一管形流，流两侧饰头、口、足突出的夔龙纹，流正处于大张的夔口之间[4]。施劲松认为"其意趣与虎噬人纹相近，仅是以器流代替了人头，人头移至了两夔之

[1] 过去流行的数据是875千克。832.84千克是近年中国历史博物馆会同中国计量科学研究院进行标准计量测试的结果。余琦：《中华青铜之最——司母戊鼎》，《南方文物》1998年第4期，第123页。

[2] 容庚、张维持：《殷周青铜器通论》，文物出版社，1984年版，第51页图版七十九。

[3] 〔日〕林巳奈夫著，常耀华等译：《神与兽的纹样学——中国古代诸神》，生活·读书·新知三联书店，2009年版，第118页。

[4] 中国青铜器全集编辑委员会编：《中国青铜器全集》第3卷《商》，文物出版社，1997年版，第148～149页及图版说明第68页。

图7　人面盉　美国弗利尔美术馆藏

图8　玉器　塞克勒博物馆藏

上"[1]，结论大致可以采信。从人面盉的整体造型来看，它大致可以视为一件拟形器，其两耳处器壁上的纹饰表现的是一组对称的L形的"人手或动物臂爪"，器壁与流相对的另一侧，自口沿处开始有一条盘绕器腹一周的"蛇身或龙身"，如此，全器实际上就表现了一个"人首龙身"形象。林巳奈夫根据《山海经》的描述，将其定名为"烛阴"[2]，笔者以为不妥，仅从形象的直观感受来判断它为何物过于武断。从器物的特点来看，流所在位置正是人首龙身形像的正前方，因此很容易令人联想到它可能是一个雄性生殖器的造型，施劲松在其研究论文中把流看作与人头进行置换的结果，见解独到，"人头"上移，因此它是"虎噬人"母题的一个变形。

　　现藏于塞克勒博物馆的一件玉器（图8），其材料为灰色不透明的玉，长度16.5厘米，有一披头散发的人形，采用浮雕手法刻成。人物头部、背部、腹部均有鉏牙，据此可认定它是西周前期之物。它下端尖尖的，呈叶状，因此是可以插入土中用来礼拜的礼器[3]。该器从后背到后肢有一只小老虎，前足前伸，紧咬住人形，虎的前方可见人物的手。甘肃灵台白草坡西周一号墓出土编号为M1：99的玉人（图9）似乎也是一件可以插入土中的玉器。作品高17.6厘米，宽2.3厘米，厚1厘米。玉质浅黄色，现藏甘肃

[1] 施劲松：《论带虎食人母题的商周青铜器》，《考古》1998年第3期，第56～63页。

[2] 〔日〕林巳奈夫著，常耀华等译：《神与兽的纹样学——中国古代诸神》，第129～139页。

[3] 〔日〕林巳奈夫著，杨美莉译：《中国古玉研究》，艺术图书公司，1997年版，第264页图5～87。

省博物馆。圆雕，裸身站立，盘发似蛇，发髻首部饰虎头。玉人长脸宽颊尖颏，大鼻头，贴耳，双耳穿孔，眉凸起，双手捧腹。双足下端为铲形，刃薄坚硬。发掘报告称："M1、M2腰坑上部各出一玉人，原来可能系于死者腰间，其制作似经有意丑化。从形象上看，M1出土的玉人，具有南方炎热地区民族的特色。"[1]笔者以为，从造型上看也是可以扦插的神祇[2]。

此外，湖南宁乡黄村曾出土一件人面纹方鼎，鼎的四面各以一个浮雕人面布满，在人面头顶两侧有弯曲的小角，人面下部两侧各有一长着爪指的兽足，有人认为它是人面与兽爪相结合的纹饰，并得出它是突出人面的虎噬人图像，不妥。把它归入虎噬人母题有点牵强[3]。

**（二）兵器七件[4]**

殷墟五号墓（妇好墓）出土的M5:799钺（图10），现藏中国国家博物馆。通长39.5厘米，刃宽37.3厘米，内宽11.5厘米，穿径1.4×4.8厘米，重9千克。该钺质感厚重，似为用于仪仗的礼器。刃口呈弧形，一角稍残。平肩方内。肩部有对称的长方形穿，两侧有对称的锯齿形小槽。肩下两侧饰虎纹，张口卷尾，前肢上伸，扑向人头。两虎口之间的人头圆脸尖额，两眼稍洼，小嘴。虎后还各有一头朝虎尾

图9　玉人
甘肃灵台白草坡西周墓出土

---

[1] 甘肃省博物馆文物队：《甘肃灵台白草坡西周墓》，《考古学报》1977年第2期，第99~130页及图版一~十六。

[2] 文中的神像似都可以插入土中。这些小神像不禁让人想起四川广汉三星堆出土的几个青铜面具（或头像）。那三四个颈部处理成下尖形状的青铜面具，当初可能用于祭祀，使用时应该插于特定的地方。见国家文物局主编：《中国文物精华大词典·青铜卷》，香港商务印书馆，1994年版，第72~73页图261~264。商代晚期妇好墓出土的阴阳玉人的脚下也琢出玉榫，可以插在漆器上，有学者认为含有巫术意义。见杨伯达：《中国玉器全集》上，河北美术出版社，2005年版，第146页图56、57。据何新《诸神的起源》（时事出版社，2002年版，第176页）一书所谈来看，这种可以插入土中的礼器，应当是祖神。据其文中所载，内蒙古昭乌达盟宁城南山根夏家店上层出土两侧青铜短剑，剑柄上铸有裸体立像。一面为男，一面为女。成都金沙也发现可以扦插的神像。其似乎握着杆状物，一如三星堆的神人。成都市文物考古研究所、北京大学考古文博学院：《金沙淘珍——成都市金沙村遗址出土文物》，文物出版社，2002年版，第43~47页。

[3] 张朋川：《虎人铜卣及相关虎人图像解析》，《艺术百家》2010年第3期，第98~110页。

[4] 徐良高在列举"虎食人"母题的物件时，提到"甘肃灵台白草坡M2出一勾戟、一钺"，并把它们当成一对来看，建立了虎与人之间的图像关系。实际上，白草坡有两座墓，戟和钺分别出自M2和M1，因此我们不能贸然把钺上作扑噬状的虎与戟上的人头建立联系。换句话说，我们没有证据表明它们与"虎食人"母题相关。参见徐良高：《商周青铜器"人兽母题"纹饰考释》。

图10　铜钺　殷墟妇好墓出土　　　　图11　异型有胡戈　巴黎基美博物馆藏

的夔纹[1]。

巴黎基美博物馆藏的一件商代晚期异型有胡戈，又称有胡三角援戈（图11）。宽援短胡，援本三穿，内微下曲，上有一圆穿，有内缺。戈援中部有一个与阜南尊人形相近的图案，人形头部是一个近圆的涡纹，中央有一浅穴，双手上举，作蹲曲状。近基部处有双目形，近穿又有条形纹，内部饰变形的曲夔纹，李学勤等认为"如以双目理解为兽面，下为无首人形，则可与虎食人卣的主题相比"[2]。此说可信。

美国弗利尔美术馆藏有一件传为河南浚县辛村出土的铜刀（图12）[3]，一说是辉县一带出土[4]。翘首，三曲刃，龙形鞶。刀背上饰一虎头，虎口下为一侧身的人，人足下又有一虎头。此刀系西周初年物。据悉，另有两件传世的直刃刀中也有类似的纹饰[5]。此外，《支那古玉图录》亦载一件虎噬人头纹玉刀，线刻一猛虎正欲吞噬人

[1]中国社会科学院考古研究所安阳工作队：《安阳殷墟五号墓的发掘》，《考古学报》1977年第2期，第72页图版十三。

[2]李学勤、艾兰：《欧洲所藏中国青铜器遗珠》，文物出版社，1995年版，第334页。

[3]李学勤：《试论虎食人卣》。

[4] Rutherford J. Gettens and Others, "Two Early Chinese Bronze Weapons with Meteoritic Iron Blades," *Occasional Papers,* vol. 4, no.1, Washington D.C.:Freer Gallery of Art, 1971, p.77.

[5]李学勤：《试论虎食人卣》。

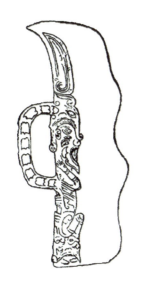

图12　铜刀
美国弗利尔美术馆藏

图13　人头銎内钺
宝鸡竹园沟M13出土

首[1]。

陕西宝鸡竹园沟M13出土了一件人头銎内钺，钺身为长方形，舌形刃较宽，銎两端出齿作两肩，长方形直内。刃后部饰兽头，本部饰蛇纹。本两侧有对称的立虎，虎回首与钺两肩相连，卷尾与舌刃两端相接。銎上齿端有一人头，人头中空，方脸，额前有刘海，脑后有发辫。钺长14.3厘米，刃宽7.8厘米（图13）[2]。此铜钺应为西周早期器物。林巳奈夫在其著作中还提到一件与人头銎内钺几乎一样的铜钺（图14），收藏地点不详，京都大学人文科学研究所保存有相关考古资料。它与人头銎内钺的不同之处仅在于人头被换成了象头或长着长鼻子的人物形象[3]。与它们较相近的还有英国伦敦所藏铜钺，恐系仪仗所用，钺长约30厘米，管形銎，銎作人头形，刃上刻兽头纹（图15）[4]。《支那古器图考·兵器篇》将其归入东周战国时期器物，施劲松认为是西周早期器[5]，周纬则提出商代兵器说[6]，众说纷纭。

**（三）车器十七件**

上海博物馆藏一件西周早期辕饰（图16），高16.9厘米，銎径6.4厘米，重1.15千

[1]　〔日〕梅原末治：《支那古玉图录》，同朋舍，1955年版，图版第四八。

[2]　宝鸡市博物馆：《宝鸡强国墓地》（下），文物出版社，1988年版，图版二六之图二一四。

[3]　〔日〕林巳奈夫著，常耀华等译：《神与兽的纹样学——中国古代诸神》，第45页。

[4]　施劲松：《论带虎食人母题的商周青铜器》，《考古》1998年第3期，第56～63页。

[5]　施劲松：《论带虎食人母题的商周青铜器》。

[6]　周纬：《中国兵器史稿》，百花文艺出版社，2006年版，第64页及图版二十五之1。

图14　铜钺　京都大学人文科学研究所收录　　　　　图15　铜钺　伦敦所藏

克。辕饰正面为虎首，虎耳竖起，大鼻阔口，吞噬一人首级。人首高7.5厘米，粗眉大眼，五官俱全，唇微启[1]。

　　宝鸡茹家庄一、三号车马坑曾出土一组车饰，其中三件形制相同的车軎，均为管状（图17），高11～13厘米。器正面为虎头，高鼻裂口，两腮下垂。虎头后蹲伏一人，披发，面部从虎头后面探出，腰间束宽带，着短身下衣，其余部分裸露，肩胛骨处纹（绘）有两鹿形动物，回首相向[2]。这些车軎应为西周中期之物，现藏于宝鸡市博物馆。1984年在周原许家胡同车马坑也出土一件相似的物件，年代不详，功能可能也相近（图18）。此车件中，正面也是虎头，人物的双手搭在虎耳上，头略向前伸，在虎头的正上方，发盘头顶，呈螺旋状[3]，其形状与甘肃白草坡西周墓出土的玉人头饰一样，很可能与蛇有关。

图16　西周早期辕饰
上海博物馆藏

────────────

[1] 陈佩芬：《夏商周青铜器研究》第二册，上海古籍出版社，2004年版，第222～223页图二九三。

[2] 宝鸡市博物馆：《宝鸡弓鱼国墓地》（下），图版二一四。

[3] 罗红侠：《周原出土的人物形象文物》，《文博》1993年第6期，第89～92页。人物头发呈螺旋状，这恐怕是一种与性别有关的发式。林巳奈夫曾举了一个同时有两角的例子，但是他没有作出进一步的解释。〔日〕林巳奈夫著，常耀华等译：《神与兽的纹样学——中国古代诸神》，第145页。

图17 车軎 宝鸡茹家庄车马坑出土

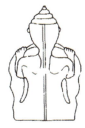

图18 青铜物件 周原许家胡同车马坑出土

图19 车軎 伦敦不列颠博物馆藏

图20 车軎 上海博物馆藏

　　伦敦不列颠博物馆亦收藏有两件大体上相近的车軎，分别高15.2厘米和14.9厘米，原文说明为："饰件一面上方为龙首，有上平的角；下方为有象鼻的人面。另一面上方为大卷角饕餮，下部人面，露齿，鼻上有纵裂割痕。"（图19）[1]上海博物馆收藏了一件跟它几乎一样的车軎（图20），西周前期的作品，高15厘米，銎径6.2厘米，重0.9千克。区别之处仅在人的嘴咧开露齿[2]。类似的车軎在国外至少还有4件，它们都可视为虎噬人装饰母题的变体。

[1] 李学勤、艾兰：《欧洲所藏中国青铜器遗珠》，第344～345页。
[2] 陈佩芬：《夏商周青铜器研究》第二册，第220～221页图二九二。

图21　车䡏　平顶山北滍村墓地出土

图22　车䡏　虢国墓地 M1705号墓出土

图23　车䡏　周原黄堆乡齐家村出土

　　平顶山北滍村一号墓地出土的一对车䡏，西周末期物。车䡏呈圆筒状，长9.4厘米，直径4.3厘米。中部有二周凸弦纹，将其表面分为两段，一段素面，另一段饰饕餮纹，眉、目、耳、鼻、口俱全，上齿锐利，吞噬车䡏顶端的一人面（图21）[1]。原发掘报告因"人面的额前有刘海"而推定人物为"女性"，此乃以今观古所犯的错误。前文提到的陕西宝鸡竹园沟M13出土的人头銮内钺中的人物形象就有刘海，但他显然不是女性形象。虢国墓地 M1705号墓中出土一对车䡏，轴头全长8.5厘米，靠毂一端的内径为4.4厘米。䡏头为一张开的虎口，口中有一个三面的人头像，时代应属于西周末期（图22）[2]。1982年3月周原黄堆乡齐家村也出土了一件形制与平顶山车䡏相近之物（图23）[3]。这件车䡏为筒状，略扁，一端因长期使用已磨损，残长11.5厘米，口径4.5厘米×5.6厘米。表面饰一卷角瞪眼张口之变体虎首。虎口内有一人头，双眼注视前方，而非原报告所谓的"眼睛无神，张口喊叫状"，喊叫的嘴形从肌肉运动的特点来看，应该呈圆形，而不是V字形。

[1] 河南省文物研究所、平顶山市文管会：《平顶山市滍村两周墓地一号墓发掘简报》，《华夏考古》1988年第1期，第30～44页及图版六、七。

[2] 中国科学院考古研究所编著：《上岭村虢国墓地》，科学出版社，1959年版，第33页图版四十七。

[3] 罗红侠：《周原出土的人物形象文物》，第89～92页。

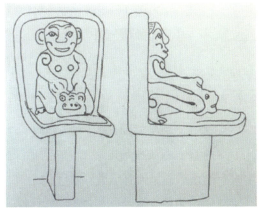

图24　车辖　西周

图25　车辖　美国弗利尔美术馆藏

图26　车辖　西周晚期

图27　车辖　西周晚期

　　关于车件，林巳奈夫还列举了几件车辖。图24是一件西周时期的辖，蹲伏着的虎身上有一个半蹲半坐的人，裸身，脑后有发髻，耳朵上有孔，戴珥。图25是一件藏于弗利尔美术馆的车辖，人物与老虎合为一体，人物臀部即虎鼻，双手搭在虎首，返顾后方，披发，发梢末端卷曲，裸身。图26、图27和图25相近，人物都如同坐在虎背一般，手拊虎耳，裸身正面，直视前方。而藏于上海博物馆的一件车辖（图28），虽然与前面几件车辖的形制一样，但是虎的形象几乎不见，只能从人物胸前的一个棱形加以猜测，人物身上有蛇纹。这几件车件中，人物形象与虎之间，不是"吞噬"关系，而是一种"合体

图28　车辖　上海博物馆藏

图29　鸟兽龙纹壶　上海博物馆藏

（或吞噬后的）"状态。

**（四）酒器一件**

鸟兽龙纹壶，春秋晚期晋国青铜器，1923年出土于山西省浑源县，现藏上海博物馆（图29）。壶高44.3厘米，口径16.6厘米，腹径25厘米，底径19厘米，腹深39.4厘米，重6.05千克。盖及两耳已失。器物自颈至底共有带状纹饰四道，共有两种图案，一种是兽面衔蟠龙，另一种是龙纹和人首、兽体、鸟尾的怪兽相缠，两道图案的空隙处为一狭带状，饰有三圈浮雕形写实的纹饰，它们包括虎豹食人，牛践蛇，犀牛食兽等[1]。其中虎噬人图像为浮雕，虎正衔咬住一裸体人物的腰部。

**（五）饰器五件**

英国伦敦不列颠博物馆藏一件商代后期青铜制作的虎噬人饰（图30），器高11厘米，出土地不详。该饰件下部为一踞坐羽人，上部为一跽坐人形，裸身，手捧一鸟，背后有一虎攫噬其首。此器内涵异常丰富，表面上看它传达了人虎（神）交媾的情景，人物平静的表情与虎噬人卣如出一辙，因此绝不可能反映当时的"虎患"，而物件下部的羽人和人物手中的小鸟似乎传递了与某种祈求相关的信息，它应该是与祭祀有关的偶像，李学勤等认为它是商代晚期的物件[2]。

1957年洛阳小屯村战国墓中曾出土两件"伏兽玉人"，其中一件高3.4厘米，长3.5

---

［1］马承源：《鸟兽龙纹壶》，《文物》1960年第4期，第79～80页。

［2］李学勤、艾兰：《欧洲所藏中国青铜器遗珠》，第344～345页图79。

图30　青铜饰　伦敦不列颠博物馆藏　　　图31　伏兽玉人　洛阳小屯村战国墓出土

厘米，宽1.4厘米。人物裸身，头梳双丫髻，脸面为蛋形，鼻梁微隆，口唇立体，双耳
卷曲，挺胸，两腿屈曲，双手执虎耳，骑在一大头圆臀卷尾的虎上，自人头顶至虎腹贯
有一孔供系组佩戴（图31）。另一件高2.6厘米，长1.8厘米，宽0.9厘米，人物昂首，头
上梳有发髻，人物亦裸身骑于虎上（图32）[1]。这两件作品均系白玉雕成，藏于国家
博物馆。

　　国家博物馆还藏有一件战国时期的虎噬人纹玉佩（图33）。长6.2厘米，宽3.8厘米，
厚0.4厘米。玉佩色青，为呈环状的薄片。中间透雕一虎扑于裸体人身上，口衔人体中
部作吞噬状，被衔之人虽然因为构图的需要作了一些肢体动作的安排，但并非作所谓的
"作挣扎状"，这从人物头部平静的表情可以见出。环两侧饰以对称的人首兽透雕[2]。

　　此外，在明尼阿波里斯美术馆藏有一件虎噬人骨雕作品（图34），功用不详，此处

[1]考古研究所洛阳发掘队：《洛阳西郊一号战国墓发掘记》，《考古》1959年第12期，第653～657页。
[2]国家文物局主编：《中国文物精华大辞典·金银玉石卷》，上海辞书出版社、香港商务印书馆，1994年
版，第43页图135。

图32 伏兽玉人 洛阳小屯村战国墓出土　　图33 战国虎噬人纹玉佩

亦将其归于饰件一类。据有关学者看来应是西周中期物件[1]。正面为人形，后面有一虎正张开血盆大口作吞噬人头状，虎的四肢紧抱着人形神，骨雕通体饰以鳞纹，细细加以区别，可以发现，虎从背部开始雕刻成如带状凸起盘旋向下，而在人的腹部往下则为一线刻的蛇纹，蛇头在腹部，带状凸起与蛇纹交织在一起，比较独特，它似乎表达了比较早的"交尾"意象。

### （六）乐器一件

日本泉屋博物馆藏有一件双鸟鼍鼓。鼓身上部铸有两鸟相背，中有小孔。鸟下饰兽面纹，绕以四瓣

图34 骨雕 明尼阿波里斯美术馆藏

花纹方框。鼓身正面饰鳞纹，侧面的人形与阜南尊上的人形相同，兽面仅保留手臂之下的一双眼睛（图35）。而罗伯特·贝格立（Robert W. Bagley）显然注意到了这个特

[1]〔日〕林巳奈夫著，常耀华等译：《神与兽的纹样学——中国古代诸神》，第169页。

点，他说："在日本京都收藏的铜鼓上，人像和作为主纹的饕餮纹非常奇怪地混在一起。从纹饰一看，它展示的人像头上戴有一头饰，我们可以看到其为饕餮纹的鼻和角，人的长长的上肢有一爪状手，这似乎是从饕餮纹的身躯改换过来的，饕餮纹的眼睛挤夹在人的肘和膝之间。"[1]

图35　双鸟鼍鼓　泉屋博物馆藏

前文所举的例子显示，虎噬人母题在中国古代器物上的应用、发展以及传播有一个相当长的时期。据观察，约在二里冈时期（相当于公元前16世纪），虎噬人母题便已出现在南方，到了相当于殷墟的早、中期阶段，它大量地出现在南方青铜器上，同时迅速地向中原传播，此后在南方出土器物上便销声匿迹了，而在北方它却一直流传到西周末期[2]。在南方，虎噬人母题首先出现在青铜礼器上。人和虎的组合、形象以及它们在青铜器上的位置都十分突出，但是在中原地区，特别是到了西周时期，这种纹饰基本上已从礼器上转移到了兵器和车器上[3]。在图像传播的过程中，虎噬人母题基本要素的结构方式也发生了改变，衍生出多种变体。虎噬人图像到了汉代以后还有一定数量的发现，但这些图像与前者有着显然不同的表现，它们通常被命名为"虎食旱魃（或鬼魅）"图，略举几例：河南南阳汉画馆藏的一块画像石，石高37厘米，长164厘米，东汉时期作品。画像石左端刻有一人形，中为一弓背翘尾的猛虎，正张口噬咬人物的左腿[4]。唐河针织厂画像石墓出土了几块画像石，现藏于南阳汉画馆，西汉时期作品。其中墓门门楣正面的两块画像石和南主室西壁上部的画像石，上面均刻有虎噬人母题的作品。虎形带翼，正扑噬一倒地人物，人的动作与形态基本一

[1]〔美〕罗伯特·贝格立著，王宁译，彭劲松校：《中国长江中游地区的商代青铜礼器》，《南方文物》1995年第1期，第63～68页。

[2] 施劲松：《论带虎食人母题的商周青铜器》。

[3] 同上。

[4] 中国画像石全集编辑委员会编：《中国画像石全集·6·河南画像石》，河南美术出版社、山东美术出版社，2000年版，第176页图二一四及图版说明第75页。

图36　汉代虎食旱魃画像石拓片

致，看样子是用同一个模板稍加修改而成的（图36）[1]。1957年在洛阳老城西北的烧沟村南发现的一座西汉壁画墓（M61），墓室门楣的上额浮雕一羊头，羊头左边为淡墨描绘的一棵树，树枝上挂着红色的衣物，树干下横躺着一个裸身女体，头发缠于树干上，右臂上伸，墨勾轮廓，体施灰色。一只翼虎正张着大口噬咬她，右爪抓按着人物头部[2]。等等。通过图像的对比，我们发现虎噬人母题在汉代有了非常显著的变化：猛虎的形象除了增添了羽翼，变成一个正面形象的化身之外[3]，威猛的形象也得到了有力的传达，而且人物（或类人形像）的表情也与先秦时期的平和安静大相径庭，呈现出惊慌失措、逃窜，甚至是垂死挣扎的状态。与本文要讨论的对象出入较大，因此不作更多的讨论。

1981年张光直曾发表了一篇题为《商周青铜器上的动物纹样》的文章，文中讨论了虎噬人图像的分类，他把所列举的七件虎噬人图像分成四类："（1）一个怪兽张开大口，人现头部和全身，人的头部在兽的上颌下，但人身与兽身双臂相抱——京都与巴黎的两件。（2）一个怪兽张开大口，人现头部和全身，人头在张开的兽上颌下——弗烈尔美术馆的觥和刀。（3）一个怪兽的头面在中央，身体左右各向外展开，成为肥遗型，人现头部和身部，头在兽上颌下，人体与兽体垂直——阜南的一件。（4）左右各

[1] 中国画像石全集编辑委员会编：《中国画像石全集·6·河南画像石》，第2页图三、第10页图十及图版说明第1、4页。

[2] 河南省文化局文物工作队：《洛阳西汉壁画墓发掘报告》，《考古学报》1964年第2期，第107～125页图版一一八及彩版一一二。

[3] 翼虎为神兽，但不作为崇拜对象或神祇。

有怪兽一个，张口相对，把一个人头夹在当中——安阳出土的两件。"[1]张光直所讨论的这几件青铜器的装饰都刻画了猛虎张口衔咬人物头部的特点，后来的研究者通常把并无明显"吞噬"动作的"虎噬人"图像，甚至虎与人的要素极度精简、抽象以至于几近无从辨认的图像都囊括在内，范围扩大，以徐良高的分类为代表。徐的分类比较简单，只有两类，一类是人虎一体式。纹饰为一虎或两虎正扑噬一人或一人头。张光直所讨论的图像都被归于此类。另一类是人虎组合式。人虎组合在一起，但不作直接吞噬状[2]。马承源的分类又是更为宽泛的一种，他把虎噬人这一母题及其变体分为三类：（1）虎噬人；（2）龙噬人；（3）鸟攫人（或怪物）[3]。他的分类显然要比笔者界定的更加宽泛，所讨论的对象大多超出本文的范畴，此处不妨举几例。如明尼波利斯艺术学院所藏的一件商代玉饰上即有"龙食人"的形象。玉饰上的人形，姿势和虎噬人卣、阜南尊相同，后有一瓶形角龙，大小近人形，张口噬食其首[4]。金雕攫人是鸟

图37　故宫博物院藏黄玉鹰攫人首佩

攫人图像的一个典型代表类型。故宫博物院藏一件黄玉鹰攫人首佩，高9.1厘米，宽5.2厘米，厚0.9厘米，石家河文化作品。鹰在上，展翅，头转向右侧，鹰爪下各有一人首，脑后披长发（图37）[5]。上海博物馆也藏有一件意趣相近的玉制品，高10.2厘米，宽4.9厘米，厚0.6厘米，龙山文化饰物，这件作品有两只大小不一的金雕，体形较小的金雕伫于较大者的背上，后者足攫一人头，人头的样式同故宫所藏玉佩[6]。

实际上，现有的分类方式均不能充分概括虎噬人母题纹饰的变体，一方面是因为"虎噬人"图像本身在概念上一直未形成能够被普遍接受的定义。虎噬

［1］张光直：《商周青铜器上的动物纹样》，载《中国青铜时代》，第313～342页。该文原载于《考古与文物》1981年第2期。

［2］徐良高：《商周青铜器"人兽母题"纹饰考释》。

［3］上海博物馆青铜器研究组编：《商周青铜器纹饰》，第14～16页。

［4］李学勤：《试论虎食人卣》。A. Salmony, *Carved Jade of Ancient China*, Berkeley, 1938, p.1, XX:3.

［5］杨伯达：《中国玉器全集》上，第182页图180。

［6］杨伯达：《中国玉器全集》上，第183页图181。

人图像无论是内涵，还是外延，都没有公认的界定，因此不大可能形成具有代表性的分类方式；另一方面，目前能够见到的"虎噬人"图像资料来自不同地区的古代文物，生产它们的时间跨度和发现它们的空间跨度都很大，因此即便对它们进行分类，其有效性也值得怀疑。换句话来说，只要规定不同的条件，就会得到不同的结果。

总的来说，饰有虎噬人母题图像的青铜器在商周时期并不多见，但由于其独特的语言符号、精巧的构思以及神秘的寓意，反映了其所接续的更为久远的精神内涵与文化传统，因此备受学者们的关注。

## 二　虎噬人母题的解读

关于这种母题的起源，有三种说法。其中最有代表性的是南方起源说，以施劲松为代表，他的主要证据有两点[1]。其一，目前所见最早有关虎噬人母题的图像为阜南尊，而在南方与虎噬人相关的器物消失了以后，中原地区还继续流行这样的一个母题。从传播学的角度来看，这个证据对南方起源说是很有利的。其二，南方此类图像都用在礼器上，并且非常突出，而中原地区通常用在一些比较次要的装饰上。虽然也有一些礼器饰有此类母题，但这些礼器显然并不用于重要场合。南方出土的虎噬人纹铜器普遍早于并有别于中原出土的同类青铜器。在南方这种母题是被应用于青铜礼器之上的，并且十分突出，然而在它从南方传到中原后，尤其到了西周时期，这种图像基本成了兵器与车器的装饰了，不再突出甚至变得有点隐晦。因此，学者们基本上都倾向于认同，"人与虎并用是南方铸匠喜欢采用的主题"[2]。还有一种观点认为可能受到少数民族文化的影响。比如，有研究者认为虎噬人母题是受到主要是西南以及南方少数民族的影响而形成的一个综合母题。他们指出西夷、西南夷各族均有虎崇拜的观念，在商代晚期对四夷控制力削弱的情况下，他们开始在礼器的制作中强化自己的特殊意识形态[3]。对于这个观点，实际上并没有超出南方说，因为相对于中原，楚国与西南诸夷本质上并没有太大的区别。至于西方影响说，只有少数学者持此观点，亦未提出有力证据，此不赘述。

以往学者对此类母题所饰器物的描述中经常会出现诸如"噬食状""食人未咽"等语汇。实际上这样的表述并不准确。正如林巳奈夫所言，处于虎口之人"一脸的平静，并无半点慌张之意"[4]，"毫无与虎敌对的表情、动作以及恐怖的表情，在张着大口

---

[1] 施劲松：《论带虎食人母题的商周青铜器》。

[2] 〔美〕罗伯特·贝格立著，王宁译，彭劲松校：《中国长江中下游地区的商代青铜礼器》。

[3] 张朋川：《虎人铜卣及相关虎人图像解析》。

[4] 〔日〕林巳奈夫著，常耀华等译：《神与兽的纹样学——中国古代诸神》，第153页。

的老虎面前，人的表情却泰然自若"[1]。甚至我们可以从中感受到人物的神情专注，对于这种情感体验的准确捕捉，需要研究者抛弃"常识"或先入为主的观念，即在人与虎的际遇中，人通常是被"吞噬"的对象。同样是人兽母题，一个很好的例子是现存哥本哈根装饰艺术博物馆的"斗豹带钩"，它带给了我们完全不一样的情感体验[2]。这件带钩钩体为人体造型，人物右手持剑与豹相斗，豹则作扑噬状。人物和豹身都镶嵌绿松石，人物眼中嵌小珠。人物的身姿表明他正被豹的突然袭击所扑倒，人物的表情充满了惊恐，他正准备奋力还击。这件作品断代为西汉早中期（图38）。尽管同为表现人兽题材，但是虎噬人母题中诸元素已被重新诠释。在汉代的图像系统中，猛兽与人之间的关系不再和谐。这种不和谐率先出现在战国末期的秦国文献。《吕氏春秋·先识览》载："周鼎著饕餮，有首无身。食人未咽，害及其身。"[3]这段话对虎噬人图像而言是有意义的，因为有些图像中的人首就含于虎口。或许秦人和汉人一样，已不知虎噬人母题的本意，又或许存在故意歪曲事实之可能。

图38　哥本哈根装饰艺术博物馆藏斗豹带钩

纹饰在商周青铜器物上的图案是否传达某种具体的意义？对于这个问题，过去一直存在争议。持否定意见最有代表性的人物是马克斯·娄尔（Max Loehr），他的观点是："它们并无任何确定的意义，既没有宗教的、宇宙观的或神话学的意义，如有，也只能是纯粹形式的——如象音乐的形式，它与文学的定义截然不同。"[4]而实际上，对于青铜器纹饰是否具有意义这个问题在《左传》中就有了明确的答案："昔夏之方有

[1]　〔日〕林巳奈夫著，常耀华等译：《神与兽的纹样学——中国古代诸神》，第22页。

[2]　李学勤、艾兰：《欧洲所藏中国青铜器遗珠》，图202。

[3]　许维遹撰，梁运华整理：《吕氏春秋集释》卷十六《先识览》，中华书局，2009年版，第398页。

[4]　Max Loehr, *Ritual Vessels of Bronze Age China*, New York: The Asia Society, 1968, p3.

德也，远方图物，贡金九牧，铸鼎象物，百物而为之备，使民知神奸。"[1]对于这段话，历代学者，如杜预、傅斯年、李济、孙作云、张光直、巫鸿等都作了解释，尽管可能大家对其中的"物"到底为何物没有形成一个共识，但是大家都赞同一点，即青铜器上的图案有特定含义。具体到"虎噬人"这个母题，目前已出现多种诠释：

（1）象征说。认为此纹饰意在戒贪。从最早的相关研究开始，这种学说就一直盛行，多数金石学家都持此说。

（2）萨满教通灵说。认为此饰的含义是商朝时期巫觋借助于某些动物与鬼神相通。如张光直认为虎噬人卣"表现了一个巫师和他的动物助手或'蹻'"[2]。

（3）辟邪说。认为虎噬人纹饰意在避邪。直接把虎噬人图像看成辟邪的是马承源等人[3]，与此相近的还有以虎噬人为虎食鬼魅说，即认为虎表示虎方——徐、巴国图腾演变而成的虎神荼，"虎所食者虽具有人形，但形象狞厉，周身绘有怪纹——应正是鬼魅的象征"[4]。刘源则以为乃强良[5]。林巳奈夫从虎噬人母题中人的形象通常都披头散发，近似裸体这一点来看，它们更像野蛮人，因此扮演了类似"清道夫的角色"[6]。

（4）图腾说。有学者认为在肯定虎为东夷方国的图腾——虎神的前提下，对此种纹饰提出了多种可能性的解释[7]：a.表示国运的兴旺，武功赫赫，威服百蛮。其中的人形象表示被它征服的部落。b. 表示以人牲奉献虎神。c.表示他们是虎神的子孙，或其族人来源于虎[8]，应该受到虎的神佑。d. 解释作虎吞人，也可解释作哺乳，人虎交媾[9]。

---

[1]《春秋左传正义》卷二十一《宣公三年》，（清）阮元校刻：《十三经注疏附校勘记》，中华书局，1980年影印本，第21.166b（1868c）页。

[2] 张光直：《濮阳三蹻与中国古代美术上的人兽母题》。张光直关于教士或巫觋通神的本事需要借助动物的助力这一观点，其来源是芝加哥大学Mircea Eliade对全球少数民族巫觋能力进行研究的结论（原文可见Mircea Eliade, *Le Chamanisme et Les Techniques Archaiques De L'Extase*, Paris: Payot, 1951, pp. 99-102），在他看来，古代中国用来与死去祖先沟通的占卜术是靠动物骨骼的助力来施行的。礼乐铜器在当时显然是用于祖先崇拜仪式，作为与死后去参加祖先的行列及神的世界沟通的媒介，因此，这种媒介上所刻绘的神话性动物其作用也就不言而喻了。详见张光直《中国青铜时代》，第310～311页。

[3] 上海博物馆青铜器研究组编：《商周青铜器文饰》，文物出版社，1984年版，第14页。

[4] 何新：《诸神的起源》，第269页。王煜：《汉墓"虎食鬼魅"画像试探——兼谈汉代墓前石雕虎形翼兽的起源》，《考古》2010年12期，第67～80页。

[5] 刘源：《试论上古宗教艺术中的"彊良"主题》，《中原文化研究》2013年第2期，第33～38页。

[6]〔日〕林巳奈夫著，常耀华等译：《神与兽的纹样学——中国古代诸神》，第167页。

[7] 刘敦愿：《云梦泽与商周之际的民族迁徙》，《江汉考古》1985年第2期，第47～57页。

[8] 王震中：《试论商代"虎食人卣"类铜器题材的含义》，中国文物学会编：《商承祚教授百年诞辰纪念文集》，文物出版社，2003年版，第113～124页。

[9] 林河：《"虎食人卣"是"人虎交欢"的误读》，《寻根》2001年第2期，第61～63页。这个说法在举证上有问题，他认为虎噬人母题中的人物为女性，但相反的说法也说得通，参见潘守永、雷虹霁：《古代玉器上所见"⊕"字纹的含义》，《民族艺术》2000年第4期，第132～148页。

（5）合体说。自我与具有神性的动物的合一[1]。

（6）巫术说。认为是战争致厄术和祭祖祈胜这一原始宗教现象在文化遗物上的表现[2]。

（7）配享说。林巳奈夫称这种情况为祖先"配享天帝"的图像表现[3]。

如上说法彼此之间既有交叉，又有区别，唯一的共同点就是，研究者都认为虎噬人图像绝对不止于表面的猛虎吞噬人物这么简单，而是蕴含更深刻的意义。为了更好地理解这个母题背后的意义，我们有必要深入地去分析一下这种图像组合中主要元素的意义。

## 三　人物形象的意义

虎噬人母题最关键的要素有两个，一是人，二是虎。尽管就具体形象而言，人物造型从三维的立体人物形象到仅存颜面的头像，造型取舍的跨度很大；作为虎形象而言，其造型也经历了从圆雕到局部浮雕，到最后只象征性地出现一双虎眼而已，变化之大，如果没有系统的认识，根本无从辨识。但从装饰语言的基本特征来看，虎噬人这个意象并没有太大的改变，仍然传达了这个母题的核心要义。

关于虎噬人母题中人物的身份，存在如下几种说法：

（1）奴隶说。有人认为虎噬人母题中的人形象为奴隶[4]，但在马承源看来，这是不可理解的。他说："虎所咬的人头，与奴隶并无任何关系，以虎咬奴隶这种想像出来所谓反映阶级镇压的残酷形象，来装饰宗庙中重器的说法，是难于理解的。在商代，奴隶主杀戮奴隶是极为轻易的事，何必要借虎吓人呢？"[5]

（2）战俘说[6]。徐良高认为他们可能是作为战俘的羌戎人。他说商人反对制造偶像，因此虎噬人图像其实是"把敌人的形象铸于礼兵上的现象"。但这种说法值得商榷，因为上文所举的器物中除了礼器（以及作为礼器的兵器）之外，还有许多其它类型的器物。他之所以得出这个结论，是因为他首先根据《史记》的记载，"帝武乙无道，为偶人，谓之天神。与之博，令人为行。天神不胜，乃僇辱之"，推出商代并不推崇偶像崇拜的结论。实际上司马迁并不是说商人不为天神之偶像，而是说帝乙无道，与神之

[1] 李学勤：《试论虎食人卣》。

[2] 徐良高：《商周青铜器"人兽母题"纹饰考释》。

[3]〔日〕林巳奈夫著，常耀华等译：《神与兽的纹样学——中国古代诸神》，第22、153页。

[4] 罗红侠：《周原出土的人物形象文物》，第89～92页。

[5] 上海博物馆青铜器研究组编：《商周青铜器纹饰》，第14页。如果这里的人是方相氏，而他只是戴着虎的装饰，那么这里的人物倒有可能是奴隶，参见孙作云：《洛阳西汉壁画墓中的傩仪图——打鬼迷信、打鬼图的阶级分析》，《郑州大学学报》（哲学社会科学版）1977年第4期，第94～104页。

[6] 徐良高：《商周青铜器"人兽母题"纹饰考释》。

偶像进行六博，若"天神不胜，乃僇辱之"，重点在后者。

（3）巫师说。是一种可以通神的人物，或谓之巫师。张光直执此说。

（4）死人说。艾兰（Sarah Allan）认为虎口中的人物是死人，这个人的姿势与甲骨文中的"尸"字很相近，从人身上的龙蛇纹来看，都暗示了死者要去的下界有水——黄泉[1]。

（5）神人说。按照林巳奈夫的说法，披发的人为神。虎噬人卣中的"人物"即神。施劲松在对虎噬人图像组合进行统计的过程中，把藏于日本泉屋博物馆的双鸟鼍鼓也计入在内，这件鼓原则上讲并未出现虎纹，他之所以将其计入在内的依据，一是但凡虎噬人的鼓均出现鳞纹，这件鼓亦有；二是鼓上人物的动作物与虎噬人卣非常一致。施劲松的观点是有道理的。从鼍鼓上的人物（图35）上我们可以看到，该形蹲踞外展，象头上长角，耳朵特别突出，与虎的耳朵一样。头顶正中有一个林巳奈夫称为"菆"的装饰，人物背部与手臂上均长满羽毛，显然这是一个在汉代以后被称为"羽人"的形象。值得我们注意的是，从人物的腿部外侧开始，有头朝下或头朝中间游动的鱼或龙的形象，在人物在正下方，带有睾丸的雄性生殖器官被有意地突出刻画。此处鱼的形象再一次出现，与虎噬人卣一样。尽管此处似乎没有虎的出现，但是人的手臂下有眼的造型（图39）。同样是神人，但用来界定"神人"的依据却是不同的。熊建华认为，虎卣上的神人是珥蛇践蛇之神，确切地说是当时湘江流域对传说中的神巫重与黎的造型[2]。关于人物还可以结合春秋晚期大舞戚援部上的图像（或称兵辟太岁图）来看（图40）[3]。显然，图中人物鳞身，珥蛇，足踏日月，双手握龙（或壁虎类的形象）和双头怪兽（霓或虹），头戴冠（冠名辛），胯下游龙。从其足踏日月的情形来看，人物形象与阴阳有关。

（6）非人说。马承源认为虎噬人母题中的人物形象很可能不是人，而为它物，他通过对虎噬人卣的观察，发现"这怪人纹身，无冠履，手足皆四趾。人手是五趾。它既非奴隶形象，也非奴隶主贵族形象"。龙虎尊中，虎口中的怪人，"手足皆作兽爪形，没有衣冠"[4]。当然神人也有可能不具有人的一般形象，而呈现为人和兽的组合。

（7）鬼魅说。这种说法多数指的是战国及秦汉时期的虎噬人图像。持这种说法的有孙作云、何新等人[5]。

综合以上诸种看法，主要有三种思路，一是把人物视为战俘、奴隶以及蛮夷之类社

[1]〔英〕艾兰著，汪涛译：《龟之谜——商代神话、祭祀、艺术和宇宙观研究》，四川人民出版社，1992年版，第164页。

[2] 熊建华：《虎卣新论》，《东南文化》1999年第4期，第114～119页。

[3] 上海博物馆青铜器研究组编：《商周青铜器纹饰》，第344页。

[4] 上海博物馆青铜器研究组编：《商周青铜器纹饰》，第14页。

[5] 孙作云：《洛阳西汉壁画墓中的傩仪图——打鬼迷信、打鬼图的阶级分析》。

图39 双鸟鼍鼓拓片 泉屋博物馆藏　　　　　图40 大舞戚援部图像拓

会地位比较低下的形象；一类是人们崇拜、祭祀的对象；第三类并没有确定的指向，只是一种投射。在笔者看来，虎噬人母题中的人物应该是介于人与神之间的模糊形象。一方面，各种符号意义的综合结果表明，他还不是具有主宰能力的类神形象；二是表示他又可以代表神；三是人物形象具有发展的迹象。从早期的虎噬人图像来看，其中的人物更接近于巫师之类的形象，代表人类向神祇祈祷；但到了战国时期，人物形象则可以驱使类神形象。以虎为代表，其在图像组合中的地位被有意地降低了。人与虎具有了同等地位，即可以与虎合为一体，后者甚至变成了前者的坐骑。

## 四　虎纹（包括鱼纹）的意义

关于虎的意义也有多种说法。

一为神祇说。人虎相抱卣可以看成一个圆雕，一个把实用性与雕塑结合在一起的形象，把器具的容器空间内置于一个雕塑的内部，它不是一个纯粹的祭祀对象。类似的形象在许多器物的表面纹饰中也可以找到，所不同的是，由于形象塑造上的变化，不一定都是形象生动的虎形。这些纹饰习惯上被人们称为饕餮纹。饕餮纹的原型素有多种说法，龙、虎、牛、鹿、山魈、鸟、凤、人，不一而同。诸种说法中，虎形的认知最广。许多从事先秦文化与艺术研究的学者都认为，饕餮纹是虎纹的夸张、变形。

二为图腾说。这种观点认为虎为方国的图腾[1]。文化符号是可远距离传播的，虽然目前我们只能在安徽阜南、四川广汉、河南安阳、甘肃灵台等地理空间上并不相连的

---

[1] 徐良高：《商周青铜器"人兽母题"纹饰考释》。

地区见到虎噬人装饰的先秦古器物，但在当时传播这样一个典型的母题是很有可能的。这些出土文物跨越的时间相当长，当时同类器物并不像我们今天所见到的那样凤毛麟角。当然说它可能是图腾崇拜的结果，并不就是说它是某个部族的物品，而是作为图腾符号的纹饰可能被传播到别处，并加以应用。

三为阴性符号。虎其实可以看作是会阴的形象化表现，尤其是两虎相向，共衔一颗人头的图像，把它看成人的出生景象亦无不可。"有人指出张开的兽口在世界上许多古代文化中都作为把两个不同的世界（如生、死）分割开来的一种象征。"[1] 如果我们把纳尔逊所谓的"两个不同的世界"看成母腹与人世，那么虎的阴性符号说就可以解释得通了。Maguel Léon-porlilla曾研究过墨西哥的阿兹忒克人（Aztec）。他们每人出生后便由巫师指定某种动物为他一生的伴侣或所谓"同一个体的另一半"（alter ego），叫做这个人的"拿画利"（Nahuali）。在美术作品中拿画利常常表现为张开大口，将其伴侣的头置于口中[2]。由此看来，把人放在口中未必就表示要吞噬他。"吞"或者"含"着，是一个合二为一的"包容"过程。因此，图式在事实上成了一种亲密和平等关系的表达。有时这种阴性另有符号专门来传达。如虎噬人卣，其底部刻有一幅阴线图案，一龙两鱼（图41），前面已经讲过，无论龙，还是蛇都象征着雄性，而鱼则是雌性的象征，尤其是龙的两侧各有一鱼，这是一种交媾形象的艺术抽象。

以虎为饰在南方制作的器物上普遍流行。如安阳时期鼎的鋬上饰虎，湖南宁乡出土铙的内壁上也有虎，同样出土于湖南地区的其它几件铙则在外表浮雕虎纹，而在现存故宫博物院的一件铙上，虎又作为棱脊出现。华盛顿弗利尔美术馆的一只青瓿或尊盖上，以三只虎来作为装饰，虎头是浇铸上去的，安徽阜南尊亦如此，弗利尔美术馆青铜器盖上的虎与

图41　虎噬人卣底部图案

［1］Nelson Wu, *Chinese and Indian Architecture*, New York: G. Braziler, 1963, p.25.

［2］Maguel Léon- porlilla, *Aztec Thought and Culture*, Norman: University of der Oklahoma Press, 1965, pp.126-127.

另二件青铜簋上的虎非常相似。这二件簋一件现藏于弗利尔美术馆,一件现藏于日本大阪[1]。而且,从源头上来看,虎噬人母题起源于南方,从这个角度来看,虎噬人母题与虎崇拜或虎信仰有密切的关联,石家河文化出土的两个玉神面给了我们理解这个母题的线索。这两件玉神面上有獠牙,纹饰以浅浮雕刻成,但是人物的眼睛、鼻子却是非常立体的,由此可见,所谓的"神像",其实完全模仿自神像的扮演者,那些"獠牙"或者是画在脸上的纹饰,或者是人脸上的刺青图案。石家河文化与殷商以后的文化是有密切关联的,因此不可排除虎噬人母题中的猛虎其实也是由人所扮演[2]。但这种原型可能会在流传的过程中发生变化,逐渐变得脱离了人的生理特征,而靠近了被扮演者。

除了人与虎造型之外,还有蛇纹及其变体(如龙纹、鳞纹等)比较重要,值得一提。蛇纹至少有两种可能的意义,一种是相对独立的形象,二是作为媒介(或者工具)。

首先是作为独立符号的蛇纹。器物身上的独立蛇纹可能是雄性生殖器的象征,如果是人物身上有蛇纹,它很有可能表示人物为负有某种特殊使命的男性。一般情况下,先秦时期的蛇与龙这两种文化形象并没有本质的区别[3]。龙的造型有时就是在蛇造型的基础上增加一些装饰上的变化。据笔者观察,虎噬人卣上共有四处蛇纹图案,这些蛇纹是卣上设计得最为隐秘又令人捉摸不透的视觉符号。在另一件几乎也是同一时期的作品——妇好墓出土的梳短辫的玉人中,我们也发现了同样的情形,人物身上有四条蛇纹,因此笔者不敢苟同玉人为女性奴隶的结论[4]。人虎相抱可能是交媾的艺术表现手法,其证据就在于器物的底部往往有蛇纹出现。平面化的图案省去了对(人物身上的)蛇纹的刻画,只保留了虎口衔人首的结构。当然有时也会刻意地强调人物的生殖器。四川广汉三星堆一号坑出土的龙虎人尊就是一个很好的例子。有些研究误把生殖器视为尾巴:"尤须注意的是人形的身子向下延伸为尾部,因此人形图像表现的不是一般的人,这有尾的人形应是虎之子。"[5]雄性生殖器的另一种体现形式为羊角或羊头饕餮,此不赘述。

其次是把蛇当作媒介(或者工具),形式包括珥蛇、操蛇。它们在《山海经》中常被提及,很多山神的形象均有此特征。因此作为工具的蛇直接与神有关,这是毋庸置疑的。操蛇之神呈人形,在战国出土的文物中常见,除前引湖北荆门出土大舞戚外,随州擂鼓墩2号墓出土的大甬钟隧部花纹中也有一两手操蛇之人神,淮阴高庄战国墓、河南新郑、山西浑源、辉县琉璃阁魏墓等地出土的战国铜器上亦均有神人操蛇像。

总之,蛇纹的出现,一表示人物的性别,二表示人物所具有的神性,就虎噬人母题

[1] 〔美〕罗伯特·贝格立著,王宁译,彭劲松校:《中国长江中游地区的商代青铜礼器》。

[2] 〔日〕林巳奈夫著,常耀华等译:《神与兽的纹样学——中国古代诸神》,第84页。

[3] 仅有极个别的学者对此持异议。何新:《龙:神话与真相》,时事出版社,2002年版,第195页。

[4] 参见杨伯达:《中国玉器全集》上,第145页图55。

[5] 张朋川:《虎人铜卣及相关虎人图像解析》。

而言，前者的意义居多。前文所例举的车辖、车軎中人物形象均有耳朵穿孔迹象，如此一来，人物身上的蛇纹与珥蛇行为就很有可能相关。即使人物的耳朵上无穿孔痕迹，其手足上的蛇纹也未尝不是操蛇与踏蛇行为的一种变体，毕竟，蛇与手足之间的关联还存在，只是"操持"的动作消失而已。由此可见，多数情况下，这是一种过渡和整合的图像，即人物身上的蛇纹具有性别与神性提示的双重意味。

## 五　小结

通过对虎噬人母题相关器物的考察、现有相关研究的梳理以及有关细节的分析，我们对该母题所要传达的意义有了一个更为全面的认识。可以说，关于该母题意义的各种说法，都有以偏概全的特点，而从其流传的时期与传播的范围来看，我们其实已经很难对其所代表的含义作一个有效的概说，因此我们认为从多角度以及发展趋势来诠释它更为合理。

首先，从源头上来看。这个母题的形成主要与南方的虎崇拜活动以及相关的仪式有关，但有关的器物不作为崇拜或祭祀的偶像，而是一种具有记录、唤醒或提示性质的功能性用器（礼器）。虎噬人母题首先出现于南方，早期它被表现在器物器身的主要部位上，视觉上非常醒目，在这里或许存在着图腾崇拜的因素在内，但传到北方后，其在器物纹饰系统中的地位下降，最后几乎蜕变成几何纹样。这种变化的结果，既有如张光直所谓受文明开化程度影响的原因："祖先与神之间的关系，到了中国古代史的晚期，经过了一番相当基本性的变化，人间的事务不复为神所支配，同时在美术上我们也可以看得出那些神奇动物的支配力逐渐丧失，占卜也采用了动物骨骼以外的媒介。"[1]更有可能是因为中原地区原本就不存在虎崇拜文化。

第二，从图式上来看。从构成的图式来看，这个母题与仪式有关，最初可能确实与性（或性别）有关，合体是这个仪式最为典型的视觉特征，在中国古代遗留的图像系统中，有很多与之相近的图像（如桑林野合图）流传下来，但二者性质不同，因此，合体不是本质，而与虎（及其相关事物）的合体才是虎噬人母题的关键。在已有研究中，人物的造型特点往往被忽略。实际上，人虎相抱的这种蹲踞式姿是一种具有普遍性特点的图案，在世界各地的原始文化中均可见到，汤惠生的研究将这种图式与生殖联系起来[2]，有一定的道理。人虎相抱图式及其变体是一种人神沟通（包括前文所谓的萨满通灵在内）或人神交媾的艺术呈现。这种带有巫术或厌胜色彩的仪式图式与早期文化的

---

[1] 张光直：《中国青铜时代》，第311页。
[2] 汤惠生：《原始艺术中的"蹲踞式人形"研究》，《中国历史博物馆馆刊》1996年第1期，第3～18页。

不开化状态有关，与早期文献中经常提到的桑林野合一样，都是具有特定目的的仪式性行为，这种图式不仅是原始生殖方式的文化遗存，还结合了原始信仰在内。（典型）图式从产生到消失的发展，从原来的性别标识，到兼容了多种文化元素，最后变得越来越不易辨识，加上我们距离器物制作时间非常久远，原本非常简洁的说明性符号最终也变得十分晦涩。值得注意的是，虎噬人母题中相抱者最初实际上是两个人，其中一人代表了虎或虎神，他身上蒙着虎皮或者脸上画着虎的纹饰（类似今天的舞狮），但图式化的处理消除了原生态的鲜活

图42　兽面纹青铜胄

性，变得更加符号化。这类图像随着时间的发展，以及由南向北的传播，又逐渐丰富和发展了图像的意义。从原初的祈祷丰收、多产等发展为具有厌胜、辟邪等功能，作为装饰的作用越来越重要。但认为该母题表达了"配享祖先"的观点则是不对的，因为该母题常装饰于容器之上，并非独立雕塑，因此不具有与有关神祇分享祭品的条件。

　　第三，从图像元素上来看。虎噬人母题的主要元素为人与虎，辅以蛇纹、鳞纹等纹饰。张光直曾经提到虎噬人母题中虎为人的媒介，但他没有注意到图像中二者之间的关系一直在变化中。在本文所提到的人虎组合图像中，至少经过三个阶段的发展。第一个阶段是虎口衔人。这个时候的人物形象总体而言，表现出了一种谦卑的低姿态，这也是何以学者们会将人物的身份断为战俘、奴隶或死人等较为卑微者的缘故。其中的虎则是如图腾或神祇之类受敬仰或崇拜的对象。第二个阶段是人骑虎。此时，虎已沦为交通工具或媒介，巫师、神人才是二者关系的真正的主导者。至于虎是阴性符号的代表，这一点不论哪个历史时期的虎噬人图像中大抵都是一个次要表达的部分。但从文化人类学的角度来看，虎噬人母题中人虎关系的演变，确实折射了人类文明从远古时期的母系社会向父系社会嬗变的痕迹，盛行于南方的以阴性为主导的符号辗转流传至北方后，逐渐向以阳为主体的装饰性符号过渡。从中原文明发展的历程来看，吸收同时压抑南来神祇的地位，传递出两种文明的接触与融合过程是以北方文明为主导的。第三个阶段，重塑。本文的讨论原则上局限于汉代以前，因此所讨论以虎噬人母题的器物也主要以前两个阶段为主。但是这个母题在汉代的演变（即第三个阶段）却是根植于这个阶段，因而在此

稍作交待。虎噬人图像到了汉代的时候，其本义失传或者被抛弃，并被重新赋值，变成了另一个意义的系统，那就是汉族神话中的"虎食旱魃"传说。之所以在已有研究中，研究者始终否认虎噬人图像与虎食旱魃图像有任何关联[1]，问题就在于未找到图像之间的逻辑链。事实上，图像在传播与流变中，原始的意义与外在的符号往往都会因为新文化语境的作用而生发变异，图像因此获得传承、超越与新生。

第四，从象征意义上来看。虎噬人母题最初所传达出来的意义与战国时期已大相径庭，装饰在南方与在北方器物上所传达出来的意义，出入也比较大。这种变化，首先呈现在虎与人之间的关系上，从早期的虎口衔人，到晚期的人虎合一，形式不一样，象征意义也截然不同。另外，在象征意义上，早期的作品相对单一，到了后来日渐丰富，不同的器物，虽然都以虎噬人母题为饰，但总体趋势是象征意义变得更为丰富多样。以商代后期的一件兽面纹胄为例，胄的正面为一兽面，有角，外卷（图42）。此胄如果戴在人头上，那么就构成了"虎噬人形象"。我们相信，这样的头盔应该有赋予使用者神秘力量的作用[2]。艾兰对侯家庄1004号大墓中出土的一顶战盔上的饕餮纹讨论道："它的功能可能是表明武士超自然的神力，或者是武士具有的死亡的暗示，这很难理解为萨满作法时的出神恍惚。"[3]这在南方的图像系统中是不曾见到的。徐良高说，把虎噬人母题作为车軎或车辖的装饰，是"战争致厄法术和祭祖祈胜这一原始宗教现象在文化遗物上的表现，它反映了古人对战胜敌人的愿望和信心"[4]，其用于辟邪或压胜的意图比任何时候都要来得强烈。

作者单位：中国艺术研究院工艺美术研究所

收稿日期：2015-11-2

---

[1] 王煜：《汉墓"虎食鬼魅"画像试探——兼谈汉代墓前石雕虎形翼兽的起源》。

[2] 国家文物局主编：《中国文物精华大词典·青铜卷》，第64页图228。

[3] 〔英〕艾兰著，汪涛译：《龟之谜——商代神话、祭祀、艺术和宇宙观研究》，第158页。

[4] 徐良高：《商周青铜器"人兽母题"纹饰考释》。

# 汉代画像与汉代"厌胜"之风

## 宋艳萍

《说文解字》："厌,筓也。"徐锴曰:"筓,镇也,压也,一曰伏也。"可知,所谓"厌胜",是通过神秘的形式来达到祸害别人或压服鬼神之目的的巫术。

研究汉代厌胜者不乏其人,本文意在对汉代画像中关于厌胜的图像进行梳理,并结合出土简牍,对汉代厌胜之风的历史渊源及其时代特点进行剖析,以就教于方家。

## 一 汉代画像中的厌胜图像

汉代画像石,是汉代遗留的刻有图像的石材,是研究汉代历史的重要史料。汉代画像中有很多与厌胜相关的图像,按照性质我们分类如下:

### (一)仙人厌胜

汉画像中的西王母、东王公、羽人、雷公等形象,是神仙世界的主要构件。这些神人形象的出现,一方面和墓主人灵魂升仙有关,另一方面和厌胜也有很大关联。

#### 1. 西王母

图1是山东嘉祥武梁祠西壁画像的截图[1],端坐在中间的是西王母,戴胜,旁边有玉兔捣药,众多羽人服侍。西王母,最早见载于《山海经》。西王母的形状"像人",

图1

---

[1] 中国画像石全集编辑委员会编:《中国画像石全集·1·山东汉画像石》,山东美术出版社、河南美术出版社,2000年版,图版第29页。

却有豹子一样的尾巴，老虎一般的牙齿，很善于长呼短啸，头发蓬松，顶戴盔甲。传说西王母住在昆仑山上，《列子·周穆王》中记载，周穆王西征，在昆仑山见到了西王母[1]。西汉中期之前，西王母并不是神仙世界的最高神灵，如马王堆汉墓帛画中居于最上端的神灵就不是西王母，但到汉哀帝时期，汉代的神仙崇拜发生了重大变化。

汉哀帝时期，正处于西汉王朝江河日下、危机四伏之际，厌汉情绪与日俱增。汉哀帝建平四年，发生了大旱，让本来风雨飘摇的汉王朝雪上加霜。此时，潜伏于民间的西王母信仰应运而生。《汉书·哀帝纪》记载此事道："（建平）四年春，大旱。关东民传行西王母筹，经历郡国，西入关至京师。民又会聚祠西王母，或夜持火上屋，击鼓号呼相惊恐。"[2]西王母筹从关东开始流出，看来西王母信仰开始流传于关东地区。《汉书·天文志》也记载了这一事件："哀帝建平元年正月丁未日出时，有著天白气，广如一匹布，长十余丈，西南行，谨如雷，西南行一刻而止，名曰天狗。传曰：'言之不从，则有犬祸诗妖。'到其四年正月、二月、三月，民相惊动，谨哗奔走，传行诏筹祠西王母。"[3]这里讲述了西王母筹流传的社会背景，是因天狗出现，西王母筹似乎就是要压服天狗的，所起作用为厌胜。

另据《汉书·五行志》记载："哀帝建平四年正月，民惊走，持稿或棷一枚，传相付与，曰行诏筹。道中相过逢多至千数，或被发徒践，或夜折关，或逾墙入，或乘车骑奔驰，以置驿传行，经历郡国二十六，至京师。"[4]颜师古将"稿"释为"禾秆也"。如淳将"棷"释为"麻幹也"。可知，所谓西王母筹，也称为行诏筹，是类似于禾杆或麻杆的一枚东西。汉画像石中有这样的图像（如图2）[5]，图的正中为西王母，她旁边跪侍之人，手中都拿着像植物的东西，有人认为这是嘉禾，但样子极像禾或麻杆，或许汉哀帝建平四年所传"西王母筹"就是这种东西。"西王母筹"被人们转相传递，历经二十六个郡国，最后传到了京师，西王母也就在这次大规模流民运动中地位迅速提高。到了建平四年的夏天，"京师郡国民聚会里巷阡陌，设张博具，歌舞祠西王母"[6]，可见西王母崇拜普及范围之广，难怪全国各地出土的汉画像石中都有西王母形象。

---

[1] 《列子·周穆王》曰："已饮而行，遂宿于昆仑之阿，赤水之阳。别日升昆仑之丘，以观黄帝之宫，而封之以诒后世。遂宾于西王母，觞于瑶池之上。西王母为王谣，王和之，其辞哀焉。乃观日之所入。一日行万里。王乃叹曰：'於乎！予一人不盈于德而谐于乐，后世其追数吾过乎！'"《百子全书》第八册，浙江人民出版社，1984年版。

[2] 《汉书》卷一一《哀帝纪》，中华书局点校本，1962年版，第342页。

[3] 《汉书》卷二六《天文志》，第1311～1312页。

[4] 《汉书》卷二七下之上《五行志下之上》，第1476页。

[5] 中国画像石全集编辑委员会编：《中国画像石全集·2·山东汉画像石》，图版第117页。

[6] 《汉书》卷二七下之上《五行志下之上》，第1476页。

图2

　　"设张博具，歌舞祠西王母"这一场景在汉画像石中有所体现，图3是山东滕州出土的汉画像石，图像分成上下四层，最上面一层，中间端坐西王母，两旁分别有四人陪侍。第二层为六博情景，中间为博具，两人正在开博，两人身后分别有三位观看者。第三层和第四层都是歌舞情景，第三层有三人载歌载舞，第四层中部立有一建鼓，旁有两人正击鼓舞蹈。这幅画面所描绘的，正好与汉哀帝时期"设张博具，歌舞祠西王母"的场景相吻合。

　　博具、歌舞、祠西王母，似乎三者互不相干，但为什么汉哀帝时期人们将三者联系在一起？博戏是汉代非常流行的游戏，汉画像石中有很多博戏图像，全国各地也出土了很多汉代博具。1993年，尹湾6号墓出土刻有"博局纹图"的汉墓简牍，其上有"方、廉、揭、道、张、曲、诎、长、高"9字，棋盘标有干支占位，直行为占卜事项，横列是占卜术语，两方对应得出占卜结果。此博局纹图为占卜所用，已突破了博为游戏的本意，而带上了浓厚的数术色彩。汉哀帝时设博具，祠西王母，并非将两个毫不相干的元素硬拉到一起，而是具有浓厚的神秘主义色彩，所起作用都应为厌胜。歌舞具有驱邪避鬼的作用，在以驱鬼为目的的大傩仪式中，集合了鼓、歌、舞等元素，其目的很明确，

图3

就是驱疫，厌胜厉鬼。汉哀帝时人们将博具、歌舞、祠西王母结合在一起，其目的就是希望得到西王母的佑护，趋利避害，厌胜邪恶，脱离苦海。

哀帝建平四年，还流行关于西王母的传书，传书的内容是："母告百姓，佩此书者不死。不信我言，视门枢下，当有白发。"[1]这种传书其实为护身符，起到保佑生命

---

[1]　《汉书》卷二七下之上《五行志下之上》，第1476页。

安全的作用。正因西王母能庇护保佑苦难中的人们，所以"西王母筹"才能在全国大规模传递。从汉哀帝时期开始，西王母不仅成为神仙世界的主宰，而且成为压服一切鬼神世界的最强大的力量。

图4

2. 东王公

图4是山东嘉祥武梁祠东壁画像截图[1]，画像的正中端坐着东王公，旁边有羽人随侍，此外还有一些珍禽异兽。东王公这一形象，可追溯到战国时期，当时楚地信仰"东皇太一"神，又称"东君"，即为神化了的太阳神（太阳星君），此为东王公之前身。屈原的《九歌》，第一首就是《东皇太一》。写道：

　　　吉日兮辰良，穆将愉兮上皇。

　　　抚长剑兮玉珥，璆锵鸣兮琳琅。

　　　瑶席兮玉瑱，盍将把兮琼芳。

　　　蕙肴蒸兮兰藉，奠桂酒兮椒浆。

　　　扬枹兮拊鼓，疏缓节兮安歌，陈竽瑟兮浩倡。

　　　灵偃蹇兮姣服，芳菲菲兮满堂。

　　　五音纷兮繁会，君欣欣兮乐康。

这首楚辞将东皇太一称为上皇，可见对其非常敬仰。西汉后期西王母地位提高之后，按照阴阳和合的原则，人们将"东君"演变为东王公形象。这一点从山东嘉祥武梁祠画像石一目了然，武梁祠的西壁顶端画的是西王母，而与之相对的东壁顶端画的则是东王公。陕西绥德画像石墓将两者同时刻画于墓门立柱上（图5）[2]，可知东汉时期东王公地位已仅次于西王母。魏晋以后，随着儒家思想的深入，男权被强化，东王公甚至

［1］中国画像石全集编辑委员会编：《中国画像石全集·1·山东汉画像石》，图版第30页。

［2］中国画像石全集编辑委员会编：《中国画像石全集·5·陕西、山西汉画像石》，图版第11页。

图5                                          图6

超越了西王母，成为神仙世界的最高主宰。

3. 羽人

羽人是神仙世界的重要组成部分，多为细长的身子，背上有两只小翅膀。在汉代，羽化成仙是世人普遍的梦想，汉画像石中有很多羽人的形象，反映了汉代人渴望羽化成仙的心态。汉画像中有一些刻画在墓门或阙上的羽人，或人面人身，或人面兽身，或人身兽面。如陕西榆林画像石墓墓门画像（图6）[1]。羽人画像在墓门左立柱，手持嘉

---

［1］中国画像石全集编辑委员会编：《中国画像石全集·5·陕西、山西汉画像石》，图版第15页。

禾，作舞蹈状。他的左边是拿着长戟的青龙。青龙本身就具有厌胜作用，羽人和青龙同时刻画在墓门立柱之上，他们的作用，其实都是厌胜和辟邪。

4. 伏羲、女娲

伏羲、女娲也往往被刻画于墓门、石阙之上。如陕西绥德画像石墓门画像（图7）[1]，伏羲、女娲分别被刻画在墓门左、右立柱之上。墓门乃墓葬中的重要位置，所刻画之像具有特殊含义，大多数都和厌胜相关。

四川的一些画像石棺上也有伏羲、女娲的画像，如图8。这是四川长宁二号石棺上的伏羲、女娲画像[2]，位于石棺的前挡头。前挡头离墓主人头部最近，位置较为重要。伏羲、女娲在此重要位置，除了引领亡魂升仙之外，厌胜的作用占很大比重。

5. 雷公

雷公，又称雷神，《山海经·海内东经》中有记载："雷泽中有雷神，龙身而人头，鼓其腹。在吴西。"汉平帝时，长安所祠之神甚

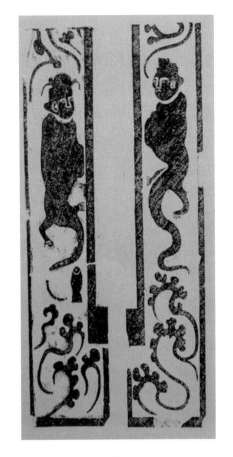

图7

众："分群神以类相从为五部，兆天墬之别神：中央帝黄灵后土畤及日庙、北辰、北斗、填星、中宿中宫于长安城之未墬兆；东方帝太昊青灵勾芒畤及雷公、风伯庙、岁星、东宿东宫于东郊兆；南方炎帝赤灵祝融畤及荧惑星、南宿南宫于南郊兆；西方帝少皞白灵蓐收畤及太白星、西宿西宫于西郊兆；北方帝颛顼黑灵玄冥畤及月庙、雨师庙、辰星、北宿北宫于北郊兆。"[3]雷公和风伯在东郊兆进行祭祀。雷公作为神灵接受人们祭祀，他的作用应该和升仙、厌胜有关。

雷公的形象在汉画像石中多处出现，苍山汉墓题记中曰："室上五字鼍（僮）女随后驾鲤鱼前有白虎青龙车后□」被轮雷公君。"白虎青龙车后面，是雷公君的车。这些车都是墓主人导从队伍中的重要组成部分，所起作用，为护卫主人、厌胜鬼神。河南汉

[1] 中国画像石全集编辑委员会编：《中国画像石全集·5·陕西、山西汉画像石》，图版第83页。

[2] 中国画像石全集编辑委员会编：《中国画像石全集·7·四川汉画像石》，图版第84页。

[3] 《汉书》卷二五下《郊祀志下》，第1268页。

图8

画像石中有雷公出行的图像，如图9。这是河南南阳英庄出土的画像石[1]，图中三只白虎拉着一辆云车，车上前面坐着御者，后面是尊者。两者都是羽人形象，显示其身份为神仙世界中人而非凡人。车中间立一高柱，上面一只大鼓，大鼓上是华盖和葆羽。云车上立大鼓，表明了尊者的身份为雷公无疑。雷公车上的大鼓，有震慑鬼神的作用。汉代画像中刻画雷公，其主要作用就是厌胜。

6. 镇墓神

除了上述仙人之外，汉代墓葬画像中还有其他一些神灵形象，如四川乐山柿子湾崖墓中的镇墓神（图10）[2]。图中是个人身兽面的神人形象，大耳，有两只角。发掘者称之为"镇墓神"，他被刻画在墓葬中，是镇服墓中邪恶势力的保护神。汉画像中凡人面兽身或人身兽面者，他们大多被刻画于墓门、墓阙或墓中重要位置，所起作用应该都是厌胜。

**（二）动物厌胜**

汉代画像中往往刻画一些动物形象，如四神、开明兽、双头兽等。这些动物形象所起作用大多与厌胜有关。

---

[1] 中国画像石全集编辑委员会编：《中国画像石全集·6·河南汉画像石》，图版第140页。

[2] 唐长寿：《乐山柿子湾崖墓画像石刻研究》，《四川文物》2002年第1期，第38页。

图9

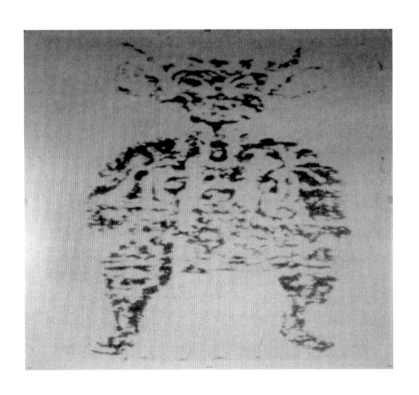

图10

1. 四神

四神指青龙、白虎、玄武、朱雀，代表四个方位。从先秦时期，四神就是厌胜之物。仰韶文化时期的墓葬中，就有用白贝壳组成的青龙、白虎图像，所起作用其实就是厌胜。从周秦时代，四神被广泛应用于地面建筑和地下墓葬中。到了汉代，四神已成为被人普遍接受的神灵形象。

汉画像石中四神形象大量出现，如图11，这是河南唐河针织厂墓出土的一幅画像[1]，按照四个方位刻画青龙、白虎、玄武、朱雀，形象非常生动。四神几乎成为每个汉画像墓室中必刻的形象。山东苍山画像石墓题记对墓中所刻画像进行描述道："朱畜（雀）」对游栗抽（仙）人，中行白虎后凤皇。中自柱只（双）结龙，主守中雨辟邪央（殃）。"这里出现了朱雀、白虎、龙等三神形象，出现三神的目的，其实就是"辟邪殃"，也就是厌胜邪恶和祸殃。

西汉初期萧何建未央宫时，就应用了四神观念。《史记·高祖本纪》索隐："东阙名苍龙，北阙名玄武，无西南二阙者，盖萧何以厌胜之法故不立。"[2]东阙取名为苍龙，北阙取名为玄武，都是将方位与四神相对应。萧何之所以没有建西阙和南阙，司马贞认为这是萧何运用了"厌胜之法"，这一点后文将详及。

2. 多头兽和双头兽

图11

---

[1] 中国画像石全集编辑委员会编：《中国画像石全集·4·江苏、安徽、浙江汉画像石》，图版第15页。
[2] 《史记》卷八《高祖本纪》，中华书局点校本，1982年版，第386页。

　　多头兽和双头兽在武氏祠东阙正阙身南面画像中同时出现（图12）[1]，图中的多头兽看起来好像是八个头，兽身，四足，一尾。朱锡禄先生[2]和台湾"中研院"史语所"武氏祠汉画像石"网页上，都认为它是"天昊"。《山海经》中无"天昊"，只有"天吴"。《山海经·海外东经》曰：

　　　　朝阳之谷，神曰天吴，是为水伯。……其为兽也，八首，人面，八足八尾，皆青黄。[3]

　　天吴为八首人面，但它又有八足八尾，和画像石上的形象不符，所以不应为天吴。笔者认为，多头人面兽应当为开明兽，画面有些模糊，人头或许有叠加现象，让人看起来好像为八头，其实应当为九头。

　　汉画像石中有很多九头人面兽形象，有先生认为它是"开明兽"[4]，笔者赞同这一观点。开明兽在《山海经·海内西经》中有记载：

　　　　海内昆仑之虚，在西北，帝之下都。昆仑之虚，方八百里，高万仞。上有木禾，长五寻，大五围。面有九井，以玉为槛。面有九门，门有开明兽守之，百神之所在。在八隅之岩、赤水之际，非仁羿莫能上冈之岩。[5]

图12

---

［1］中国画像石全集编辑委员会编：《中国画像石全集·1·山东汉画像石》，图版第16页。

［2］朱锡禄认为："第二层刻一个八首人面戴冠怪兽，应为'天昊'。"见氏著《武氏祠汉画像石》，山东美术出版社，1986年版，第129页。

［3］李润英、陈焕良译注：《山海经·海外东经》，岳麓书社，2006年版，第288页。

［4］刘弘：《巴虎与开明兽》，《四川文物》1998年第4期，第58页。

［5］李润英、陈焕良译注：《山海经·海内西经》，第303页。

昆仑山是西王母居住的场所，开明兽是昆仑山上的守护神，昆仑山上有九个门，开明兽看护每个门，这可能就是它有九头的原因。居住在昆仑山上的所有神灵都在开明兽管辖、庇护之下，地位比较重要。《广博物志》对开明兽诠释曰：

> 天兽也。铭曰：开明为兽，禀资乾精，瞪视昆仑，威震百灵。[1]

开明兽"威震百灵"，威力无穷，具有驱邪厌胜的作用，这可能就是开明兽出现在汉画像石中的重要原因。开明兽在墓室或祠堂的门阙中出现，有避邪厌胜作用，具有独特的符号意义，而不是天吴等形象所能代替。

图12中，开明兽旁边有只双头兽，左右各一头，人面，兽身，四足，一人骑其上。开明兽是"威慑百灵"的神灵庇护者，双头兽和开明兽并列出现，一定也是具有重要作用的神灵形象，不然不会出现在门阙这样重要的位置。

据《山海经·大荒西经》记载：

> 大荒之中，有山名曰鏖鏊钜，日月所入者。有兽，左右有首，名曰屏蓬。[2]

屏蓬的形象为：兽身，左右有首，和汉画像石中双头兽的形象大致相符。且屏蓬所处的鏖鏊钜山，是日月所入的地方。《博物志》曰："西方少阴，日月所入，其土窈冥。"[3]窈冥为深远、阴暗之意，引申为阴世。南阳画像石许阿瞿墓志铭文中曰："神灵独处，下归窈冥。"[4]这里的窈冥之意便为阴世。鏖鏊钜山为日月所入之地，是光明和黑暗的交界点，引申义为阴和阳的交点，人间和阴世的分割点。屏蓬处在这样的位置，成为连接两个世界的使者。其左右之首，或许就是一个代表人世，一个代表阴世。亡灵坐于屏蓬之上，可以顺利到达阴世。

灵魂得以安息是人们的普遍愿望。不仅死者得到安息，生者也能得到安宁，不被鬼所侵扰。从南阳汉画像石许阿瞿墓志铭文中可以看出，许阿瞿死后亡魂不安，父母去吊唁，"瞿不识之，啼泣东西，久乃随逐（逝）"[5]。生者和死者都不得安宁，父母于是为之迁坟，"投财连（联）篇（翩），冀子长哉"[6]。

《礼记·郊特牲》曰："魂气归于天，形魄归于地。"[7]下归窈冥的其实是形魄，而魂气却要超越形魄而升天。魂气也就是我们所说的灵魂，灵魂升天才是他们所向往的。墓地本是窈冥之地，却被人们想象成升仙之所。山东省苍山县西城前村北出土的

[1]（明）董斯张：《广博物志》卷四十八，上海人民出版社，1999年版。
[2] 李润英、陈焕良译注：《山海经·大荒西经》，第358页。
[3]（晋）张华：《博物志》卷一，文渊阁四库全书本，上海人民出版社，1999年版。
[4] 王建中：《南阳两汉画像石》，文物出版社，1990年版，第282～284页。
[5] 王建中：《南阳两汉画像石》，第282～284页。
[6] 王建中：《南阳两汉画像石》，第282～284页。
[7]《礼记译解》，中华书局，2001年版，第357页。

汉画像石题记，为我们描述了一幅美好的升仙画面。题记最后则曰："长就幽冥则决绝，闭旷之后不复发。"[1]可以看出，汉代人确实把幽冥之地视为升仙之所。

汉画像石中有不少图画，为我们描述了各种升仙的场面。连接阴阳两世的双头兽，亦被视为连接人间和仙界的神兽，如山东嘉祥县城南嘉祥村出土的一幅图像（见图2）[2]。第一层和第二层描述的是仙界。西王母端坐于第一层正中，周围有仙人服侍。第二层中，左刻神乌拉云车，车上一尊者，一御者。车前一仙人披长发骑兔举幡，中间二玉兔捣药；右边是双头兽，仙人骑兽之上悠闲地吹竽；双头兽右边一长发仙人手牵三足乌和九尾狐。有学者认为"第二层为祠主升仙图"[3]，笔者赞同这一观点。我们试对这类母题的画像内容描述如下：坐在云车上的尊者可能就是墓主人，他被神乌、仙人牵引，来到仙界。仙人骑双头兽前来迎接，并带他超越阴阳界限，完成升仙过程。

山东省嘉祥县满硐乡宋山出土的一幅画像石中，也出现了双头兽。这幅画分四层，第一层为东王公和仙人，第二层为双头兽及六博游戏。笔者截取了这两层画面（见图13）[4]，双头兽处于第二层最左边，似乎起到沟通人间和仙界的作用。

此外，陕西省绥德县刘家沟出土的墓门右立柱画像，双头兽处于画面下格，见笔者截图（图14）[5]，双头兽在玄武之上。玄武为四灵之一，是画像石中重要的神灵形

图13

[1] 山东省博物馆、苍山县文化馆：《山东苍山元嘉元年画象石墓》，《文物》1975年第2期，第127页。

[2] 中国画像石全集编辑委员会编：《中国画像石全集·2·山东汉画像石》，图版第117页。

[3] 信立祥：《汉代画像石综合研究》，文物出版社，2000年版，第156页。

[4] 中国画像石全集编辑委员会编：《中国画像石全集·2·山东汉画像石》，图版第92页。

[5] 中国画像石全集编辑委员会编：《中国画像石全集·5·陕西、山西汉画像石》，图版第139页。

图14

象。双头兽与玄武出现在同一画面中，可见它在汉代人心目中地位之重。

　　双头兽出现于山东嘉祥武氏祠东阙正阙身南面画像及陕西省绥德县刘家沟出土的墓门右立柱之上，其重要地位可以窥知。在汉代，门阙很重要，是进出祠堂或陵墓的门户，是连接人间和仙宫的象征性符号，意义非凡。人们希望死后有神灵庇护顺利升仙，开明兽"威震百灵"，是最好的庇护神。屏蓬处于"日月所入"之处，既是形魄"下归窈冥"之处，也是魂气"上归于天"之所。《山海经》中没有对屏蓬之头进行描述，在汉画像石中为人面，或许是人们对其艺术加工的结果。屏蓬是"日月所入"之地的神兽，形象和汉画像石中的双头兽基本相合，它有资格和开明兽并列出现于画像石的门阙之上，因此笔者怀疑山东嘉祥武氏祠东阙正阙身南面画像上的双头兽及上举其它几例双头兽为屏蓬。

### （三）力士厌胜

　　汉代人喜欢将力士刻画在门上，起初应该是阳宅，后来才发展到阴宅。汉景帝时广川王刘去，"其殿门有成庆画，短衣大绔长剑"。晋灼认为："成庆，荆轲也，卫人谓之庆卿，燕人谓之荆卿。"颜师古则认为："成庆，古之勇士也，事见《淮南子》，非荆卿也。"[1]不论成庆是荆轲还是古代的勇士，将其刻画于殿门之上，就是希望大力之士保护门庭，阻挡各种邪恶势力。刻画勇士于殿门，所起作用应为厌胜。从先秦开始，人们对于来自自然及超自然的力量产生畏惧心理，希望有足以战胜这些力量的勇士们来保护自己，这就是人们崇尚勇士的原因所在。睡虎地秦简日书中，有"诘梦篇"：

> 人有恶梦，觉，乃释发西北面坐，祷之曰："皋！敢告尔（尔）豹。某，有恶
> 瞢（梦），走归豹琦之所。豹琦强饮强食，赐某大幅（富），非钱乃布，非茧乃
> 絮。"则止矣。（甲种简一三背至一四背壹）[2]

人做了恶梦，进行祈祷，让恶梦远离自己，去豹琦那里。豹琦是谁？我们不是很清楚，但从简文中说他"强饮强食"，可以看出是个身体强壮的神灵形象。他能收伏恶梦，保护人们，无疑是人们心目中鬼魅的强有力对手，祈祷中提及他的名字，就能起到厌胜鬼魅的目的。豹琦之外，更多的神灵被制造出来。据《后汉书·礼仪志中》记载："甲作食㐅，胇胃食虎，雄伯食魅，腾简食不祥，揽诸食咎，伯奇食梦，强梁、祖明共食磔死寄生，委随食观，错断食巨，穷奇、腾根共食蛊。"[3]在这里，食梦者为伯奇，和《睡虎地秦简·日书》中的豹琦稍有不同，或许伯奇本作豹琦，人们嫌其字体太繁，故用伯奇代替。除伯奇食梦外，雄伯食魅，腾简食不祥，揽诸食咎，穷奇、腾根共食蛊，魅、不祥、咎、蛊都是现实生活中人们惧怕的东西，但单凭个人力量无法与之对抗，所以人们就想象出雄伯、腾简、穷奇等神灵，来克制鬼魅、不祥等。这些神灵大部分为人的形象，如穷奇，据《左传·文公十八年》记载："舜臣尧，宾于四门，流四凶族，浑敦、穷奇、梼杌、饕餮，投诸四裔，以御螭魅。"[4]穷奇是少昊氏的儿子，他和混沌、梼杌、饕餮合称四凶，被流放到四夷，去抵御螭魅。穷奇被视为四凶之一，可知他是个拥有非凡力量之人，不然不会让他去抵御螭魅。东方朔对每个官职都有自己心目中最合适的人选，他将庆忌作为期门的最佳人选。庆忌是春秋时期吴王僚的儿子，有万夫不当之勇，据说他能够"走追奔兽，手接飞鸟"，是吴国第一勇士。期门在汉代属于皇帝的近卫军首领，东方朔将庆忌定义为期门，可见人们对于勇士的崇拜和对力量的依赖。人们崇拜勇士，希望通过他们的力量来厌胜邪恶力量，这正是人们将勇士刻画于门上的原因所在。东汉时期，这种厌胜意识被应用于丧葬习俗中。大量力士的图像被刻画于墓阙、墓门和墓中壁画之上。能拉动蹶张，是力量的象征，大量蹶张图的出现，正是人们崇尚力量的写照。此处仅举两图以兹说明。

---

[1]《汉书》卷五三《景十三王传》，第2428页。

[2] 睡虎地秦墓竹简整理小组编：《睡虎地秦墓竹简·日书甲种》，文物出版社，1990年版，第210页。

[3]《后汉书》卷九五《礼仪志中》，中华书局点校本，1965年版，第3128页。

[4] 杨伯峻：《春秋左传注·文公十八年》，中华书局，1990年版，第641页。

图15

图16

图17

图15是江苏白山故子二号墓后室北侧的蹶张图[1]，图中一力士正拉动蹶张。力士身材魁梧，力大无穷。图16是四川乐山麻浩大地湾尹武孙墓中的蹶张图[2]，图中也是一力士正在拉动蹶张。蹶张图的基本元素是力士拉动蹶张，彰显出无穷的力量，本身就具有震慑作用。蹶张图大量出现在墓葬中，所起作用就是厌胜。

**（四）胡人厌胜**

汉画像石中，胡人形象出现较多。胡人形象的出现，一方面反映了汉代历史上胡人对汉人生活影响之深，另一方面，胡人形象刻画于墓室，或许出于辟邪的目的。因为汉代人往往把他们心目中认为凶恶的东西刻画于门或墙上，如饕餮、豺狼虎豹等，都是凶狠动物，汉代人喜欢刻画这些动物的形象，以起到辟邪的作用。在汉代人的心目中，胡人经常侵扰边境、烧杀掳掠，凶猛无比，与饕餮、豺狼虎豹等无异，刻画于墓室中，也可以震慑鬼神。从目前所见汉代画像中，胡人形象主要出现在四种情形中：

1. 胡王、胡将军等胡人高层的画像

山东孝堂山石祠中有这样的画像（图17）[3]，画像中出现"胡王"的榜题。刻画"胡王"形象，一方面，所谓擒贼先擒王，刻画胡王或胡将军的形象，象征着他们被擒服，胡人侵扰自会消除。另一方面，"胡王"是胡人首领，是人们心目中最强劲的对手，拥有强大威力，在墓葬或祠堂中刻画他的形象，所起厌胜作用最大。

2. 胡汉战争图

汉画像石中，胡汉战争图是比较常见的母题。如图17，中间部位就是一幅完整的胡汉战争图。图中刻画了一场惊心动魄的战争场面，胡人都戴着尖顶高帽，深目大鼻，符合汉代北方少数民族，如匈奴的形象特征。在图像的左侧，刻画着一个厅堂，一官员端坐，正接受属下汇报，厅堂前的地上跪着几个胡人俘虏。纵观所有的胡汉战争图，图像的重点，不在于战争，而在于献俘。胡汉战争图的真正意义，应该是厌胜，以绘画形式来压服胡人和其他邪恶势力。

3. 车马出行图中的胡人先导

汉画像石中有很多车马出行图，主车一般在中间，前面是导车，后面是从车。而胡人往往作为车马队列的先导。我们以山东苍山汉画像石图像为例（图18）[4]。画像描绘的是车马过桥的情景，主车在中央，前面为先导车骑，而在先导车骑的最前方，有个胡人卫士，戴尖顶帽，手持弓弩，向后探视，护卫着整个队列。苍山画像石题记曰："上卫（渭）桥，尉车马。前者功曹后主簿，亭长骑左（佐）胡使弩。"描绘的正是上

[1] 中国画像石全集编辑委员会编：《中国画像石全集·4·江苏、安徽、浙江汉画像石》，图版第116页。

[2] 中国画像石全集编辑委员会编：《中国画像石全集·7·四川汉画像石》，图版第8页。

[3] 中国画像石全集编辑委员会编：《中国画像石全集·1·山东汉画像石》，图版第23页。

[4] 中国画像石全集编辑委员会编：《中国画像石全集·3·山东汉画像石》，图版第91页。

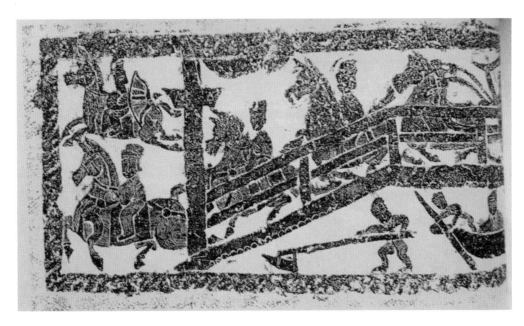

图18

面图像中的情景。胡人彪悍，以他们为先导，主要起护卫作用。

4. 胡奴门卫

在汉画像石中，除了胡汉战争图外，还于墓门或墓中刻画一些胡人形象，如河南省方城杨集画像（图19）[1]。画像中有"胡奴门"的榜题，让我们清楚地了解画像的具体含义。画像中的胡奴身材高大魁梧，脸上刻有烙印，应该是奴隶的标识。胡奴左肩扛一长铁，右手持一长柄扫帚，也就是汉画像中经常刻画的"拥彗"。"胡奴门"应该是胡奴把守门庭之意。胡人因为善于骑射，凶猛彪悍，经常侵扰北方，是汉王朝北方的劲敌。胡人被擒后变为奴隶，因为力气大，往往用来守护门庭。人们把对力量的崇拜，引申到丧葬中，将胡奴形象刻画到墓门上，以起到厌胜鬼魅的作用。

"胡汉战争图"中的"胡"到底是指哪个民族？这个问题值得探讨。大家普遍认为是北方的匈奴，这一观点不无道理。据《史记·陈涉世家》记载："乃使蒙恬北筑长城而守藩篱，却匈奴七百余里，胡人不敢南下而牧马，士亦不敢贯弓而报怨。"[2]这里明确提到蒙恬北击的是匈奴，同时又将之称为"胡人"，从此看，秦代的胡专指匈奴。汉代也是将匈奴称为"胡"，如《史记·孝文本纪》中曰："后六年冬，匈奴三万人入上郡，三万人入云中。以中大夫令勉为车骑将军，军飞狐；故楚相苏意为将军，军句

---

[1] 中国画像石全集编辑委员会编：《中国画像石全集·6·河南汉画像石》，图版第30页。

[2] 《史记》卷四八《陈涉世家》，第1963页。

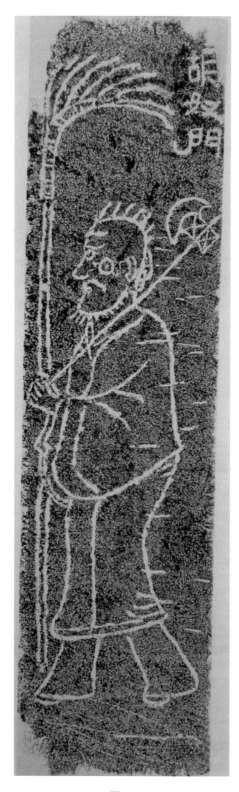

图19

注；将军张武屯北地；河内守周亚夫为将军，居细柳；宗正刘礼为将军，居霸上；祝兹侯军棘门：以备胡。数月，胡人去，亦罢。"[1] 也是将匈奴称为胡人。在汉代西北边塞出土的简牍中，可以看到与胡相关的一些简文。一些烽燧名烙下了时代印记，如伐胡燧、执胡燧、逆胡燧、累胡燧、临胡燧、胜胡燧等，都是以名厌胜，取克敌制胜之意，针对的敌人为胡，也就是匈奴。但汉代"胡"并不完全等同于匈奴，羌也被称为胡。如：

●范君上月廿一日过当曲，言窦昭公到高平，还道不通●天子将兵在天水，闻羌胡欲去河以西。今张掖发兵屯诸山谷，麦熟石千二百，帛万二千，牛有贾马如故。七月中恐急忽忽，吏民未安。（7809：E.P.F22:325A）[2]

山西天水、陇西、安定、北地处势迫近羌胡，民俗修习战备，高上勇力鞍马骑射。[3]

二十七年，（臧）宫乃与杨虚侯马武上书曰："匈奴贪利，无有礼信，穷则稽首，安则侵盗，缘边被其毒痛，中国忧其抵突。房今人畜疫死，旱蝗赤地，疫困之力，不当中国一郡。万里死命，县在陛下。福不再来，时或易失，岂宜固守文德而堕武事乎？今命将临塞，厚县购赏，

[1]《史记》卷一〇《孝文本纪》，第432页。
[2] 甘肃省文物考古研究所等编：《居延新简：甲渠候官与第四燧》，文物出版社，1990年版，第498页。
[3]《汉书》卷六九《赵充国辛庆忌传》，第2998页。

喻告高句骊、乌桓、鲜卑攻其左，发河西四郡、天水、陇西羌胡击其右。如此，北虏之灭，不过数年。臣恐陛下仁恩不忍，谋臣狐疑，令万世刻石之功不立于圣世。"[1]

所有这些记载，都说明当时羌也被称为胡，但一般都是将两个字连读，也就是羌胡，并没有将羌直接称为胡人的例子。可知汉画像石中的胡人，应是以匈奴为主的游牧民族。胡人的特点，都是深目高鼻，戴尖顶帽，多数骑在马上。刻画深目高鼻等形象，一方面是因为匈奴等北方民族确实具有异于汉族的特点，但更重要的目的是要与汉人相区别。

著名的历史学家翦伯赞称汉画像石是为雕刻在石头上的"绣像的汉代史"，以最直观的形式表现了汉代人的生活方式、思想观念和社会习俗。汉代画像中有如此多的厌胜图像，充分反映了汉代厌胜之风的盛行。

## 二　汉代"厌胜"之风的历史渊源及其时代特点

"厌胜"起源于原始的巫术，在先秦时期就已经存在。据《艺文类聚》记载："太公《金匮》曰：武王伐殷，丁侯不朝，尚父乃画丁侯射之，丁侯病，遣使请臣，尚父乃以甲乙日拔其头箭，丙丁日拔目箭，戊己日拔腹箭，庚辛日拔股箭，壬癸日拔足箭，丁侯病乃愈，四夷闻乃惧，越裳氏献白雉。"姜太公画丁侯像并用箭射之，这一巫术真起到了使丁侯生病的目的，这其实就是"厌胜"之术。《太平御览》中有四处记载了这一故事[2]，其中一处提到："《六韬》曰：武王代殷，丁侯不朝，太公乃画丁侯于策，三箭射之。丁侯病困，卜者占云：'祟在周。'恐惧，乃请举国为臣。太公使人甲乙日拔丁侯着头箭，丙丁日拔着口箭，戊己日拔着腹箭，丁侯病稍愈。四夷闻，各以来贡。"《太公金匮》和《六韬》旧题姜太公所作，则"厌胜"之术在先秦或更早的时期就已经存在。

秦汉时期，厌胜之术得以发展，甚至连皇帝也运用这一巫术。据《史记·高祖本纪》记载："秦始皇帝常曰'东南有天子气'，于是因东游以厌之。高祖即自疑，亡匿，隐于芒、砀山泽岩石之间。吕后与人俱求，常得之。高祖怪问之。吕后曰：'季所居上常有云气，故从往常得季。'高祖心喜。沛中子弟或闻之，多欲附者矣。"秦始皇所说"东南有天子气"指的是刘邦，每个新出现的帝王都有过人之处，这就是汉儒所说的"受命之符"。这段文字是果有此事还是司马迁杜撰，我们已不得而知，但秦始

---

[1]《后汉书》卷一八《吴盖陈臧列传》，第695页。

[2] 详见《太平御览》卷三四九、三七二、七三七、七三九。

皇数次东游确实为真。秦始皇东游的目的，是要厌胜、压服东南方的天子之气。王充在《论衡》卷二《吉验篇》中道："秦始皇帝常曰：'东南有天子气。'于是东游以厌当之。高祖之气也，与吕后隐于芒、砀山泽间。"看来，天子之气为刘邦之气，这一点成为汉代人的共识。同样的事情也发生在汉武帝时期，巫蛊之祸后，太子集团被清算，"望气者言长安狱中有天子气，于是上遣使者分条中都官诏狱系者，亡轻重一切皆杀之"[1]。长安狱中所谓的天子气，指的是卫太子的孙子皇曾孙，也就是后来的汉宣帝。汉武帝对于这一天子气，采取的措施是将狱中之人悉数杀掉，以起到厌胜的目的。

汉代"厌胜"之风极盛，甚至影响到了汉代的建筑理念。西汉政权建立伊始，萧何负责营建未央宫，他只建了北阙和东阙，而没有建南阙和西阙。《史记·高祖本纪》索隐解释道："东阙名苍龙，北阙名玄武，无西南二阙者，盖萧何以厌胜之法故不立也。"[2]萧何只建了东阙和北阙，是依据厌胜之法，这与汉初承袭秦朝水德有关，水在五行中方位属北，水生木，木为东方。而南方的火和西方的金和两者是相克关系。萧何将厌胜之法应用于宫殿建筑理念中，可见"厌胜"之风对汉代社会影响之深。

汉代的最高统治者往往将"厌胜"之术应用于政治中。汉哀帝建平元年（公元前6）十二月甲子夜，光武帝刘秀出生，当时出现了很多异样的征兆：一是"有赤光照室中"；二是"是岁县界有嘉禾生，一茎九穗"，这就是儒家所说的新天子"受命之符"。方士夏贺良"云汉家历运中衰，当再受命"[3]。夏贺良所说汉王朝当再受命，有两种可能性，一种是哀帝再次受命，另一种则为出现了新受命者。汉哀帝当然不甘心失去天下，他采取了改制的方式，"改号为太初元年，称'陈圣刘太平皇帝'，以厌胜之"[4]。可知汉哀帝改制的目的，就是要厌胜新出现的天子之气。

王莽是利用厌胜之术的典型代表，据《汉书·王莽传》记载："是岁八月，莽亲之南郊，铸作威斗。威斗者，以五石铜为之，若北斗，长二尺五寸，欲以厌胜众兵。既成，令司命负之，莽出在前，入在御旁。铸斗日，大寒，百官人马有冻死者。"[5]这一年是为天凤四年（17），王莽新政失败，王匡、王凤率领数百名饥民在绿林山起义，天下纷纷响应。王莽面对山雨欲来风满楼之势，甚感恐慌，他竟然采用迷信手段，铸造威斗。威斗以五石铜筑成，做成北斗形状。王莽希望威斗能厌胜众兵，但这种厌胜之术并没有奏效，外有起义军大举进攻，内部大臣纷纷叛离，王莽惶惶不可终日，于是下诏道："予之皇初祖考黄帝定天下，将兵为上将军，建华盖，立斗献，内设大将，

[1]《汉书》卷七四《丙吉传》，第3142页。
[2]《史记》卷八《高祖本纪》，第386页。
[3]《后汉书》卷一《光武帝纪》，第86页。
[4]《后汉书》卷一《光武帝纪》，第86页。
[5]《汉书》卷九九《王莽传》，第4151页。

外置大司马五人，大将军二十五人，偏将军百二十五人，裨将军千二百五十人，校尉万二千五百人，司马三万七千五百人，候十一万二千五百人，当百二十二万五千人，士吏四十五万人，士千三百五十万人，应协于《易》'弧矢之利，以威天下'。予受符命之文，稽前人，将条备焉。"[1]王莽这次采取的厌胜之术为效仿黄帝，"建华盖，立斗献"，设立数量庞大的军事职官，企图起到"以威天下"的目的，但尽管王莽采取了各种厌胜之术，却无法抵御蓬勃的农民起义军。王莽为摆脱覆灭命运，甚至将厌胜之术应用于经济领域。王莽建立新朝后，害怕刘氏复兴，"以钱文有金刀，故改为货泉。或以货泉字文为'白水真人'"[2]。王莽以改换钱币名称或钱上字文的方式来达到厌胜刘氏的目的，可谓煞费苦心。

汉代后宫中，厌胜之术是较为常见的巫术。后宫嫔妃，为了争得皇帝宠爱，巩固后宫地位，往往采用巫术来达到打击异己的目的。汉武帝时的陈皇后，是政治联姻的结果，武帝并不喜欢她，而是喜欢卫子夫。陈皇后心情郁闷，女巫楚服等教给她"祠祭厌胜，挟妇人媚道"[3]。此事被发觉后，汉武帝震怒，让御史张汤深查此事，陈皇后被打入冷宫，除去皇后称号，女巫楚服被枭首，受株连者三百余人。这是巫蛊之祸前的一次大型政治事件，起因就是厌胜之术。汉代的巫蛊也是厌胜的一种，是通过施蛊的方式来达到钳制震慑别人的目的。汉武帝时的巫蛊之祸，令万余人成为牺牲品，产生了极坏的社会影响。自汉武帝之后，后宫中的厌胜之术不绝如缕，也成为重点打击的对象。厌胜之术有时也成为后宫陷害他人的借口。汉章帝时的宋贵人，得到皇帝宠幸，所生儿子刘庆被立为太子。窦皇后怕宋贵人会夺去她的皇后地位，欲处之而后快，她暗中寻求宋贵人的过失。宋贵人生病时，"病思生菟，令家求之"[4]。《资治通鉴》对此事解释道："宋贵人病，思生兔，令家求之"，将"菟"直接诠释为"兔"。宋贵人梦到生兔，并让家人寻求，这本是件小事，但却被窦皇后抓住，以此大做文章。她诬告宋贵人"欲作蛊道祝诅，以菟为厌胜之术"[5]。皇帝竟然相信了窦皇后的话，疏远了宋贵人，造成了宋贵人姐妹俩自杀的悲剧。以兔作为厌胜之物，虽然史书中没有更多记载，但汉画像石中有不少兔子的形象，估计和厌胜有很大关联。

在秦汉时代的简牍中，亦可见厌胜之术。《睡虎地秦简·日书甲种·诘》中有厌劾不同鬼神的方法，其中之一为："●诘咎：鬼害民罔（妄）行，为民不羊（祥），告如诘之，召，道（导）令民毋丽凶央（殃）。鬼之所恶，彼窋（屈）卧箕坐，连行奇

[1]《汉书》卷九九《王莽传》，第4158页。

[2]《后汉书》卷一《光武帝纪》，第86页。

[3]《资治通鉴》卷十八，中华书局，1962年版，第591页。

[4]《后汉书》卷五五《清河孝王庆传》，第1799页。

[5]《后汉书》卷五五《清河孝王庆传》，第1799页。

（踦）立。"[1]鬼如害人，就要谴告责难，并引导人民不要遭受凶殃。据《汉书·艺文志》记载，杂占类中有《人鬼精物六畜变怪》二十一卷，《变怪诰咎》十三卷，《祯祥变怪》二十一卷，《执不祥劾鬼物》八卷，《请官除訞祥》十九卷。从杂占类的书名可以看出，西汉时期厌劾鬼魅已经是比较普遍的现象。《变怪诰咎》中的"诰咎"，饶宗颐、刘乐贤、郑刚等先生都认为应当就是"诘咎"[2]，这类方术应该和秦简日书"诘咎"性质相同。居延所出汉简，时间大致为汉武帝到东汉初期，其中有一枚简名为《厌魅书》，出自《居延新简》破城子探方四九，原简没有句读，笔者根据自己的理解对简文加以断句：

> 《厌魅书》：家长以制日疎魅名。魅名为天牧，鬼之精，即灭亡。有敢苛者，反受其央。以除为之。（E.P.T49：3）[3]

其大意为：家长在制日这天写下魅名，魅的名字为天牧，鬼之强者，立即灭亡。若对天牧不尊重、肆意呵斥，则会遭受它的报复而招来祸殃。以此方法来驱除魅。《厌魅书》，顾名思义，是关于厌胜鬼魅的一种文书。厌魅在中国古代社会中长盛不衰，史书中不乏记载。如《陈书·皇后传·后主张贵妃》："又好厌魅之术，假鬼道以惑后主。"《辽史·列女传·耶律奴妻萧氏》："尝与娣姒会，争言厌魅以取夫宠。"厌魅一直是朝廷打击的重点，国家甚至制定法律严令禁止。如唐律将厌魅作为"十恶"之一的"不道"罪，"诸有所憎恶，而造厌魅及造符书咒咀，欲以杀人者，各以谋杀论减二等；以故致死者，各以本杀法"[4]。清律对不道罪的处罚，基本与唐律相似，在厌魅诅咒害人方面，"各以谋杀论"。看来历代对厌魅以害人的行为处罚非常严厉。

《厌魅书》的目的是厌除鬼魅，而不是祸害别人，所以它和巫蛊不同。就其形式而言，《厌魅书》和"诘咎"有一定区别，"诘咎"是通过谴难的形式来达到厌劾鬼神的目的，而《厌魅书》是通过书写的方式来厌胜。《厌魅书》和"诘咎"虽然在形式上略异，但它们都是以厌胜鬼魅为目的，都应属于杂占类。

东汉时期，厌胜之术更加盛行，方法也更为多样。王充在《论衡》中，为我们揭示了汉代民间各种厌胜之术。如：《论衡》卷十二《谢短篇》中曰："门户井灶，何立？社稷，先农，灵星，何祠？岁终逐疫，何驱？使立桃［梗］象人于门户，何旨？挂芦索于户上，画虎于门阑，何放？除墙壁书画厌火丈夫，何见？"[5]《论衡》卷二十三

[1] 睡虎地秦墓竹简整理小组编：《睡虎地秦墓竹简·日书甲种》，第212页。

[2] 参见刘乐贤：《睡虎地秦简日书研究》，文津出版社，1994年版，第249~250页。

[3] 甘肃省文物考古研究所等编：《居延新简：甲渠候官与第四燧》，第143页。

[4] 刘俊文点校：《唐律疏议·贼盗律》"憎恶造厌魅"条，法律出版社，1999年版。

[5] 黄晖：《论衡校释》，中华书局，1990年版，第570~571页。

《調时篇》中曰："见食之家，作起厌胜，以五行之物，悬金木水火。"[1]东汉时期厌胜之术多掌握在方士手中，这些方士已被人们神话，变为半人半神。据《后汉书·方术传》记载，汝南人费长房遇到一位仙翁，送他一符，曰："以此主地上鬼神。"[2]费长房用这个符来厌劾鬼神。河南曲圣卿善为丹书符劾压鬼神。汉章帝时的寿光侯"能劾百鬼众魅，令自缚见形"[3]。三者皆为方士。

东汉后期道教兴起，厌胜鬼神成为道术的重要组成部分。据《后汉书·刘焉传》记载："初，（张鲁）祖父陵，顺帝时客于蜀，学道鹤鸣山中，造作符书，以惑百姓。"[4]张陵是五斗米教的创始人，他造作符书，成为五斗米教的重要工具。道教厌胜鬼神之术很多，据道教重要典籍《抱朴子》记载："或问曰：辟山川庙堂百鬼之法。抱朴子曰：'道士常带天水符、及上皇竹使符、老子左契、及守真一思三部将军者，鬼不敢近人也。其次则论百鬼录，知天下鬼之名字，及《白泽图》《九鼎记》，则众鬼自却。'"[5]《抱朴子》解答了厌劾百鬼的方法，一为用"符"，使鬼不敢接近；一为论百鬼录，知晓天下众鬼的名字，或用《白泽图》《九鼎记》等，使鬼自行退却。《白泽图》是一部鬼怪地精的名谱，《九鼎记》性质亦相类。知晓鬼名便能使鬼自却，这是中国古代厌劾鬼神的重要方法。

在中国古代，名是非常重要的。不仅皇帝的名要避讳，普通百姓的名也有回避现象。这一点从传统文献和出土文献中都能证明。从文献可以看出，称呼别人时直呼其名是非常不礼貌或不尊重的。《周礼·曲礼》曰："国君不名卿老世妇"，可见即使贵为国君，对卿、老、世妇也要表示尊重，不能直呼其名。称名往往出现在如下情况中：（1）上级对下级，长辈对晚辈，有时可以称其名。（2）下级对上级或平级，晚辈对长辈或同辈，为表示尊重或谦逊要自称名，正所谓："父前子名，君前臣名。"（3）在各类簿籍中称姓名。（4）当犯有罪或过错时要被点名。除此之外，一般情况下都不称名。

从人名的重要性，可以窥知为什么直呼鬼名会达到劾鬼的目的。因为在人们心目中，名字不仅对人，而且对鬼来说都是很重要的。直呼鬼名是对鬼的蔑视，具有厌劾的作用。《道藏·太上消灾祈福醮仪》中曰："律曰：天下一生之中，自有千亿之鬼。去神更远，去鬼而近。天下凶凶，不可得知此。今记其真名，使人知之，一知鬼名，邪不敢前；三呼其鬼名，鬼怪即绝，上天鬼、下地鬼并煞。凡鬼皆有姓名，子知，三呼鬼

[1] 黄晖：《论衡校释》，第981页。

[2]《后汉书》卷八二下《方术传下》，第2744页。

[3]《后汉书》卷八二下《方术传下》，第2749页。

[4]《后汉书》卷七五《刘焉传》，第2435页。

[5] 王明：《抱朴子内篇校释》，中华书局，1996年版，第308页。

名，万鬼听令。"[1]可见知道并呼唤鬼名，能令鬼怪惧怕甚至灭绝。《厌魅书》中直接书写鬼名，就是要以这种方式达到厌劾的目的。

从以上分析可以看出，厌胜形式多样，根据当事人的主观动机而采取不同形式。归纳起来，厌胜可大致分为两类：一种以祸害别人为目的；一种以厌劾鬼神为目的。

"厌胜"以压服为目的，必然遵循一定原则。我们从汉代"厌胜"的几个例子，浅析"厌胜"所遵循的原则。

《厌魅书》选择制日厌魅，主要是因为制日的干支遵循了五行相克的原则，天干的五行克地支的五行，天干为上，地支为下，以上克下。看来，选择制日厌劾鬼神，是取其以上克下之寓意。在制日厌劾鬼神时，是由家长主持。家长是家中年长者，为阳，为"上"，而魅为鬼怪，为阴，为"下"，以阳克阴，以上克下，以达到厌劾、去除鬼魅的目的。

制日除了厌魅时采用，也被运用于军事活动中。《太平御览·兵部》引《兵书》曰："牙旗者，将军之精。凡始竖牙必以制日。制日者，谓上克下日也。立牙之日，吉气来应，大胜之征；凶气先应，破军杀将。"[2]牙旗是军中重要旗帜。始竖牙旗对行军有非常重要的意义，之所以要选择制日，因制日为天干和地支相克，以上克下，寓意为克敌制胜，以吉气克掉凶气。《越绝书》也记载道：

> 一、五、九，西向吉，东向败亡，无东；二、六、十，南向吉，北向败亡，无北，三、七、十一，东向吉，西向败亡，无西；四、八、十二，北向吉，南向败亡，无南。此其用兵月日数，吉凶所避也。举兵无击太岁上物，卯也。始出各利，以其四时制日，是之谓也。[3]

这是用兵所要注意的日子，始出兵要以四时的制日。看来制日对于用兵确实重要，正是取其"以上克下"之寓意。

董仲舒的止雨，其实也运用了厌胜之术。据《春秋繁露·止雨》记载：

> 雨太多，令县邑以土日，塞水渎，绝道，盖井，禁妇人不得行入市。令县乡里皆扫社下。县邑若丞合史、啬夫三人以上，祝一人；乡啬夫若吏三人以上，祝一人，里正父老三人以上，祝一人，皆斋三日，各衣时衣。具豚一，黍盐美酒财足，祭社。击鼓三日，而祝。先再拜，乃跪陈，陈已，复再拜，乃起。祝曰："嗟！天生五谷以养人，今淫雨太多，五谷不和，敬进肥牲清酒，以请社灵，幸为止雨，除民所苦，无使阴灭阳。阴灭阳，不顺于天。天之常意，在于利人，人愿止雨，敢告

[1]《道藏·太上消灾祈福醮仪》第十八，文物出版社，1988年版，第338页。

[2]《太平御览·兵部》，中华书局，1960年版，第1298页。

[3]（汉）袁康著，吴平辑录，乐祖谋点校：《越绝书》卷十二，上海古籍出版社，1985年版，第238页。

于社。"鼓而无歌，至罢乃止。凡止雨之大体，女子欲其藏而匿也，丈夫欲其和而乐也。开阳而闭阴，阖水而开火。以朱丝萦社十周。衣赤衣赤帻。三日罢。[1]

从引文可以看出，止雨主要依据阴阳相克的原理。雨为阴，所以要开阳而闭阴。女子为阴，丈夫为阳，所以要将女子藏匿起来。干宝曾对"朱丝萦社"解释道："社，太阴也。朱，火色也。丝属离。天子伐鼓于社，责群阴也；诸侯用币于社，请上公也；伐鼓于朝，退自责也。此圣人厌胜之术。"朱为红色，为阳，社为太阴，以朱丝萦社，意喻以阳克阴，这就是"圣人厌胜之术"，依据了阴阳相克的原则。董仲舒的求雨之术，和止雨之术正好相反，采用了以阴补阳的方法。董仲舒的求雨、止雨之术，对汉代社会产生了很大影响。发生水旱灾害时，人们大多依据董仲舒的办法去求雨或止雨。但也有一些反其道而行之者，据《通典》卷四十三《礼三·沿革三·吉礼二》记载："武帝元封六年，旱，女子及巫丈夫不入市。成帝五年六月，始命诸官止雨，朱绳反萦社，击鼓攻之。是后水旱常不和。"汉武帝元封六年发生大旱，旱本为阳气太盛，应以阴气相补。汉武帝非但没有以阴补阳，反而命令女子和巫丈夫不得入市。女子和巫丈夫为阴，将阴藏匿起来，反而使阳更盛，违背了以阴补阳的求雨原则。汉成帝五年六月，淫雨不止。成帝命群臣止雨，本应按照董仲舒"朱丝萦社"的办法止雨，但他却反其道而行之，"朱绳反萦社，击鼓攻之"。汉武帝和汉成帝的行为都违背了阴阳相补、相克的原则，后世史家对他们进行了批评，并将"是后水旱常不和"归责于他们。

从居延新简《厌魅书》及董仲舒止雨之术看，厌胜之术遵循的原则主要为相克。要么是五行相克，要么是阴阳相克。克的目的就是要取胜，要压服住对方，这应该是"厌胜"之术的本质所在。

作者单位：中国社会科学院历史研究所
收稿日期：2015-10-22

---

[1] （清）苏舆撰，钟哲点校：《春秋繁露义证》，中华书局，1992年版，第437～438页。

# 敦煌莫高窟"太保窟"考

## 沙武田

敦煌研究院藏敦煌遗书DY322《腊八燃灯分配窟龛名数》（以下简称《腊》卷，图1），是研究莫高窟洞窟营建、洞窟称谓名号、洞窟崖面布局关系、特殊节日洞窟燃灯情况、洞窟日常管理等相关历史的重要文献，自收藏者吴曼公先生1959年公布以来[1]，引起敦煌学界特别是治敦煌石窟营建史专家学者的高度关注。著名佛教美术史专家金维诺先生得资料之便，首发研究力作，考定《腊》卷所记部分洞窟名号对应现今洞窟编号[2]，掀开莫高窟洞窟营建史研究新的局面，引起学术界高度关注。之后孙修身先生以翔实的资料考定《腊》卷的写作时间为曹氏归义军辛亥年公元951年[3]，为研究建立基本的时间坐标。马德先生则有研究《腊》卷的集大成之作，以此卷为指南，详细考订了十世纪中叶莫高窟崖面洞窟布局状况，把《腊》卷所记洞窟名号一一对应出来，展示了这一时期莫高窟洞窟营建和崖面洞窟的基本面貌[4]，同时就《腊》卷提供相关洞窟名号作了深入的考定，结合藏经洞其他写本，推定出一批重要洞窟[5]，成就莫高窟洞窟营建历史的基本面貌。综合学者们的研究，就《腊》卷所记951年及其之前的洞窟名号称谓，因为资料有限，仍有部分洞窟无法得到确切的对应，如"宋家八金光窟""狼子神堂""杜家窟""宋家窟""陈家窟"等，也有个别名号的对应洞窟有再思考的余地，如"独煞神堂""天龙八部窟""普门窟""灵图寺窟"等，本文拟论之"太保窟"即属后一种情况。在此就"太保窟"问题略谈个人心得，以求教于方家。

[1] 吴曼公：《敦煌石窟腊八燃灯分配窟龛名数》，《文物》1959年第5期，第49页。

[2] 金维诺：《敦煌窟龛名数考》，《文物》1959年第5期，第50～54、61页。另见金维诺：《敦煌窟龛名数考补》，敦煌研究院编：《1987年敦煌石窟研究国际讨论会文集》"石窟考古编"，辽宁美术出版社，1990年版，第32～39页。

[3] 孙修身：《敦煌石窟〈腊八燃灯分配窟龛名数〉写作时代考》，丝绸之路考察队编：《丝路访古》，甘肃人民出版社，1983年版，第209～215页。

[4] 马德：《10世纪中期的莫高窟崖面概观——关于〈腊八燃灯分配窟龛名数〉的几个问题》，敦煌研究院编：《1987年敦煌石窟研究国际讨论会文集》"石窟考古编"，第40～51页。

[5] 马德：《敦煌莫高窟史研究》，甘肃教育出版社，1996年版；马德：《敦煌石窟营造史导论》，新文丰出版公司，2003年版。

图1　敦煌遗书DY322《腊八燃灯分配窟龛名数》

# 一　几点疑问

《腊》卷是敦煌佛教僧团僧政道真在951年腊八的前一天向某社人安排在次日即腊八日夜莫高窟"遍窟燃灯"的布告，他将崖面分为11个区域，安排人员分头负责燃灯，并大概说明各负责人所要负责的洞窟区段起始位置、燃灯或洞窟总数，以及个别洞窟的燃灯数。其中第五位负责人是"罗阇梨"，他负责的区域及洞窟、燃灯情况为：

> 罗阇梨：第三层太保窟至七佛堂，八十二窟。内有三圣刹心各燃一盏。

这是藏经洞窟文献和莫高窟题记中有关"太保窟"的唯一一条记录，弥足珍贵。

金维诺先生最早认定此"太保窟"为第454窟，是针对窟主曹延恭曾称"太保"而言[1]，《腊》卷的时代是在曹元忠时期，曹延恭功德窟的出现是要晚二十年后的事情，因此不能成立。王惠民先生同据《腊》卷所记，再次认定第454窟为曹元德功德窟，亦即《腊》卷"太保窟"，并作深入之探析[2]。第454窟作为曹延恭功德窟，自贺世哲先生提出之后[3]，基本上已为学界认同，荣新江先生同意此说[4]。以郭俊叶博

[1] 金维诺：《敦煌窟龛名数考》，第53页。
[2] 王惠民：《曹元德功德窟考》，《敦煌研究》1995年第4期，第163～170页。
[3] 贺世哲：《从供养人题记看莫高窟部分洞窟的营建年代》，敦煌研究院编：《敦煌莫高窟供养人题记》，文物出版社，1986年版，第229页。
[4] 荣新江：《归义军史研究——唐宋时代敦煌历史考索》，上海古籍出版社，1996年版，第123页。

士贡献最大[1]，郭氏在研究过程中也对王惠民提出的第454窟为"太保窟"之说作了辨析，认为"454窟是太保窟难以成立"[2]，笔者也曾有过相关讨论[3]。既然第454窟属曹延恭功德窟无疑，则曹元德"太保窟"之说也就无从谈起。另王慧慧在研究P.3364《某寺破历文书》反映的敦煌民俗佛教信仰时则直接把莫高窟第61窟比定为《腊》卷中的"太保窟"[4]，显然是与《腊》卷本身所记载"文殊堂"相冲突，不能成立。

马德先生认为《腊》卷"太保窟"是指曹氏时期重修的莫高窟北周大窟第428窟，具体理由很简单：第428窟"五代重修过一次，甬道两壁重绘曹氏节度使及其夫人"，"951年时，曹氏诸节度使中称地过太保者是曹议金、曹元深[5]、曹元忠三人，由此可见，重修此窟者是曹氏显宦，故称此窟为太保窟"[6]。此说从《腊》卷划定崖面区域，再根据曹氏重修壁画，结合相关的供养人画像，再联系到诸节度使的"太保"称谓，而把"太保窟"对应到第428窟，分析推定有一定的逻辑性，也确有一定道理。但若仔细推敲，则有几处疑问：

（1）《腊》卷中的"太保窟"中"太保"应是确指，一定会具体至某一位节度使称太保者，而非泛指先后不同时间的三位节度使"太保"而言。作为节度使一级的功德窟名号，定会有明确的功德主归属。更何况作为重修前期洞窟，工程量有限，不会拖延到两位或更多节度使。这一点比较容易理解，不再多笔。

（2）第428窟甬道现存供养人画像仍完整清晰可见（图2），南壁为两身男供养像，身后侍从一身、童子一身；北壁女供养人三身。其中女供养像第一身为回鹘装，服饰特征和其他几处洞窟曹议金夫人回鹘天公主李氏供养像相同，如第100窟甬道南壁第一身、第98窟主室东壁门北第一身，榆林窟第16窟后甬道北壁女供养像、第121窟甬道北壁女供养像（图3），均属同一人供养像，服饰特征明显[7]。根据天公主供养像而推定对应南壁第一身应该是曹议金供养像，第二身当是曹议金的儿子辈供养像，从其体量的大小和曹议金供养像一般大小分析当是节度使一级人物，考虑到重修壁画的五代特征，有可能是曹元德或曹元深。也就是说第428窟的重修从供养人画像角度考察，应该

[1] 郭俊叶：《莫高窟第454窟窟主再议》，《敦煌研究》1999年第2期，第21～24页；《敦煌莫高窟第454窟研究》，兰州大学敦煌学研究所博士学位论文，2010年；《莫高窟第454窟窟主及其甬道重修问题》，《敦煌研究》2014年第1期，第30～36页。

[2] 郭俊叶：《莫高窟第454窟窟主再议》，第24页。

[3] 沙武田、段小强：《莫高窟第454窟窟主的一点补充意见》，《敦煌研究》2003年第3期，第7～9页。

[4] 王慧慧：《从P.3364〈某寺面油破历〉看民俗佛教的一些特点——民俗佛教认识之二》，《敦煌研究》2013年第4期，第101～106页。

[5] 事实上曹元深在任期间没有称过"太保"，曹元德则有过"太保"称号。

[6] 马德：《10世纪中期的莫高窟崖面概观——关于〈腊八燃灯分配窟龛名数〉的几个问题》，第49~50页。

[7] 沙武田：《五代宋敦煌石窟回鹘装女供养像与曹氏归义军的民族特性》，《敦煌研究》2013年第2期，第74～83页。

图2　莫高窟北周第428窟五代重修甬道及供养人画像

图3　莫高窟第121窟甬道北壁五代重绘回鹘天公主供养像

是曹元德或曹元深时期所为，曹元德时期的可能大。因为如果是曹元深时期，从同时期的第98窟、100窟及其后的454窟等曹氏归义军时期节度使大窟供养人画像的惯例排列，则理论上应该画出前任节度使画像，况且从位置上来讲也可以画出三身像来，对应南壁即是三身像。如此，对应三身女供养像有可能分别是天公主、曹议金宋氏夫人、曹元德夫人（也有人认为是曹议金的索氏夫人）。当然也不完全排除曹元深时期的可能性。无论是曹元德时期重修还是曹元深时期重修活动，均把其父母亲的供养像画入洞窟，以表曹氏统治的延续。因此，基本上可以排除曹议金作为功德主的可能性。

（3）事实上作为重修前室和甬道的现象，即使是出现曹议金、天公主、曹元德、曹元深等的供养像，也不能完全肯定就是由这几位节度使其中一位发心作为实际的功德主重修的。作为统治者，他们多是以名义上的功德主出现，或者是曹氏其他人发心重修，而把本族统治者的供养像画像入窟。还有一种现象就是归义军官僚阶层重修，也会有类似情况出现[1]。这种现象在敦煌洞窟供养人画像中比比皆是，盛唐时期的莫高窟第130窟“南大像”，据《莫高窟记》记载，是“开元年中，僧处谚与乡人马思忠等造南大像”，但在甬道的南北壁出现“朝议大夫使持节都督晋昌郡诸军事守晋昌郡太守兼墨离军使赐紫金鱼袋上柱乐庭瓖”和“都督夫人太原王氏”地方大员等身供养人画像（图4）。晚唐时期的莫高窟第196窟本来是粟特人后裔何姓人营建的“何法师窟”，却在甬道北壁供养人画像中出现当时的节度使索勋父子供养像（图5）。作为曹氏归义军时期张怀庆功德窟的“张都衙窟”莫高窟五代第108窟，甬道南壁画出曹议金、曹元德等归义军节度使统治者们的画像（图6），均可视为政治攀附现象。故不能轻易把统治者供养像出现的洞窟简单归为其功德窟。

（4）莫高窟的营建到了曹氏归义军时期进入一个特殊的时代，熟悉敦煌石窟营建历史的段文杰先生指出：“曹氏家族开凿了为数众多规模巨大的洞窟，在长达一公里的露天崖面上绘制壁画，修建窟檐和通道，并重修许多前代洞窟。”[2]通过对现有洞窟壁画的调查，约有一半多的洞窟在这一时期得到重修，主要是对甬道和前室的重绘，如同第428窟的重修一样；同时，对相当一部分崖面作了加固和装饰，在今莫高窟第94窟上层崖面（图7）、第454窟一带崖面（图8），仍保存有较为完好的五代露天壁画；另外，又重修了一批窟檐建筑，现仍保存完好的第427、431、437、444窟四座窟檐（图9），其中第431窟本来是北魏窟，到了曹氏归义军宋太平兴国五年阁员清建窟檐，重绘

[1] 张先堂：《晚唐至宋初敦煌地方长官在石窟供养人画像中的地位》，樊锦诗、荣新江、林世田主编：《敦煌文献·考古·艺术综合研究——纪念向达先生诞辰110周年国际学术研讨会论文集》，中华书局，2011年版，第455~466页。

[2] 段文杰：《莫高窟晚期的艺术》，敦煌文物研究所编：《中国石窟·敦煌莫高窟》（五），文物出版社，1987年版，第161页。

莫高窟盛唐第130窟甬道北壁乐庭瓌供养像

莫高窟盛唐第130窟甬道南壁太原王氏礼佛图

图4

图5 莫高窟第196窟甬道北壁索勋父子供养像

图6 莫高窟第108窟甬道南壁曹议金父子供养像

前室，缩修窟门[1]，颇
具代表性，类似事例较多
见。又如本来是隋代大窟
第427窟的重修情况，据
重修窟檐题记可知，是曹
元忠乾德八年重修并建窟
檐，但题记明确说明是归
义军节度使"太师兼中书
令西平王曹元忠之世创建
此窟檐纪"[2]，显然非曹
元忠的个人功德行为。敦
煌写本S.518窟檐题梁底稿
（图10）有相同记载[3]。
如此行文，可以认为重修
活动是归义军官府的统一
行为。事实上第428窟同
属曹氏归义军统一重修活
动的一部分，因此从这个
角度讲，也不能轻易归为
有画像的曹议金、曹元德
或曹元深个人功德窟。

（5）综观《腊》卷
所记道真列出来的在951
年之前或当时的莫高窟诸

图7 莫高窟第94窟上层崖面露天壁画（笔者摄）

图8 莫高窟第454窟周围的露天崖面壁画（笔者摄）

图9 莫高窟保存至今的窟檐建筑（笔者摄）

[1]敦煌研究院编：《敦煌莫
高窟供养人题记》，第164、
165、230页。题记抄录阎员清为
"窟主"，似不大可能，仍需进
一步确认。
[2]敦煌研究院编：《敦煌莫
高窟供养人题记》，第160页。
[3]郝春文主编：《英藏敦煌
社会历史文献释录》第二卷，社
会科学文献出版社，2003年版，
第565页。

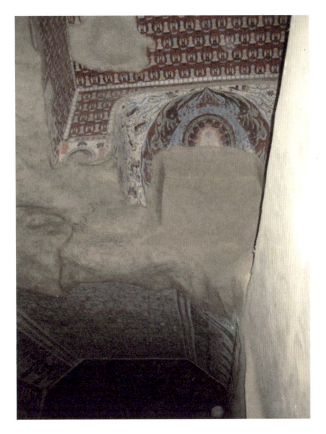

图10　S.518题梁底稿
（来源：国际敦煌项目IDP）

图11　莫高窟第62窟外景（笔者摄）

洞窟名号，据我们已知的洞窟，除由阴法律负责的"文殊堂上层"的"令狐社众窟"第
263窟是五代社人重修北魏洞窟外，其余可考者均是不同时期新建的窟龛。第263窟是由
社人集资重修，作为下层老百姓的社人，经济条件有限，重修前窟情有可原。而若作为
节度使功德窟"太保窟"属重修前代洞窟，就显得不好理解。更何况曾称过太保的节度
使张议潮、曹议金、曹元德、曹元忠、曹延恭等人的功德窟均已考察清楚，分别对应的
洞窟为莫高窟第156窟、第98窟、第100窟、第61窟和第55窟、第454窟，全是新修的大
窟。以此类推，"太保窟"或属其中之一窟，或属他窟，但断不会属重修前期之洞窟。
甚至像曹元忠功德窟第61窟"文殊堂"的开凿不惜破坏隋代洞窟第62、63窟（图11），
第100窟的开凿也打破了上层前期唐代的第218、219窟。因此，从这个角度考量，第428
窟不大可能属《腊》卷中的"太保窟"。对于归义军的节度使们，从已知的情况可知，
对他们而言新建一所属于自己的功德窟无论是从经济力量、社会地位、佛教界的配合等
方面均无不可。作为最高的地方长官，大概也不愿意轻易把前期的洞窟占为己有，更何
况在当时的情况下，很有可能是可以看到有关文字文献对相关洞窟的功德主的记载的，
像第428窟作为北朝最大的洞窟，属北周瓜州刺史建平公于义的功德窟。考虑到当时供

养人题记比今天保存完好，有关的建窟文献也可能存在，曹氏节度使们更不可能逾越礼数，冒名代功而以功德主自居。至于重修，则正显示他们对前期功德主修窟行为的尊重。

综合以上几个方面的因素，《腊》卷中的"太保窟"应是具体的某一节度使称"太保"者个人创修的功德窟，而非曹氏时期重修的第428窟或其他重修洞窟。

## 二 "太保窟"之"太保"辨析

孙修身先生考定《腊》卷的写作时间为曹氏归义军辛亥年即公元951年[1]，有此时间坐标，考察"太保窟"之"太保"就会有个大致的范围。敦煌历史上有"太保"称号，只能是张氏和曹氏归义军时期，且一定是曾任过归义军节度使。对于归义军诸节度使的"卒立世系与称号"，荣新江先生已有深入考订，非常清晰地梳理了归义军节度使们的前后继任关系、各自在位与死后追赠的称号[2]，基本上为我们探讨"太保窟"之"太保"提供了完备的思路和线索。曹氏归义军于951年之前任节度使者先后有：张议潮、张淮深、张淮鼎、索勋、张承奉、曹议金、曹元德、曹元深、曹元忠（951年在任），他们中有过"太保"称号的分别为张议潮、曹议金、曹元德、曹元忠。其中张议潮是于咸通十三年（872）去世后诏赠太保；曹议金于同光三年（925）起称太保，大约至天成三年（928）；曹元德在任最后天福四年时也自称"司空兼太保"，并死后得到中央王朝追赠正式的"太保"称号；曹元忠的情况比较复杂，开运三年（947）称过太保，大概只一年时间就不用了，但由于天福十四年（949）中央王朝册封检校司空，于是不得已重新开始，从乾祐三年（950）至广顺五年（955）又称太保。因此，从时间上而言，以上这几位有过"太保"称号的节度使均有可能为《腊》卷"太保窟"节度使功德窟窟主，需要进一步考证究竟是哪位节度使太保。

就目前学界研究而言，归义军节度使们在莫高窟的功德窟的情况基本上是清楚的，在951年已经建成的分别有张议潮的第156窟、张淮深的第94窟"司徒窟"、曹议金的第98窟"大王窟"、曹元德为母亲营建的第100窟"天公主窟"、曹元深的第256窟、曹元忠的第61窟"文殊堂"[3]，多已成定论。唯独第256窟学者们持不同意见，贺世哲先

[1] 孙修身：《敦煌石窟〈腊八燃灯分配窟龛名数〉写作时代考》，第209～215页。

[2] 荣新江：《沙州归义军历任节度使称号研究》，载中国敦煌吐鲁番学会编：《敦煌吐鲁番学研究论文集》，汉语大词典出版社，1990年版，第768～816页；修订稿刊《敦煌学》（台）第19辑，1992年10月，第15～67页。另见荣新江：《归义军史研究——唐宋时代敦煌历史考索》，第60～147页。

[3] 贺世哲、孙修身：《瓜沙曹氏与敦煌莫高窟》，敦煌文物研究所编：《敦煌研究文集》，甘肃人民出版社，1982年版，第229～269页。贺世哲：《从供养人题记看莫高窟部分洞窟的营建时代》，载敦煌研究院编：《敦煌莫高窟供养人题记》。马德：《曹氏三大窟营建的社会背景》，《敦煌研究》1991年第1期，第21

生、王惠民先生认为第256窟是曹元深任节度使期间创建的功德窟[1]，而马德先生则认为曹元深功德窟应为第454窟，而非第256窟[2]，考虑到曹元深未有太保称号，故对他的功德窟在此不作深究。既然曹元德没有相应的名义上属于自己的功德窟，因此也可排除[3]。另外如果考虑到曹元德在位的时间是935年至天福四年（939），仅仅四年时间，也不大可能修成另一功德窟。他的"太保"称号主要也是死后追赠，考虑到在他之前称过太保的父亲曹议金和死后又称太保的弟弟曹元忠的情况，即使是他有功德窟，也不大可能称"太保窟"。

《腊》卷"太保窟"中所指的"太保"其人，有两种可能：一种是在951年之前曾称过"太保"的张议潮、曹议金、曹元德，另一种是在951年正在称"太保"的曹元忠。

对于第一种情况，据前文所述，曹元德已排除。曹议金确曾称过太保，借助前揭荣新江先生之绵密考订，曹议金任归义军节度使期间，从914年到935年去世，先后依次称过吏部尚书、仆射、司空、太保、令公、大王，死后被朝廷赠为太师，其中太保称号仅是925—928年间，时间非常短，况且他最后以"大王""拓西大王"自居，因此《腊》卷记载当时人们称曹议金的功德窟——建成于同光年间（923—925）的第98窟为"大王窟"。即使是考虑到第98窟营建之初会有不同的称谓名号，到了他的儿子曹元忠时期的951年，人们称曹议金的功德窟为"大王窟"，如同曹元忠称大王之前敦煌文献中的"曹大王""大王"均指曹议金一样，显然有对曹议金尊称之意，没有像称死后的张议潮为朝廷所赠"太保"或"张太保"一样称曹议金为"太师"，而一直以"大王"加身，更是曹氏后人稳固政权的措施之一。因此，到了曹元忠时期，称曹议金的功德窟只能是"大王窟"了，即使是有属于曹议金个人建于称太保期间的功德窟，到了951年也断不会以曾短暂称过的"太保"而称谓窟名，以追赠的形式称"太师窟"倒是有可能的，如同称张淮深的功德窟第94窟为"司徒窟"一样，司徒是张淮深被杀后追赠的称号。因此，同样排除了"太保窟"所指"太保"为曹议金的可能性。

张议潮死后被唐中央王朝赠以"太保"荣号，因此之后的归义军文书中均以"太保"相称，而且一直延续到曹议金及其后时代，对此荣新江先生前揭论著中已有详细钩沉可供我们参考。五代莫高窟第98窟甬道北壁供养人像列西向第一身题名：

页。郑雨：《莫高窟第九十八窟的历史背景与时代精神》，《九州学刊》2卷4期，1992年，第35～43页。荣新江：《关于曹氏归义军首任节度使的几个问题》，《敦煌研究》1993年第2期，第49～52页。马德：《敦煌莫高窟史研究》。

[1] 贺世哲：《再谈曹元深功德窟》，《敦煌研究》1994年第3期，第33～36页。王惠民：《曹元德功德窟考》，第163～170页。

[2] 马德：《曹氏三大窟营建的社会背景》，第19～24页；《敦煌莫高窟史研究》，第134页。

[3] 曹元德、曹元深任节度使时间很短，早早病故，参见谭蝉雪：《曹元德曹元深卒年考》，《敦煌研究》1988年第1期，第52～57页。

故外王父前河西一十一州节度管内观察处置押蕃落支度营田等使金紫光禄大夫检校司□（空）食邑□（二）□户实□伍佰户……节授右神□（武）将军太保河西万户侯赐紫金鱼袋上柱国南阳郡张议潮一心供养

第98窟是曹议金的功德窟，建成于同光年间的923—925年[1]，此时因为曹议金还没有称太保，因此仍称张议潮为"太保"。据荣先生梳理，一直到后周时期的文献P.3556（1）《周故南阳郡娘子张氏墓志铭并序》，仍称张议潮为"太保"，另曹议金称"太保"时期的文书中称张议潮为"张太保"，如S.5139V《乙酉年（925）六月凉州节院使押衙刘少晏状》，其他如P.3718（17）《晋故归义军节度押衙知敦煌郡（乡）务陇西李府君邈真赞并序》、P.3556（8）《大周故普光寺法律尼临坛大德沙门清净戒邈真赞并序》、P.3556（9）《周故敦煌郡灵修寺阇梨尼临坛大德沙门张氏香号戒珠邈真赞并序》等写于张议潮之后的文书中均可频繁见到称张议潮为"太保""张太保"。那么依此推理，《腊》卷中的"太保窟"用来称呼张议潮的功德窟则是合情合理的，如同称张淮深功德窟为"司徒窟"、曹议金的功德窟为"大王窟"、曹议金回鹘夫人李氏功德窟为"天公主窟"等一样。

莫高窟第156窟为张议潮功德窟[2]，学界无异议，其中有张议潮供养人画像及其和宋国夫人的出行图为证。虽然第156窟被张议潮之后称为"太保窟"可得到理论上的认同，但是在《腊》卷中，"太保窟"属罗阇梨负责的"第三层"洞窟，具体是在"七佛堂"即今三层楼第365窟以南，并且是属第365窟以南崖面第三层洞窟罗阇梨负责区段的第一窟，在"太保窟"与"七佛堂"之间有"八十二窟"，据此条件，金维诺先生推到第454窟的位置，马德先生则推到第428窟的位置，虽然二家所推论"太保窟"不同，期间的洞窟数量也略有差异，但大体的崖面层位与具体位置应该接近了。而第156窟虽然也在第三层，但距离第454窟、第428窟所在位置要有很长的崖面空间，而且其间并没有同为三层洞窟相互连接，出现几处的断面，因此交通条件不在一区，显然非一人负责区域。其间的确又经过以"北大像"第96窟、"司徒窟"第94窟为划分界线的其他人负责的几个区域，因此第156窟也不可能是《腊》卷中罗阇梨负责的第三层"太保窟"。

以上就《腊》卷"太保窟"中所指的"太保"其人分析了第一种可能性，即通过对951年之前曾称过"太保"的张议潮、曹议金、曹元德三人相关史料的分析，表明"太保窟"与此三人似都无关联。

至于第二种可能性，即951年正在称"太保"的曹元忠的情况，分析如下。

据《腊》卷可知，在951年时曹元忠已有功德窟一所，即需燃灯两盏的"文殊堂"

---

[1] 贺世哲：《从供养人题记看莫高窟部分洞窟的营建时代》，第217~219页。

[2] 贺世哲：《从供养人题记看莫高窟部分洞窟的营建时代》，第209页。

第61窟，而文殊堂作为曹元忠的功德窟已是定论，具体建成于947—950年间[1]。据荣新江先生考辨，曹元忠虽然在开运三年（947）称过太保，但天福十四年（949）中央王朝册封检校司空，于是不得已重新开始，从乾祐三年（950）至广顺五年（955）又称太保。因此，如果"太保窟"所指"太保"是曹元忠的功德窟，从时间和曹元忠当时的称号上是相吻合的。第61窟已有"文殊堂"的称号，显然是不能作为"太保窟"的。同时，我们也知道曹元忠的另一功德窟莫高窟第55窟的营建是962年前后的事情了[2]。曹元忠是否在951年时另有功德窟？目前未有研究成果可供参考。但就以上的推论，如果曹元忠在951年时另有功德窟，此时曹元忠恰好称"太保"，那么，他的功德窟被时人称为"太保窟"则是合情合理的。在不能完全否定这一推理结论之前，"太保窟"可以逻辑上归为曹元忠的功德窟。

从现有史料可知，《腊》卷的起草人僧政道真法师与莫高窟关系非常密切，他是寺址在莫高窟的三界寺观音院院主和戒坛主持人，是藏经洞藏经的主要收集者[3]。按郑炳林先生研究，道真在莫高窟重修过第129窟[4]，又据郑炳林辑校藏经洞保存莫高窟修窟龛的功德记，其中道真的作品不少，可见道真对莫高窟情况的熟悉程度。另一方面，道真与曹氏归义军过从甚密，据发现于莫高窟第108窟前室的游人题记可知，天福十五年（950）道真等七人随曹元忠游历莫高窟[5]，对归义军政权的情况是非常熟悉的，作为节度使的曹元忠再称太保，他是要积极迎合的，故在腊八燃灯的区域分配时，把曹元忠的功德窟"文殊堂""太保窟"均提在显要的位置，且作为各区的标志性洞窟列了出来。对此现象和原因，以"文殊堂"为线索，孙修身先生已在考察《腊》卷的写作年代时作了精辟的分析，注意到曹元忠功德窟"文殊堂"在道真法师组织的这次遍窟燃灯活

[1] 参见贺世哲：《从供养人题记看莫高窟部分洞窟的营建年代》，第226～227页。建窟时间另参见孙修身：《敦煌石窟〈腊八燃灯分配窟龛名数〉写作时代考》，第214页。

[2] 参见贺世哲：《从供养人题记看莫高窟部分洞窟的营建年代》，第227页。

[3] 孙修身：《敦煌三界寺》，甘肃省历史学会编：《甘肃省历史学会论文集》，1982年版，第173～183页。郑炳林：《敦煌碑铭赞辑释》，甘肃教育出版社，1992年版，第515～520页。施萍婷：《三界寺·道真·敦煌藏经》，敦煌研究院编：《1990年敦煌学国际研讨会文集》"石窟考古编"，辽宁美术出版社，1995年版，第178～210页；《中国敦煌学百年文库·宗教卷》1，甘肃文化出版社，1999年版，第274～294页；《敦煌研究文集·敦煌研究院藏敦煌文献研究篇》，甘肃民族出版社，2000年版，第289～319页；《敦煌习学集》（上），甘肃民族出版社，2004年版，第140～169页。荣新江：《再论敦煌藏经洞的宝藏——三界寺与藏经洞》，郑炳林主编：《敦煌佛教艺术文化国际学术研讨会论文集》，兰州大学出版社，2002年版，第14～29页；《敦煌学新论》，甘肃教育出版社，2002年版，第8～28页。

[4] 郑炳林：《敦煌碑铭赞辑释》，第515～520页。郑炳林：《晚唐五代敦煌三界寺藏经研究》，《西北第二民族学院学报》（哲学社会科学版）2004年第2期。马德先生则认为第129窟重修活动是归义军小吏安某所为，P.2641v1重修功德记后面有关道真的记载与前面内容无关，参见马德：《敦煌莫高窟史研究》，第134～136页。

[5] 第108窟游人题记，见敦煌研究院编：《敦煌莫高窟供养人题记》，第54页。

动中的重要地位[1]。同样，道真对其他曹氏功德窟有特别关注，如《腊》卷中的"大王窟""天公主窟"。因此，如果曹元忠另有功德窟，必然会被作为归义军"释史"的道真法师所关注，继而在分配燃灯区段时加以重视。这是下文要讨论的另一个问题，也是本文拟论之核心所在。

## 三 "太保窟"考

经过以上的讨论，我们把《腊》卷中的"太保窟"大概的条件作了界定，至少有以下五点：

（1）"太保窟"是五代曹氏时期新修的洞窟，非重修前期洞窟。

（2）"太保窟"是节度使一级人物的功德窟，且最有可能的窟主是曹氏归义军第四任节度使曹元忠。

（3）到951年腊月时，"太保窟"已经建成，或基本上完工，已经形成莫高窟崖面上的标志性洞窟。

（4）"太保窟"所在位置坐标，为第三层崖面，大概的方位距现今的第454窟不远，位于"七佛堂"第365窟以南的第三层崖面上。同在第三层崖面上且界于"太保窟"和"七佛堂"二窟之间约有82所洞窟，其中有可"各燃一盏"的"三圣刹心"窟龛。

（5）从"太保窟"到"七佛堂"交通便利，二窟及其之间的洞窟可视为一个完整的、便于统一管理的夜晚燃灯区域。

符合以上条件的洞窟，即是《腊》卷中的"太保窟"。

《腊》卷本身记载的"太保窟"信息为：

> 第三层太保窟至七佛堂，八十二窟。内有三圣刹心各燃一盏。

此信息即是前述"太保窟"的基本位置坐标，其中"七佛堂"第365窟已确定，因此我们可以第365窟为基点窟进行推导，向南同一层即第三层崖面洞窟，从北向南计约有82所洞窟，即是"太保窟"大体的位置所在。

"七佛堂"以南崖面第三层洞窟排列整齐，从位于莫高窟南区北头三层楼第365窟起向南，过小牌坊段第三层标志性洞窟第427、428窟所在位置，再往南至南区中间段即第454窟所在位置，即第450窟（图12），此段就现已编号洞窟数量统计为84窟（第449窟位于下层），而且其间的洞窟时代均在晚唐之前，必是951年腊八夜罗阇梨负责区域燃灯对象，如此则从洞窟数量上与《腊》卷所记大致相合，故金维诺先生、王惠民先生把"太保窟"推定为与第450窟毗邻的第454窟，显然是受此影响所致。

---

[1] 孙修身：《敦煌石窟〈腊八燃灯分配窟龛名数〉写作时代考》，第209～215页。

1908年伯希和所拍崖面（采自《伯希和敦煌石窟图录》）

1942年石璋如、劳幹所拍莫高窟崖面
（采自石璋如《莫高窟形》）

图12

我们从现今的崖面位置可以看到，此段第三层崖面的洞窟从"七佛堂"第365窟起往南到第450窟处出现断裂，明显是因为宋代第454窟的营建打破原来的层位顺序。如果越过第454窟，接第450窟，同层位置可以和盛唐第458、459、460窟连接，再往南，可以和第264、261、258窟相接，至此，此三层崖面洞窟全部包括其中，最终形成此处第三层崖面洞窟完整的排列顺序，因为这一段崖面洞窟至中唐第258窟处即再没开窟（图13）。因此宋代曹延恭时营建第454窟时不仅仅破坏了此处崖面，且极有可能完全破坏了前期已有的洞窟，类似于第61窟营建破坏隋代第62、63窟的事例。

如果按以上的崖面洞窟排列关系，作为完整的一层崖面洞窟，由南而北从第365窟至第258窟处，按今天的编号，洞窟数量统计前述84窟的数量上再加第458、459、460、264、261、258窟，计90窟，还要考虑到位于此段上层的第443—448窟，因为如果下面三层洞窟作为完整的一个燃灯区域，这一段的这几个洞窟显然不能作为单独的其他人负责的燃灯区域了。如此，洞窟数量总数也达到96窟，显然超出《腊》卷中道真统计的82窟数量。

但是以上的数字统计是按今天的洞窟编号实施的，而莫高窟编号的原则是无论大小、无论是否保存完整，只要有遗迹存在，均可编为一窟号，甚至有把本来属于同一洞窟者而编为不同的几个窟号。典型事例如北凉第268窟，本来是一个完整的禅窟，却把4

图13 莫高窟第258窟崖面外景

图14 莫高窟第365、367、368窟段崖面关系图

个小龛均给予窟号，即第267—271窟，非常混乱，不便管理和研究。因此，以现今的编号简单统计洞窟数量，只能说明现有的遗迹保存情况，而洞窟实际的数量会因时代的不同而有变化，如有新洞窟营建的破坏、有崖面的崩塌、有附属洞窟的情况，还有个别可不计入的极小的龛等因素。

本着遵循历史的态度，以五代曹氏951年为时代分界线，我们重新梳理以上列入的洞窟数量，发现有以下部分或个别实可不计入道真当年统计的共计82窟行列当中来：

（1）七佛堂第365窟虽然出现在本段罗阇梨负责的三层区域，但只是作为区段的界定点，而非本段具体的燃灯窟。七佛堂实际所在的燃灯区是由安押衙、杜押衙负责的"吴和尚窟至天王堂，卅六窟"，并且明确规定"七佛七盏"，另有"吴和尚窟三盏"，七佛堂与吴和尚窟为上下关系，且同为洪辩法师功德窟[1]；另，七佛堂上层的第366窟，学者们认为与七佛堂、吴和尚窟同为一组洞窟，包括其上崖面上的佛塔[2]。如此理解，第366窟也应该属于安押衙、杜押衙负责的燃灯区，同时与第366窟同在一层又互为邻窟的中唐第368窟也有可能属同一燃灯区域（图14）。这样，在原统计96窟中减去2窟。

（2）951年之后开凿之小窟小龛，当不计入。第377窟是一个小龛，非常之小，时代为宋代。第382窟同为宋西夏时期的一小窟龛（图15）。第443窟是宋时在前期第444窟前室新开的小龛，均可不讲入道真的统计数字。

（3）洞窟之附属小龛，当归为一窟，不能重复计入。如第385窟实为第386窟前室一小龛，《敦煌石窟内容总录》也认为二者"实为一龛"[3]。

（4）洞窟规模太小或残毁，不能计入。第391窟为很小一窟龛，且夹在第392窟和第390窟两个较大型窟之间，很不起眼（图16）。第424窟为隋代一小龛，现几无内容，恐怕当时也不能算作一窟。

（5）前期小洞窟塌毁严重，与邻窟前室连在一起，可视为一窟。第436窟一半塌毁，有五代重修壁画，因此崩塌时间也在五代，与第435窟前室相连，可视为一窟。第438—441窟均为北朝小窟，大半残毁，相互连在一起（图17），从邻窟第436窟五代重修情况可知，同属五代时期崖面崩塌所致。这几窟在当时无法燃灯，或至少不能算为4窟。

（6）第410—417窟、第421、422、426窟，均为隋代小窟，且前室崖面崩塌，残破严重，东壁现已不存，如果崖面崩塌发生在951年之前，则此8窟窟室外露，似不能构成

[1] 贺世哲：《从供养人题记看莫高窟部分洞窟的营建年代》，第207、208页。

[2] 马德：《从敦煌史料看唐代陇右地区的后吐蕃时代》，载郑炳林等编：《丝绸之路民族古文字与文化学术讨论会文集》，三秦出版社，2007年版，第343页。赵晓星：《莫高窟吐蕃时期塔、窟垂直组合形式探析》，《中国藏学》2012年第3期，第94~98页。

[3] 敦煌研究院编：《敦煌石窟内容总录》，文物出版社，1996年版，第156页。

图15　莫高窟第382窟景

图16　莫高窟第391窟室内景

图17　第三层438—441窟段崖面残毁情况

各自可燃一盏的洞窟。

　　从以上情况考察，951年时道真所统计罗阇梨负责燃灯区域的82窟，就现已有编号的96窟，除掉上面可明确不计入的第366、368、377、382、443、385、391、424、436等9窟，剩余87窟，再把上述第5、6两种现象残破洞窟的情况计入，基本上符合道真统计82窟。

　　有此洞窟数字的吻合，接下来以现今编号第258窟为起点，由南而北至七佛堂第365窟，逐一考察各窟，有可能是"太保窟"的洞窟就非常容易寻找。因为道真在《腊》卷

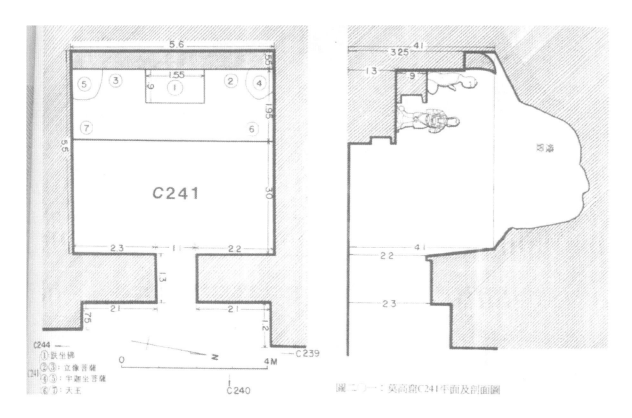

图18　莫高窟第261窟平剖面图（采自石璋如《莫高窟形》）

中明确把燃灯区域定为"第三层"，且起始窟即为"太保窟"，那么第一反应，我们会把第258窟归为《腊》卷中的"太保窟"，但第258窟为中唐洞窟，现存壁画基本上保留原貌，五代重修局部画面。作为五代重修的中唐窟，显然不能符合前述所论"太保窟"条件，可排除。考虑到《腊》卷把"太保窟"定为此区段的起始窟，因此不能距离现今此第三层崖面第一位置的第258窟较远，只能是邻窟。

正好此第三层崖面洞窟由南而北第二个洞窟即是五代第261窟，经过我们的考察，第261窟很有可能即是《腊》卷中的"太保窟"，该窟除符合前述"太保窟"的崖面位置条件之外，另有几个方面也是符合其作为"太保窟"的条件的：

（1）第261窟无重修迹象，现存壁画全是五代作品，因此当属五代新建洞窟，且从洞窟和规模而言，为莫高窟中型偏大洞窟，主室东西进深5米余，南北10米余（图18），因此符合五代归义军节度使一级功德窟条件。

图19　第261窟甬道供养人像

（2）第261窟甬道南壁残存曹氏家族供养像一躯（图19），后面有随从残迹，全窟没有看到其他供养人画像，除甬道外，未画供养人。此身曹氏供养像的存在，对我们判断窟主也有一定的帮助。因为从现存甬道的面积可以看到，最初也只是绘画了一身男供养人，后面有随侍。查上世纪早期在敦煌莫高窟考察过的斯坦因、伯希和[1]及俄登堡资料，发现俄登堡资料中有较详细的记载，甬道"有一很大的红色的供养人，后跟站一个拿着弓、箭筒及蒲扇的俑人"，另一侧是"一女供养人"[2]。根据我们在敦煌石窟归义军时期洞窟供养人画像看到的情形，如果供养人后面有跟随的"拿着弓、箭筒及蒲扇"等形象的侍从者，基本上是节度使

[1]〔法〕伯希和著，耿昇译：《伯希和敦煌石窟笔记》，甘肃人民出版社，1993年版，第188页。

[2] 俄罗斯国立艾尔米塔什博物馆、上海古籍出版社：《俄藏敦煌艺术品》Ⅵ，上海古籍出版社，2005年版，第154~155页。

及其夫人一级人物，一如在莫高窟第156窟张议潮功德窟甬道张议潮供养像后、第196窟索勋供养像后、第98、100、454等曹氏功德窟甬道供养人后、第428窟甬道南壁、榆林窟第16窟曹议金供养像后所见类似现象，另有代表性的是莫高窟第409窟回鹘王子供养像后。这一现象佐证了我们对第261窟窟主为节度使太保曹元忠的推测。到了20世纪40年代，我们从张大千[1]、谢稚柳[2]、罗寄梅等相关资料中看到的已经是残存的情况，没有更多的信息。如此说明此身人物正是曹元忠供养像，对应当是浔阳翟氏供养像与侍从，可惜不存了。同时，除此甬道曹氏夫妇供养像之外，从壁画内容看，其他地方无供养像，此做法也彰显功德主的节度使身份。

（3）第261窟西壁设坛，非隋唐时期流行佛殿窟形，也非晚唐五代流行中心佛坛窟形，窟形独特，坛上卢舍那佛、文殊、普贤组合的华严三圣彩塑造像（图20）[3]，属五代时期唯一的此类窟型，在此前也不见同类窟型，因此窟主身份当不一般。

图20　莫高窟第261窟西佛台全景及彩塑造

［1］张大千：《莫高窟记》，台北故宫博物院，1985年版，第490页。

［2］谢稚柳：《敦煌艺术叙录》，上海古籍出版社，1985年版，第320页。

［3］殷光明：《敦煌显密五方佛图像的转变与法身思想》，《敦煌研究》2014年第1期，第7～20页。

（4）第261窟主室覆斗顶四角凹陷处画四方天王像（图21），正是自曹议金"大王窟"第98窟以来曹氏归义军诸节度使功德窟的流行题材内容[1]，此类壁画表现形式基本上可以认为是曹氏节度使们功德窟的一大特征。而且第261窟作为中型洞窟，窟顶四天王的出现，似乎强调了其功德主的节度使身份。

（5）第261窟窟顶四坡画经变画，从现存壁画可知，西坡画弥勒上生经变和儴佉王七宝（图22），南坡画弥勒一会（图23），东坡残存仍为弥勒经变内容，其中有剃度等场景（图24），应是一会场景，因此推测北坡为另一会，构成完整的三会场景，如此四坡均画弥勒经变。联想到曹元忠另一

图21　莫高窟第261窟南壁及窟顶局部

功德窟、略晚建成的第55窟，西坡也画弥勒经变一铺，另有坛上弥勒三会彩塑图像组合（图25），南壁又画弥勒经变一铺，因此第261窟顶二坡画弥勒经变，正是第55窟重视弥勒题材与思想的前奏。而弥勒七宝在西坡与主尊华盖结合在一起的独特表现方式，或许与后来曹元忠个人称大王有某种暗示和关联，正是古正美先生揭示出来的佛教治国政治意识形态在图像上的体现[2]。

（6）第261窟壁画内容虽然多为五代同时期常见题材，但是其出现的位置有较大的变化，如把一般画于主室东壁门两侧的维摩诘经变画在了前室西壁门两侧，彩塑周围出现少见图像天龙八部和四方佛，东壁门上卢舍那佛，结合门两侧文殊变、普贤变，南北两壁的法华经变和华严经变，正是赖鹏举先生作过精辟阐述的敦煌唐代洞窟"多重卢舍

[1] 沙武田、陈明：《敦煌莫高窟第98窟及其对曹氏归义军时期大窟营建之影响》，郑炳林主编：《敦煌佛教文化与艺术国际研讨会论文集》，第165～185页。

[2] 古正美：《从天王传统到佛王传统——中国中世佛教治国意识形态研究》，商周出版，2003年版。

图22 第261窟窟顶
西坡弥勒上生经变与
七宝

图23 第261窟窟顶
南坡弥勒一会

图24 第261窟窟顶
东坡弥勒一会之剃度
图等

图25 莫高窟第55窟主室内景

图26 第261窟南壁下层供养菩萨像

那结构"的图像延续[1]，又是卢舍那佛与四方佛组合的五佛造像，是敦煌石窟显密结合、显体密用的敦煌密教在洞窟图像中的集中展示[2]。而南、东、北三壁下的供养菩萨（图26），加上窟内坛形制上的两层壸门，如同隋代第401窟中一圈供养菩萨旨在体现《大通方广经》忏悔思想[3]，该窟的这些菩萨林立一圈，也应该含有密法、礼忏等实践活动的运用，代表洞窟独特的佛教含义。

（7）第261窟除出现四坡组合的弥勒经变之外，另东壁卢舍那佛和文殊、普贤变也颇为独特，卢舍那佛图像与常见佛衣画不同，两侧有组合图像，如乘云而来的天人菩萨众，几身世俗形象人物（图27），文殊变和普贤变下面画善才童子五十三参图（图28），均是莫高窟

[1] 赖鹏举：《敦煌石窟造像思想研究》，文物出版社，2009年版，第168~179页。

[2] 殷光明：《敦煌显密五方佛图像的转变与法身思想》，第7~20页。

[3] 赵晓星：《莫高窟第401窟初唐菩萨立像与〈大通方广经〉》，《敦煌研究》2010年第5期，第47~52页。

图27　第261窟主室东壁门上卢舍那佛一铺

图28 第261窟门南文殊变、普贤变

仅有的图像样式，值得注意。结合前述诸多特征，毫无疑问，第261窟当是五代一重要"原创性"[1]洞窟。

符合以上条件的五代"原创性"洞窟第261窟，即是《腊》卷所记951年腊八夜莫高窟"遍窟燃灯"时由某社"罗阇梨"负责的"第三层""太保窟"。结合前述"太保"考辨相关史实可知，第261窟"太保窟"当建成于950年曹元忠再度称太保前。

而第261窟独特的洞窟形制与壁画题材组合，及图像本身的诸多新样式，加上以显密五方佛为主旨的洞窟思想的存在，让我们看到曹元忠夫妇在洞窟营建时的与众不同，这一现象也恰被同为曹元忠功德窟的文殊堂第61窟和第55窟所证实。前者集中反映文殊信仰，形成莫高窟的"五台山文殊道场"[2]，后者则以弥勒三会大型彩塑统摄全窟的思想，因此，三窟均可以认为是莫高窟洞窟营建的奇葩，又同在一片崖面位置，而"太保窟"第261窟址在曹元深功德窟第256窟北侧略高的三层位置（图29），似有意把曹氏诸大窟集中在一起而为，均可印证曹元忠在选址功德窟时的用心所在。

图29　莫高窟第261和256窟崖面位置关系图

[1] 巫鸿：《敦煌323窟与道宣》，胡素馨主编：《佛教物质文化：寺院财富与世俗供养国际学术研讨会论文集》，上海书画出版社，2003年版，第333～348页。

[2] 赖鹏举：《由敦煌莫高窟61窟看五台山文殊道场的形成》，2002年两岸研究生敦煌石窟考察营活动资料。

至此需要回答一个小问题：从以上讨论可知《腊》卷所记罗阇梨负责的第三层显然是从现今的第258窟开始至第365窟，但是"太保窟"实是第261窟，是否略有出入？这个问题较好理解，正如《腊》卷把"文殊堂"作为标志性洞窟一样，道真把"太保"之功德窟"太保窟"作为这一区域的标志性洞窟，同样显示功德主的身份关系，更何况第258窟和第261窟互为邻窟，只一墙之隔；同时作为中唐的第258窟到道真时期其名号是否清楚也是个问题，即使是清楚，在这里把本段崖面从南至北排在第二的五代第261窟"太保窟"作为起始标志窟，大概也是作为曹元忠时代文献的时代记录特性。而从第258窟五代重绘供养人的情况推测，很有可能在"太保窟"营建的同时，把第258窟也作了重修；另从现有崖面遗迹推断，也极有可能加盖了连在一起的窟檐建筑。

## 四 "太保窟"营建小议

我们知道947—950年间曹元忠建成"文殊堂"第61窟，可能会有人对上文同为曹元忠功德窟的"太保窟"的考订，产生疑问：曹元忠是否会同时期建成两个大型功德窟？正好藏经洞相关写本可为曹元忠功德窟"太保窟"的完工时间提供重要的佐证。

S.2687写本记载曹元忠和夫人浔阳翟氏分别于"大汉天福十三年丁未岁（实即天福十二年、开运四年，947）十一月"、"大汉（宋）乾德二年（964）四月"两次"施入宕泉窟"，"施入窟内"，"五色绣经巾"。对于第一份即记载曹元忠夫妇布施活动的S.2687（1）《曹元忠与浔阳翟氏夫人布施疏》，因为落款有"毕功记"三字（图30），早年孙修身先生据此认为"文殊堂第61窟很可能是建成于天福十二年"的947年[1]。陈菊霞则有专文讨论S.2687两份曹元忠夫妇施入疏与莫高窟曹元忠二功德窟第61、55窟的关系，认为这两件施入疏分别记载的是947年第61

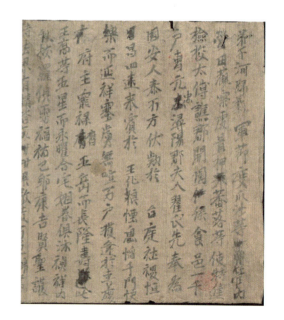

图30　S.2687（1）《曹元忠与浔阳翟氏夫人布施疏》（来源：国际敦煌项目IDP）

---

[1] 孙修身：《敦煌石窟〈腊八燃灯分配窟龛名数〉写作时代考》，第214页。

窟文殊堂与第55窟建成完工后举办庆贺活动时宣读的疏文，并分别重新拟名为S.2687
（1）《莫高窟第61窟毕功疏文》、S.2687（2）《莫高窟第55窟毕功疏文》，并进而把
第61窟和第55窟的建成时间确定为天福十二年（947）和乾德二年（962）[1]。陈氏对
第61窟建成时间的推定，除有S.2687（1）曹元忠夫妇施入疏的佐证之外，另有郝春文
先生据P.3364《某寺面油破历》相关记载，考证出曹元忠947年"太保启窟斋"事项与
第61窟建成时间之关系而得出的结论[2]。

　　对于第61窟的建成时间，前贤贺世哲、孙修身、马德诸先生有研究，基本上界定于
947—950年间。我们从《腊》卷三处出现"文殊堂"并规定燃灯两盏可以推定，951年
腊八之时，文殊堂应该属于之前营建完工的洞窟，窟主曹元忠正是在任的节度使，因此
文殊堂必然成为当时的标志性洞窟。曹元忠是天福九年（944）三月接任病故的曹元深
成为归义军新任节度使，到S.2687（1）记载天福十二年十一月才是三年多时间，如果
按照第61窟建成时间是947年七月"太保启窟斋"所记活动时间，那么即使是曹元忠一
上任就营建作为"文殊堂"的第61窟，作为一大窟建成仅需三年时间显然过于紧张。事
实上按贺世哲先生考定，文殊堂营建的上限是947年，下限可以到翟氏称"凉国夫人"

图31　P.3364《某寺面油破历》"太保启窟斋"（来源：法国国家图书馆网站）

　　[1]陈菊霞：《S.2687写本与莫高窟第61、55窟的关系》，《敦煌研究》2010年第3期，第97～100页。另见
氏著《敦煌翟氏研究》，民族出版社，2012年版，第203～207页。

　　[2]宁可、郝春文：《敦煌社邑文书辑校》，江苏古籍出版社，1997年版，第166页。

的957年，显然此下限仅供参考，考虑《腊》卷对文殊堂的特殊标记，似乎可以感受到951年腊月时文殊堂作为新落成洞窟的意味，如此从944年到951年腊月也有7年时间，完全可以建成。这样S.2687（1）《曹元忠与浔阳翟氏夫妇布施疏》所记947年十一月因宕泉某窟"毕功"而发愿施舍"万色锦绣经巾一条"入"宕泉窟"的因缘，当与第61窟文殊堂关系不大，其实正是因本文所论"太保窟"建成而施舍。

P.3364《某寺面油破历》记载"（七月十六日）一斗五升一升一合官启窟斋，大众看夫人用"，"（七月十六日）七斗三升，太保启窟斋生诚将起用"（图31），据研究，此寺院破历文书写作的时间为947年[1]，其中有"太保启窟斋"活动，947年正是曹元忠第一次自称太保之时，此"太保启窟斋"有可能记载的正是曹元忠功德窟"太保窟"第261窟落成开光时期活动，其中同时记载的"官启窟斋"后有"看夫人用"，应该是归义军官府为了表达对节度使功德窟"太保窟"完工而同时举行的庆贺活动，"夫人"当是翟氏夫人。到了951年曹元忠再度称太保时，此窟被称为"太保窟"也就是顺理成章的事情了。

我们可以看到，第261窟规模没有像其他节度使们功德窟那么大，不属于归义军时期的大型窟，而是中型窟，因此从时间上可以保证到947年时完工，作为规模略小于节度使们的洞窟，或有可能其营建时期早于曹元忠任节度使的944年。另一方面，同为曹元忠功德窟，"太保窟"第261窟位于"文殊堂"第61窟上面第三层（图32），从各自营建的先后关系上来讲也是成立的。同时，《腊》卷从整体上体现莫高窟洞窟情况，明确标示出了张氏和曹氏归义军节度使等重要人物的功德大窟，如有张淮深的"司徒

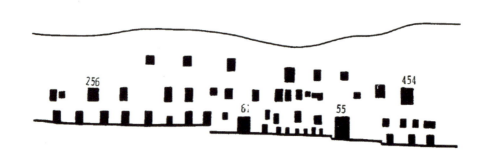

（测绘图由吕文旭绘制）

图32　莫高窟第61、261窟位置关系图示

[1] 宁可、郝春文：《敦煌社邑文书辑校》，第166页。

窟"、曹议金"大王窟"、天公主"天公主窟"等，以及中唐吐蕃时期仅次于沙州节儿的都督之"都督窟"[1]，还有归义军时期佛教界高僧大德们如都僧统洪辩"吴和尚窟""七佛堂"、都僧统翟法荣"翟家窟"、何法师"何法师窟"等，显然作为951年时正在任上的节度使曹元忠，虽然三处出现他的功德窟"文殊堂"，但是毕竟不能像前举诸窟一样，窟名无法直观体现功德主的身份地位，而是完全以窟内主尊造像尊格命名。考虑到"太保窟"的功德主曹元忠作为当时近似政教合一瓜沙地区归义军军政与宗教首脑，功德窟"文殊堂"或许某种程度上掩盖了他的权势、社会地位、影响力，但是因为有了"太保窟"的存在，这个矛盾也就自然得到化解。

## 五 结语

"太保窟"莫高窟第261窟窟型独特，西壁坛上彩塑与壁画构成卢舍那佛与四方佛组合的五方佛，东壁壁画卢舍那华严三圣，南北壁画法华经变对应华严经变，窟内整体突出体现华严卢舍那思想，让我们联想到曹元忠另一功德窟"文殊堂"第61窟以坛上绘塑结合"新样文殊变"[2]为主尊，西壁五台山图正中有华严三圣图像，另有东壁的维摩变、南北壁可对应的法华经变与华严经变，同样体现华严卢舍那思想，作为相同的功德主，对华严卢舍那的偏爱是一致的。而第261窟坛上主尊卢舍那华严三圣与西壁壁画四佛构成的显教五方佛造像，又是自北朝以来敦煌五方佛图像发展的重要标志，为尔后曹氏时期以榆林窟第35窟五智如来曼陀罗、莫高窟"天王堂"土塔顶部五方佛及绢画MG.17780金刚界五佛、纸画P.4518-7金刚界五佛等为代表的纯正密教五方佛图像的形成提供发展的轨迹[3]，如同密教图像孔雀明王图像在曹氏洞窟中的表现一样[4]，构成我们理解曹氏归义军对密教接受和发展的重要内容。作为节度使的功德窟对华严卢舍那思想造像的大力推崇，成为我们探讨曹元忠时代敦煌佛教的新课题，并进而为五代宋曹氏归义军时期的密教图像在敦煌的开展提供解读的线索[5]。

另一方面，"太保窟"的考证，为曹氏归义军节度使功德窟的问题提出新的课题，

---

[1]莫高窟"都督窟"资料见于第45窟中唐时期武氏浏览性质的供养人题记，具体洞窟不明。都督是吐蕃时期敦煌汉人最高统治者，敦煌文献中常见有"杜都督"和"安都督"，详见笔者《敦煌莫高窟"都督窟"考》，未刊稿。

[2]沙武田、梁红：《敦煌莫高窟61窟中心佛坛造像为新样文殊变考》，李治国主编：《2005年云冈石窟国际研讨会论文集》，文物出版社，2006年版，第441～456页。

[3]殷光明：《敦煌显密五方佛图像的转变与法身思想》，第7～20页。

[4]〔日〕桥村爱子：《从敦煌莫高窟及瓜州榆林窟的孔雀明王看归义军节度使曹氏对密教的接受》，樊锦诗主编：《敦煌吐蕃统治时期石窟与藏传佛教艺术研究》，甘肃教育出版社，2012年版，第316～341页。

[5]阮丽：《敦煌石窟曼荼罗图像研究》，中央美术学院博士学位论文，2012年。

曹元忠结合个人的地位、信仰，及曹氏归义军的社会力量，在莫高窟大力营建功德窟，包括已知的第61窟文殊堂、第55窟和乾德四年对北大像的维修功德，集中展现曹元忠个人在浔阳翟氏夫人推动下在佛教洞窟营建方面的不遗余力[1]。荣新江先生曾经对曹元忠时代的敦煌社会有全方位的解读[2]，或为"太保窟"的存在提供时代背景的佐证。

如果说"太保窟"考证没有大的问题，则给我们理解莫高窟营建史的重要文献《腊八燃灯分配窟龛名数》提供新的认识，并将由此引导对莫高窟崖面洞窟分布组合关系的理解。

作者单位：陕西师范大学历史文化学院

收稿日期：2015-11-2

---

[1] 有关曹元忠浔阳翟氏夫人对佛教的热情、对洞窟营建的积极参与等宗教活动，可参考陈丽萍：《理想、女性、习俗——唐宋时期敦煌地区婚姻家庭生活研究》，首都师范大学博士学位论文，2007年；陈菊霞：《敦煌翟氏研究》。

[2] 荣新江：《敦煌历史上的曹元忠时代》，《敦煌研究》2006年第6期，第92～96页。

# 一幅宋画中的名物制度与宋墓出土器具

## ——《春游晚归图》细读

## 扬之水

画中读史，画中读诗，原是很传统的一个读画角度，甚至也可以说，画与史本来就是相互因依，即所谓"左图右史"。不过这一传统的工作尚远未完结，新的研究条件、新的学术背景和知识结构，使我们在熟悉的画作中仍能不断有新的发现。

故宫博物院藏《春游晚归图》，横25.3厘米、纵24.2厘米，绢本设色，收入《中国绘画全集·五代宋辽金》第五册，图版说明曰："此图原载《纨扇画册》。图绘一官员头戴乌纱帽策骑春游归来，数侍从各携椅、凳、食、盒之属后随，正缓缓通过柳阴大道。图中柳干用勾勒填色法，柳叶用颤笔点，于浓密中见层次，简率中见法度，画风近刘松年而又有自我。画面宽阔渺远，充溢着春天的气息。此作一定程度上反映了南宋士大夫的生活情景。无作者款印，钤'黔宁府书画印'、'仪周珍藏'二印，曾经明黔王府，清人安岐收藏，见《石渠宝笈三编》著录。"[1]

体例所限，图版说明不可能对画作内容考校详审，不过这里约略点到的几件物事，即"椅、凳、食、盒"，命名却有失准确，而这实在关系于宋代典章制度与风俗，必要细读方可解得其实。

不妨尝试以宋人的眼光重新读图：画面右上方一座高柳掩映的城楼，对着城楼的林荫大道入口处是两道拒马杈子。大道中央，骑在马上的主人腰金、佩鱼，手摇丝梢鞭，坐骑金辔头、绣鞍鞯，二人前导，二人在马侧扶镫，一人牵马，马后一众仆从负大帽、捧笏袋，肩茶床，扛交椅，又手提编笼者一，编笼中物，为"厮锣一面，唾盂、钵盂一副"。末一个荷担者，担子的一端挑了食匮，另一端是燃着炭火的镣炉，炭火上坐着两个汤瓶（图1）。

图中持物的一众仆从，所携均为显宦重臣出行的仪仗法物。其中一个荷担者，挑着的是一副茶镣担子，便是茶汤熟水用器。以政和六年徽宗诏赐蔡京出入金银从物为例，其中属于茶汤器具者有金镀银燎笼一副，汤茶合子二具，各匙子全，大汤瓶二只，中

---

[1] 中国古代书画鉴定组编：《中国绘画全集·五代宋辽金》第五册，浙江人民美术出版社，1999年版，图九六。

图1 《春游晚归图》故宫博物院藏

《春游晚归图》局部

汤瓶二只，汤茶托子一十只，好茶汤瓶一只，熟水樀子一只，撮铫一只，汤茶盘各二十只[1]。燎子原是用于烧汤烹茶的炭炉，或又作镣子。宋刻《碎金·家生篇》"铁器"一项列有"撮铫""汤鉼、火镣"，乃平常人家用器。所谓"金镀银燎笼"，与绍兴十五年高宗赐秦桧金银器中的"装钉头笼茶燎子"[2]，应是同样物事，即提携燎子或曰茶燎子的编笼。黑龙江省博物馆藏一幅宋人《卖浆图》，火镣、汤瓶、炭篓、汤盂，图中一一摹绘分明，右下方的一副茶镣担子，镣炉外罩可以提掣的编笼（图2），它如果是金银制品，那么便正是"金镀银燎笼一副"。

汤与熟水都是甘香药材制成的饮料，不同在于汤是预先以几种药草研磨合制为

图2　《卖浆图》　黑龙江省博物馆藏

[1] 刘琳等校点：《宋会要辑稿·礼六二》，上海古籍出版社，2014年版，第四册，第2142页。

[2] 绍兴十五年十月三日，上遣中使赐太师、尚书左仆射、同中书门下平章事秦桧御书阁牌，曰"一德格天之阁"。就第赐御筵，仍赐金镀银钞锣、唾盂、照匣、手巾筒子、罐子、装钉头笼茶燎子、熟水樀子各一，金镀银汤瓶二，云云。《宋会要辑稿·礼六二》，第2150页。

剂，待用时取出以沸水冲点，便类如当日的点茶，故宋人每曰"点汤"。熟水则是先取某一种香草或药材加入沸水，密封制成饮品，如紫苏熟水，豆蔻熟水，沉香熟水，用时再加温[1]。程珌《鹧鸪天·汤词》"何人采得扶桑椹，捣就蓝桥碧绀霜"；史浩《南歌子·熟水》"藻涧蟾光动，松风蟹眼鸣。浓薰沉麝入金瓶。泻出温温一盏、涤烦膺"[2]，各道其要领也。金银从物中的熟水椗子，应即盛放熟水的容器，用诗人的话说，则即"浓薰沉麝入金瓶"。可以设想熟水是由椗子倾入铫子，镣子上加热之后，再泻入熟水盂子，即所谓"温温一盏"。魏泰《东轩笔录》卷十一："仁宗尝春日步苑中，屡回顾，皆莫测圣意。及还宫中，顾嫔御曰：'渴甚，可速进熟水。'嫔御进水，且曰：'大家何不外面取水而致久渴耶？'仁宗曰：'吾屡顾不见镣子，苟问之，即有抵罪者，故忍渴而归。'左右皆稽颡动容，呼万岁者久之。圣性仁恕如此。"这一段颂圣的纪事中，仁宗所云"吾屡顾不见镣子"，是一个很关键的细节，其实是省略的说法，即省略了熟水椗子、铫子和盂子。仁宗漫步宫苑，例当有此诸般茶汤熟水用器随侍。司镣炉者，其时俗谓之茶酒司[3]。那么仁宗忍渴而不责问者，即恐茶酒司抵罪也。

《春游晚归图》群从中的手提编笼者，厮锣一面乃侧置，钵盂放在唾盂上边，贴着厮锣的底，于是而有提携之便。如此三事的组合，也见于徽宗诏赐蔡京的金银从物，即"厮锣一面，唾盂、钵盂一副，盖全"。厮锣，或作钞锣，如宋金和议后，宋廷赐金国贺正、贺生辰使人"一百两金花钞锣唾盂子一副"[4]。《东京梦华录》、《西湖老人繁盛录》称作沙罗[5]，《武林旧事》谓之沙锣，戴侗《六书故》则称为锣[6]。程大昌《演繁录》卷一、赵彦卫《云麓漫钞》卷九于此物均有考校。前者曰厮锣即盆，只是"中国古固有盆矣，皆瓦为之"，后世以黄、白二金锻铸为盆而名作斯罗，乃缘自它初始系由新罗来，因新罗一名斯罗，"而其国多铜，则厮者，斯声之讹者也"[7]。后者曰："今人呼洗为沙锣，又曰厮锣。国朝赐契丹、西夏使人，皆用此语。"而考其语源

---

[1] 见元《居家必用事类全集·己集》中的汤方和造熟水法。

[2] 唐圭璋编：《全宋词》，中华书局，1965年版，第四册，第2290页；第二册，第1284页。

[3]（宋）魏泰《东轩笔录》卷一："艺祖、太宗及节度使武行德共乘小艇，游于城下，艇中惟有一卒司镣炉，世谓之茶酒司。"

[4]《宋会要辑稿·礼六二》曰：绍兴十三年十二月二十七日，"金国遣完颜晔、马谓等来贺。是年和议方定，始令有司立每年金国贺正、贺生辰使人锡类格目。到阙，使一百两金花（钞）〔金〕钞锣唾盂盂子一副；副使八十两金花银钞锣唾盂盂子一副。"第四册，第2149页。

[5]（宋）孟元老《东京梦华录》卷十记十二月事，曰："初八日，街巷中有僧尼三五人作队念佛，以银铜沙罗或好盆器，坐一金铜或木佛像，浸以香水，杨枝洒浴，排门教化。"《西湖老人繁盛录》曰：佛生日"诸尼寺僧门卓上札花亭子并花屋，内以沙罗盛金佛一尊，坐于沙罗内香水中，扛台于市中，宅院铺席诸人浴佛求化"。

[6]《六书故》第四《地理一》"锣"条："用于军旅者也。筑铜为之，如盂，亦以为盥盆。"

[7] 其时高丽铜之有名，也可见《百宝总珍集》卷六"手磬"条冠于说明文字之前的口诀："手磬不论大与小，要好除非高丽铜。"

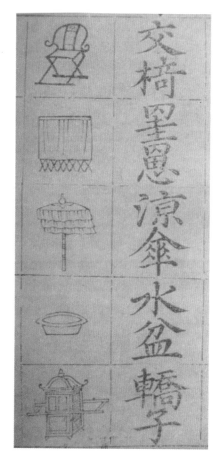

图3　《新编对相四言》

是来自军中。且不论它的命名由来，总之厮锣或曰沙锣、钞锣，原都是为了别于瓦盆而特指铜水盆[1]，《东京梦华录》将"银铜沙罗"与"好盆器"并举，正是见出区别。朝鲜李朝官修《高丽史》纪录遣使进奉宋廷诸物中有金鏁锣[2]，绍兴二十六年交趾进奉贺昇平物有"一百二十两数金盘龙沙锣二面"[3]，也都是同器异称。作为官宦出行时随侍的盥洗用器，为铜，为银，为金，因此宋人呼作厮锣而不称盆器。这种称呼上的区分到了宋以后才有所改变，——以宋本元刊为基础的明刊《新编对相四言》，与交椅、罨鼉、凉伞列在一起的有"水盆"[4]（图3），实即对应于南宋刻本《碎金·家生篇》"公用"一项中的"交椅、厮罗"，"凉伞"、"罨鼉"。金银从物以及作为礼品的厮锣以银制为多，重量每在百两以上，可以推知尺寸不小。南宋播州土司杨价夫妇墓出土银鎏金双鱼盆一面，口径逾六十厘米[5]（图4），应即"厮锣"之属。

与厮锣一面构成一组盥洗用器的"唾盂、钵盂一副"，则用于清理口腔，钵盂漱口，唾盂承接漱口水。河南荥阳淮西村宋墓墓室北壁下部右侧壁画中的奉物女侍，其一所

[1]　〔日〕狩谷棭斋《笺注倭名类聚抄》卷四《器皿部·金器》"钞锣"条："《唐韵》云：钞锣，铜器也。"笺注考证其语源引述甚详，文长不录，末引清人姜宸英《湛园札记》云：钞锣，吾乡名铜面盆为钞锣（全国书房版，1943年）。按，姜宸英乃慈溪人。至于质地为金银者，自属豪华用器。明何良俊《四友斋丛说》卷三四曰嘉兴友人富甲江南，款客俱以金银器皿，乃至"用梅花银沙锣洗面"。

[2]　《高丽史》卷九曰文宗二十六年，"金悌还自宋，帝附敕五道"，其四是详细列出收到的进奉诸物，中有"金鏁锣一只，重一百五十两"。孙晓主编：《高丽史》标点校勘本，西南师范大学出版社等，2014年版，第242页。按，此即神宗熙宁四年事，《宋会要辑稿·蕃夷七》亦载高丽国遣使金悌奉表进物（第十六册，第9956页），但未列物品详目。

[3]　《宋会要辑稿·蕃夷七》，第十六册，第9966页。

[4]　美国哥伦比亚大学史带东亚图书馆藏，上海书店出版社2015年影印。按此书与锅、甑等炊器列在一起的另有"盆"。

[5]周必素等：《贵州遵义新蒲杨氏土司墓群考古取得新收获：发现南宋播州"土司"杨价夫妇墓》，《中国文物报》2014年8月22日。

图4　银鎏金双鱼盆　南宋播州土司杨价夫妇墓出土

图5
河南荥阳淮西村宋墓墓室壁画

图6
《骷髅幻戏图》局部　故宫博物院藏

图7

左：银盂　浙江东阳金交椅山宋墓出土
右：银唾盂　浙江东阳金交椅山宋墓出土

奉似即唾盂、钵盂一副[1]（图5）。故宫博物院藏李嵩《骷髅幻戏图》，骷髅身边一副担子，担子两端各一个编制的提匣，提匣梁上斜拴着席一卷，葫芦一个，又执壶一、盒二。另一端有雨伞一柄，包袱三个，提梁上又拴了一个提笼，清楚透见提笼里是侧置的盆亦即斯锣一面，又唾盂、钵盂一副，并且与《春游晚归图》所绘相同，便是"盖全"（图6）。浙江东阳金交椅山宋墓出土银盂一，银唾盂一，前者口径九点七厘米，后者口径十七点二厘米，均光素无纹，底部各有铭曰"樊二郎"[2]。两器当是配合使用的唾盂、钵盂一副（图7）。这一组物事的使用，也曾见于宋仁宗的节俭故事。欧阳修《归田录》卷一："仁宗圣性恭俭，至和二年春，不豫，两府大臣日至寝阁问圣体，见上器服简质，用素漆、唾盂、盂子，素甆盏进药。"那么可推知这里的使用情状是素甆盏进药，素漆盂子漱口，唾盂承接漱口水。唾盂、钵盂一副在显宦富户也是每以金银，九重之尊却是素漆，自为节俭之尤。

《春游晚归图》中的茶床与交椅自然也属于仪仗法物。皇太后驾出从物中有"御燎子、茶床"[3]。执政大臣以及翰林学士也是如此，周必大《玉堂杂记》卷下曰：翰林学士"禁门内许以茶镣担子自随，与执政等"。前引《碎金》"公用"一项与斯罗、凉伞、罝罦并列的有"交椅"。诸物也见于四川彭山县亭子坡南宋虞公著夫妇合葬墓西墓室享堂东、西两壁的浮雕出行图和备宴图。西壁出行图以一乘暖轿为重心，两边仪仗煊赫，中有负交椅者一。他的下方一位侧身者手挽一件圜器的口沿，不必说，此器正是

[1] 徐光冀主编：《中国出土壁画全集·5·河南》，科学出版社，2012年版，第184页。

[2] 吕海萍：《东阳金交椅山宋墓出土文物》，《东方博物》第39辑（2011年），图十、图十三（此称之为"银碗"）。

[3] 见英宗治平元年所定仪制，《宋会要辑稿·舆服一》，第四册，第2173页。

图8
左：南宋虞公著夫妇合葬墓西墓室出行图（拓本）
右：南宋虞公著夫妇合葬墓西墓室备宴图（拓本）

厮锣。旁边一人手捧水罐，也是《碎金》"公用"一项列举之物，当是与厮锣配合使用（图8左）。东壁备宴图的下方，一边是茶镣担子，另一边为形制小巧的茶床，上置带托子的茶盏（图8右），东、西两壁内容相互呼应。公著是左丞相忠肃公虞允文次子，以父荫补承事郎，历官至中奉大夫知渠州军州兼管内劝农使，封仁寿县开国男，食邑三百户，赐紫金鱼袋。公著的妻子为丞相卫公留正之女[1]。不过《春游晚归图》中的交椅更有一个特别之处，即靠背上端连着一柄荷叶托，王明清《挥麈录·三》卷三记此物创制之原委道："绍兴初，梁仲谟汝嘉尹临安。五鼓，往待漏院，从官皆在焉。有据胡床而假寐者，旁观笑之。又一人云：'近见一交椅，样甚佳，颇便于此。'仲谟请之，其说云：'用木为荷叶，且以一柄插于靠背之后，可以仰首而寝。'仲谟云：'当试为诸公制之。'又明日入朝，则凡在坐客，各一张易其旧者矣，其上所合施之物悉备焉，莫不叹服而谢之。今达宦者皆用之，盖始于此。"这里值得注意的一点尚在于"今达宦者皆用之"。《挥麈录》之第三录成于庆元元年，可作为文中之"今"的参考年代。

茶床，茶汤熟水用器齐备的一副茶镣担子，又用于盥洗的厮锣一面，唾盂、钵盂

---

[1] 四川省文物管理委员会、彭山县文化馆：《南宋虞公著夫妇合葬墓》，《考古学报》1985年第3期，第393页，图一二；第394页，图一三。虞公著卒于南宋理宗宝庆二年，其妻卒于宁宗庆元五年。

一副，且有插着荷叶托的一具交椅，《春游晚归图》中，可谓出行仪物色色全。除此之外，尚有标识身分地位的服章，便是主人的"重金"与"重戴"。重金，乃腰金、佩鱼；重戴，则仆夫所负之大帽也。

　　腰金、佩鱼，即金带上面更悬垂一副金鱼袋。鱼袋原是从唐代的鱼符制度而来[1]，高承《事物纪原》卷四"章服"条："唐车服志曰：高祖初入长安，罢隋竹使符，班银菟符，后改铜鱼，贵贱应召命，随身，盛以袋。三品已上饰以金，五品已上饰以银。开元时，中书令张嘉贞奏致仕官佩鱼终身，自是赏绯、紫者必以鱼，谓之章服。"同书卷三"鱼袋"条："宋神宗熙宁末，亲王又赐玉鱼以副金带，金鱼以副玉带，以唐礼也。韩文公之诗曰'不知官高卑，玉带悬金鱼'是也。"不过宋代虽仍沿袭唐制，却是只存其形，而无其实，即鱼袋已经没有袋子，自然也没有原是装在袋子里的鱼符。程大昌《演繁录》卷十六"鱼袋"条考唐鱼符及鱼袋制度始末之后曰，"今之鱼袋虽沿用唐制，但存形模，全无其用。今之用玉、金、银为鱼形附著其上者，特其饰耳。今用黑韦方直附身者，始是唐世所用以贮鱼符者。"而唐之鱼袋，袋中实有符契，乃用于合验以防诈伪，"本朝命令多用敕书，罕有用契，即所给鱼袋特存遗制以为品服之别耳。其饰鱼者，固为以文，而革韦之不复有契，但以木楦满充其中，人亦不复能明其何用何象也。"

　　以此检视宋墓出土器具，可知出自浙江兰溪市灵洞乡宋墓的一枚拱形鱼纹金饰件[2]（图9），便是鱼袋上面的"饰鱼"，亦即程大昌所云两宋鱼袋制度的"用玉、金、银为鱼形附著其上者，特其饰耳"。常州武进村前乡南宋墓一号墓出土银带銙一副（残），并与此形制相同的两枚涂金银饰件，器表同样是水波中的一对游鱼，自然也是鱼袋上面的"饰鱼"（图10）。同出又有"革带"，"长十九点二厘米，革面列银质鲤鱼，革带背面衬长方木片为托，木片一侧也列有两件银质鲤鱼"[3]。此"革带"，便是程大昌所言"今用黑韦方直附身"的鱼袋，恰是所谓"革韦之不复有契，但以木楦满充其中"。那么这一枚"革带"与鱼纹银饰两枚，正是完整的一副宋制鱼袋或曰"佩鱼"。参照福州茶园山宋端平二年墓出土木仿真带銙与鱼袋[4]（图11），其形制更可

---

[1] 关于唐代佩鱼的详细考证，见孙机：《说"金紫"》，载氏著《中国古舆服论丛》（增订本），文物出版社，2001年版。

[2] 兰溪市博物馆：《浙江兰溪市南宋墓》，《考古》1991年第7期，图版八：3（此称作"金佩饰"）。

[3] 陈晶等：《江苏武进村前乡南宋墓清理纪要》，《考古》1986年第3期，第256～257页。按同墓出土尚有牙笏，又带銙及一枚涂金银带扣，带扣其表以及扣环的细窄之侧面均满錾毬路纹。关于墓主人，发掘简报推测是官至副相的毗陵公薛极的亲属，因为"这座墓葬虽然按时间排比，与薛极的卒年接近，但按随葬品的服制还难以推断这一墓葬便是薛极之墓"。其实一号墓出土的牙笏、毬路带扣与佩鱼即所谓"重金"，正与薛极的身分地位相符，只是皆为银质。或是同于福州茶园山宋端平二年墓的以木仿真，此则以银代之。

[4] 今藏福州市博物馆，本文照片为观展所摄。

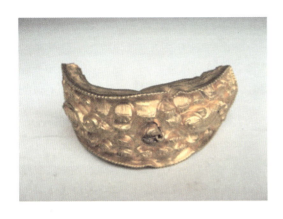

图9　鱼袋之"饰鱼"
浙江兰溪市灵洞乡宋墓出土

图10　带銙与鱼袋之"饰鱼"、毬路纹带扣　常州武进村前乡南宋墓出土

图11　木仿真鱼袋
福州茶园山南宋端平二年墓出土

见得明白。《春游晚归图》中的骑乘者，一腰排方金铐下隐隐露出红鞓，腰间侧后且有纵向悬垂的一节，却是红鞓上凸起两枚拱形金饰，与前举出土实物一般无二。宋人词曰"宝带垂鱼金照地"（张先《偷声木兰花》），也正是这般情形。如此，这是难得的一幅宋人腰金佩鱼亦即"重金"的图像了。

佩鱼通常是与服绯服紫并连，是所谓"章服"[1]，即服紫、佩金鱼袋；服绯，佩银鱼袋。只是佩鱼之赐更为严格，故"重金"尤为热中者想望。江少虞《宋朝事实类苑》卷二十五《官职仪制》"赐金带"条："国朝，翰林学士得服金带，朱衣吏一人前导。两府则朱衣吏两人，金笏头带佩金鱼，谓之重金。居两制久者，则曰：'眼前何日赤，腰下甚时黄？'处内廷久者，又曰：'眼赤何时两，腰金甚日重？'"两制即翰林学士和中书舍人，前者为内制，后者为外制。"两府"，北宋前期为中书省和枢密院。

重金又每与重戴相并，《锦绣万花谷》卷二十四即作"重金叠盖"，曰："重金谓金带上垂金鱼，叠盖谓重戴（退朝录）。国初两制出入皆重戴。"所引退朝录，即北宋宋敏求撰《春明退朝录》，该书卷下："本朝两省清望官、尚书省郎官，并出入重戴。"重戴即大帽，北宋高承《事物纪原》卷三"大帽"条："大帽，野老之服也，今重戴，是本野夫岩叟之服，……宋朝淳化初，宰相、学士、御史、北省官、尚书省五品

[1]《宋会要辑稿·舆服六》"鱼袋"一节有曰："鱼袋，唐制，散官二品、京官文武职事五品已上，及都督、刺史皆佩。国初，其制多阙。太宗雍熙元年，南郊毕，内出以赐近臣，由是内外陛朝文武官员皆佩。凡服紫者饰以金，服绯者饰以银，庭赐紫者给金涂银者，赐绯亦有特给者。京朝官、幕职、州县官赐绯紫者亦佩。亲王武官、内职将校皆不佩。真宗大中祥符六年，诏伎术官未陛朝赐绯紫者不得佩鱼袋。……神宗元丰二年五月二十六日，蒲宗孟除翰林学士。上曰：'学士职清地近，非他官比，而官仪未宠，自今宜加佩鱼。'遂著为令。三年十月十六日，诏：'自今中书堂后官并带赐绯鱼袋，余依旧例。'……政和元年十一月十七日，尚书兵部侍郎王诏奏：'今监司守倅等并许借服色，而不许佩鱼，即是有服而无章，殆与吏无别。乞今后应借绯紫臣僚并许随服色佩鱼，仍各许入衔，候回日依旧服色。'从之。"第四册，第2292页。

已上，皆令服之，今唯郎中、台谏服之。"《宋朝事实类苑》卷二十五"重戴"条则称作"大裁帽"。叶梦得《石林燕语》卷三释重戴，又云有席帽与裁帽之别，二者形制不同。至于重戴的称名之始，原是因为出行有伞，而又服帽，故曰"重戴"，《锦绣万花谷》所云"叠盖"，其意更为明了[1]。

图中的主人公有重金、重戴之威重，而红鞓也不是庶官可以用得[2]，负大帽者且手捧笏袋，坐骑金辔头、绣鞍鞯，更不是没有来历[3]，丝梢鞭一柄亦非随意可执[4]。马侧有二人扶镫，一人牵马，马头旁边一人持缰，此即控马卒[5]。马后群从侍奉各种仪物，已如前述。所有这一切都显示着此乃"尊者之出"[6]。主人公须发苍然，如果年高如此尚只是翰林学士或中书舍人即所谓"两制"，则实在无足夸耀，那么此为身居高位者当可推定。

最后再来看《春游晚归图》中的两道拒马权子，它在图中也非闲笔。拒马权子，权，或作叉，又称桓柘、桓拒、行马，乃木制的活动路障，便是置于衙署府第等大门外阻拦人马的警戒设施，使用于不同地点的叉子，每以不同的漆色相区别[7]。孟元老《东京梦华录》卷一"大内"条曰："大内正门宣德楼列五门，……下列两阙亭相对，悉用朱红叉子。"又同书卷二"御街"条曰："坊巷御街，自宣德楼一直南去约阔二百余步，两边乃御廊，旧许市人买卖于其间；自政和间官司禁止，各安立黑漆权子，路心又安朱漆权子两行，中心御道不得人马行往，行人皆在廊下朱权子之外。"李诫《营造法式》卷八《小木作制度》有造"拒马叉子"和"叉子"之制，按照这里的说法，二者形制尚有不同，区别在于前者的木榥子只是在上方一木横中的"穿心串"或曰"上串"中交斜相向，后者则除却上串外还有下串和望柱，木榥子便是与上串和下串交互相接而

[1] 不过《宋史·舆服五》另有说曰："所谓'重戴'者，盖折上巾又加以帽焉。"

[2] （宋）王栐《燕翼诒谋录》卷一："旧制中书舍人、谏议大夫权侍郎，并服黑带、佩金鱼。霍端友为中书舍人，奏事，徽宗皇帝顾其带问云：'何以别于庶官？'端友奏：'非金玉无用红鞓者。'乃诏四品从官改服红鞓、黑犀带、佩金鱼。"

[3] （宋）江少虞《宋朝事实类苑》卷二十五"赐鞍辔"条："鞍辔，除乘舆服，黄金、白玉、雕玉、玳瑁、真珠等鞍，垂六鞘辔，有三额，诸王或赐金鞍者得乘之。宰相、使相赐宝百花鞯，八十两闹装银裹衔镫。参政、副枢、宣徽、节度使、驸马，绣盘凤杂花鞯，七十两陷银衔镫。"此所谓"陷银"，即嵌银丝。又（宋）吴曾《能改斋漫录》卷十八："章郇公初入枢府，以所赐鞍绣文疏略，命市工别绣之。既就来上，视其花乃宰相所用，不旋踵遂大拜。"章郇公即章得象。

[4] （宋）沈括《梦溪笔谈》卷二《故事二》："执丝梢鞭入内，自三司副使以上。"参见《宋会要辑稿·仪制五》所录庆历七年侍御史知杂事李厷之关于执丝鞭的奏言（第四册，第2387~2388页）。

[5] 《梦溪笔谈》卷九记王旦逸事云："王文正公有控马卒岁满辞公，公问：'汝控马几时？'曰：'五年矣。'公曰：'吾不省有汝。'既去，复呼回曰：'汝乃某人乎？'于是厚赠之，乃是逐日控马，但见背，未尝视其面，因去，见其背方省也。"王旦在真宗朝为宰相，秉政甚久。

[6] （宋）佚名《异闻总录》卷四："吕文靖公宅在京师榆林巷，群从数十。遇时节朔望，则昧旦共集于一处，以须尊者之出。"周勋初等《宋人轶事汇编》引，上海古籍出版社，2014年版，第681页。吕文靖公即吕夷简。

[7] 王去非：《释行马》，《文物》1981年第8期，第79页。

图12 《金明池争标图》 天津博物馆藏

式如栅栏。《春游晚归图》中的行马自属前者，即拒马权子。天津博物馆藏张择端《金明池争标图》，金明池东南角墙外，一座横跨顺天门外大道的牌楼，上书"琼林苑"三个大字，牌楼对着的大道道口，所设行马则即叉子[1]（图12）。南宋临安此制犹然。吴自牧《梦粱录》卷八"大内"条说道：大内正门曰丽正，左右列阙，"登闻鼓院、检院相对，悉皆红权子"；又曰：内后门名和宁，与丽正同，把守卫士严谨，"阁子左右排红权子"。《春游晚归图》中绿荫深处的一座城楼固难推定是何等所在，但所绘两边设置拒马权子的大道，应该不是寻常街衢。

"春游晚归"未知是何人为此图命名，它原不过尺寸很小的一幅册页，或可称作小品画。作画者的用心处似不在笔情墨韵和意境，却是在尺幅之间将有关画面主人公身份地位的器用服饰一丝不苟摹写备细，人物的意态姿容和面貌也颇类写真之笔，虽然不宜遽断此是应某公之请绘就的一幅"传神"（这本来也是宋代流行的做法），但以它对当代风物的描绘真确，实在不能不教人暂且离开艺术欣赏的驻足处，从考校名物制度入手，在图像、文献与实物的契合之间获取新的认知。

作者单位：中国社会科学院文学研究所

收稿日期：2015-8-18

---

[1] 天津博物馆编：《天津博物馆藏绘画》，文物出版社，2012年版，图二。按此图绢本设色，纵横均不足一尺，2015年仲秋承馆方惠允，得以观摩真迹而认清上述细节。

# 福州福寿宫所见摩尼光佛像杂考*

杨富学　彭晓静

　　福寿宫位处福建省福州市台江区乌山角下南门外十八洋路之浦西洋，原建于宋代，后历经重修，现存者为1985年重修之貌。该宫原名"明教文佛祖殿"，在1998年宗教资产清查中，由于"明教文佛祖殿"一名的宗教属性不够明确，无法登记，为申请合法宗教身份，遂改名为"福寿宫"，胪列道教庙宇，从而保存了下来，但原来的寺额"明教文佛祖殿"至今尚保留于寺院门首（图1）。村民耆老皆言：祖辈供奉该寺神明的仪式很独特，与道教、佛教有所不同。现在看来，该宫当属一座摩尼教寺院无疑[1]。2008年10月以来，在北宋摩尼教教主林瞪第29代裔孙林鋈先生的主导下，福建省霞浦发现了大量宋元明清以来的摩尼教文献资料。笔者有幸受命整理研究这批新发现，颇受启发，发现这些资料可为福寿宫的深入研究提供力证。2013年7月，笔者一行六人赴福寿宫考察，收获颇丰。今将个人所见公诸同好，冀识者不吝教焉。

## 一　福寿宫所见摩尼光佛偶像

　　福寿宫由正殿与"观音阁""华光殿""大王殿"三座偏殿构成。正殿主祀霞浦摩尼教教主林瞪和摩尼教创始人摩尼光佛，左右配祀真武大帝、许真君，另有三十六护法神将；三偏殿分别供奉观音菩萨、华光大帝马天君和黄、赵二大王[2]。寺院内保存有一批珍贵的文物，如摩尼光佛雕像、《明教文佛祖殿全景图挂轴》、清乾隆年间铸铁元宝炉等。清代香炉计有二件，均有浮雕铭文，除年款外，还有"度师真人"和"明教文佛"之类字样，其中，"度师真人"指林瞪，"明教文佛"则指摩尼光佛，特别引人注目。

　　福寿宫所见摩尼光佛像共有四身，第一身为夹苎脱胎彩绘，第二身为绢本，第三身

* 本文为国家社会科学基金项目"霞浦摩尼教研究"（编号：14XZS001）阶段性成果。

[1] 杨富学：《福州福寿宫：世界摩尼教的活化石》，提交"太湖文化论坛2014巴黎会议"，巴黎：吉美亚洲艺术博物馆，2014年3月31日—4月1日；李林洲：《福州摩尼教重要遗址——福州台江义洲浦西福寿宫》，《福建宗教》2004年第1期，第44页。

[2] 彭晓静、杨富学：《福州福寿宫摩尼教神祇探原》，《世界宗教研究》2016年第2期（待刊）。

图1　福寿宫外观

为壁画，第四身为泥塑。

第一身夹苎脱胎摩尼光佛像通高0.69米，底座高6.5厘米，宽0.39米，坐台高0.3米。佛像脸型长方略圆，弯眉明目，披肩散发，着对襟长袍，结带为扣，左手结剑诀，右手持长剑，两腿分叉下垂，双腿之间有水样波纹，下身着戎服，足蹬火轮，神态威严（图2）。据调查，该佛像为信徒在清末按已毁坏的塑像原貌重塑，外貌特征与晋江草庵摩尼佛的石雕像极为相似，按当地信徒说法是孩儿脸大人身[1]。

第二身绢本摩尼光佛像见于福寿宫保存的清绘《明教文佛祖殿全景图挂轴》。该画长约1.6米，宽90厘米，画的左上方是明教文佛，即摩尼光佛，右上方是度师真人，即北宋摩尼教主林瞪，他们的上方各悬挂着灯笼，灯笼上分别对应写着"明教文佛"与"度师真人"字样（图3）。林瞪身着八卦衣，留有八字胡，神态安祥；摩尼光佛身着戎装，手持宝剑，满身英气，却为童子脸。二主神以下绘王天君，其左右二侧分绘四大护法，即李天君、赵天君、张天君和马天君。他们本为道教护法师，这里成为摩尼教的护法神。诸天君手持戟、锏等兵器，神态严肃，威武雄壮。最下方为两个部将、一个马夫和一匹马。挂轴所见"明教文佛"与"度师真人"字样，同于庙内清代香炉上的题字。相同的题字又见于福州近期发现的民国时期文物——明教"护身符"。该符正背二

[1] 李林洲：《福州摩尼教重要遗址——福州台江义洲浦西福寿宫》，第44页。

图2　夹苎脱胎摩尼光佛像　　　　图3　清绘《明教文佛祖殿全景图挂轴》

面皆阴刻楷字，正面为："驻镇浦西同善堂度师真人、明教文佛香火。"背面为："驾前马张赵李四大元帅香火。谊儿王銮英。"[1]这里的"明教文佛"与"度师真人"可与福寿宫及《明教文佛祖殿全景图挂轴》所见相对应；马张赵李四大元帅又恰与挂轴所见四护法神——李天君、赵天君、张天君和马天君——相对应。

　　第三身壁画，现已模糊不清，只能看出大概的轮廓，应是依照前揭《明教文佛祖殿全景图挂轴》而绘上去的，所以内容完全相同，兹不赘。

　　第四身为泥塑，摆放于福寿宫正殿之正壁（即北壁），与度师真人林瞪并肩而坐，度师真人座下另有圆形莲台。二像前摆放五尊护法神像，泥塑彩绘，威武雄壮，自左而

[1] 林利本、林山杉：《福州发现明教文物"护身符"》，《福州晚报》2008年9月13日。

右依次应为李天君、赵天君、王天君、张天君和马天君。主祀人物形象与《明教文佛祖殿全景图挂轴》相比有很大变化，如林瞪由八字胡变成了络腮胡，摩尼光佛手持宝剑，造型与挂轴所见不同，却与夹苎脱胎摩尼光佛像近似，只是衣服由紫红色而变为金黄色（鎏金）。香案外为金色帷幔，刺绣"明教文佛祖殿"六字（图4）。

图4　福寿宫主供像与香案

## 二　偶像崇拜与摩尼教教义的冲突

摩尼光佛之偶像，不惟见于福州福寿宫，而且还见于福建许多地区与摩尼教相关的宫庙，如闽侯县上街镇石砂村宫庙木雕像（仿自福寿宫夹苎脱胎摩尼光佛像），晋江草庵石刻像，草庵附近苏内村水尾宫（境主宫）木雕像和画像，晋江东石镇木刻像，霞浦柏洋乡上万村木雕像，现知者已有十身之多。

如所周知，摩尼教形成于3世纪中叶，是由波斯人摩尼在祆教（拜火教）理论的基础上吸收基督教诺斯替派和佛教的教义及思想而形成的。

基督教一贯反对偶像崇拜。《旧约圣经·耶利米书》第十章言："众民的风俗是虚空的。他们在树林中用斧子砍伐一棵树，匠人用手工造成偶像。他们用金银妆饰它，用钉子和锤子钉稳，使它不动摇。它好像棕树，是镟成的，不能说话，不能行走，必须有人抬着。你们不要怕它。它不能降祸，也无力降福。"所以基督教把佛教蔑称为偶像教。

其实，佛教并非一开始就是偶像教。原始佛教认为佛在心中，不主张个人崇拜，不立寺庙，不修佛像。只是随着佛教的发展和传播，尤其是希腊、罗马造像传统对印度西北部造成影响，至贵霜王朝迦腻色伽一世时，才最早出现了佛像，见于当时铸造的硬币之上，其中既有释迦牟尼佛立像[1]，也有弥勒佛坐像[2]。时当公元1—2世纪左右，比佛教的形成，要晚七八个世纪之久。

祆教一开始同样是反对偶像崇拜的。公元前5世纪，古希腊作家希罗多德所著《历史》对当时波斯人祀神的情况有如下记载：

> 他们不供养神像，不修建神殿，不设立祭坛，他们认为搞这些名堂的人是愚蠢的。我想这是由于他们和希腊人不同，他们不相信神和人是一样的。然而他们的习惯是到最高的山峰上去，在那里向宙斯奉献牺牲，因为他们是把整个穹苍称为宙斯的。他们同样地向太阳和月亮，向大地、向火、向水、向风奉献牺牲。[3]

说明在当时，祆教也无崇拜偶像的传统。及至公元前5世纪末至前4世纪初，该教才开始明显实行偶像崇拜了[4]。

如同原始佛教和原始祆教一样，原始摩尼教同样是主张不立寺庙、不拜偶像的。摩尼在传教之初即主张"祈祷神灵，不需要建寺院"[5]；而且，如同基督教、原始佛教和原始祆教一样，不仅不拜偶像，而且是极力反对偶像崇拜的。大量的摩尼教文献中都可证明这一点。

摩尼教敦煌写本S. 2659《下部赞·此偈你逾沙忏悔文》有载："于七施、十戒、三印法门，若不具修，愿罪销灭！"[6]何为十戒？阿拉伯学者奈丁（al-Nadīm）

［1］〔日〕田边胜美：《ガソダーラかろ正仓院へ》第一章《ガソダーラ仏の起源》，同朋舍，1988年版，第28页，图版II，图16~17。

［2］同上书，第28页，图版II，图18。

［3］George Rawlinson, "The History of Herototus," *Great Books of the Western World,* vol. 6. I. 131, The University of Chicago, 1952, p. 31；〔希腊〕希罗多德著，王以铸译：《希罗多德历史》上册，商务印书馆，1985年版，第68页。

［4］张小贵：《中古华化祆教考述》，文物出版社，2010年版，第60页。

［5］А. М. Беленицкий, "Вопросы Идеологии и Култов Согда по Материалам Пянжикентсих Храмов," *Ивопис Древнего Пянжкента,* Москва, 1954, стр.64.

［6］中国社会科学院历史研究所等编：《英藏敦煌文献（汉文佛经以外部分）》第4卷，四川人民出版社，1991年版，第157页；林悟殊：《摩尼教及其东渐》附录，中华书局，1987年版，第264页；芮传明：《东方摩尼教研究》附录《摩尼教汉语典籍校注》，上海人民出版社，2009年版，第419页。

《群书类述》有载，即不拜偶像、不妄语、不贪欲、不杀生、不奸淫、不偷盗、不欺诈、不行巫术、不二见（怀疑宗教）、不怠惰，其中，不拜偶像和不杀生，分别被列为摩尼教"十大戒"之首位与第四位[1]。吐鲁番出土摩尼教赞美诗《胡威达曼》（Huyadagmān）有言："没有任何一个偶像、祭坛或神像，会把他们救离地狱。"[2]另一件吐鲁番出土的摩尼教颂诗更是直言："所有那些崇拜偶像的人，都将走向灭亡。"[3]

既然偶像崇拜有违摩尼教戒律，并且饱受诅咒，福州福寿宫何以会有摩尼光佛雕像呢？尤有进者，该摩尼光佛像还手持利剑，一身戎装打扮，满脸杀气，显然与"尚和"的摩尼教教义不合。这又是为什么？还有，福寿宫摩尼光佛像为孩儿脸大人身，何以如此？总之，福寿宫摩尼光佛像所蕴涵的亟待发覆探讨的问题不在少数。

## 三　福寿宫摩尼教偶像崇拜的历史缘由

早些年前，当霞浦与福州诸地的摩尼光佛造像尚不为学界所知时，林悟殊先生即针对泉州市晋江草庵所见的摩尼光佛石刻，对摩尼教的偶像崇拜问题进行了探讨，指出"中亚的摩尼教团是没有神像或偶像的崇拜"的，所以，"泉州摩尼教的偶像崇拜自然就不是继承中亚摩尼教团传统，而是外来摩尼教在中国特定条件下嬗变的产物"[4]。诚得的之论。遍检唐代汉文文献，不曾发现有任何文字道及摩尼教诸神及教主之形象。这至少说明，摩尼教初入华时，很可能尚没有图像，退一步说，即便有图像，也流传未广，故未引起社会的关注。

迟至12世纪初，在中国的两浙和福建等地区，始有摩尼教教主形象及诸神画像之记载[5]。《宋会要辑稿·刑法二》记载宣和二年（1120）某臣僚言：

明教之人所念经文，及绘画佛像，号召《讫思经》《证明经》《太子下生经》《父母经》《图经》《文缘经》《七时偈》《日光偈》《月光偈》《平文》《策汉

[1] B. Dodge, *The Fihrist of Al-Nadim,* New York: Columbia University Press, 1970, p. 789.

[2] Mary Boyce, *The Manichaean Hymn-Cycles in Parthian,* Oxford University Press, 1954, p. 65; H. J. Klimkeit, *Gnosis on the Silk Road:Gnotic Texts from Central Asia,* San Francisco, 1993, p. 104; 芮传明：《摩尼教帕提亚语赞美组诗〈胡亚达曼〉译释》，《西域研究》2012年第2期，第84页。

[3] Mary Boyce, *A Reader in Manichaean Middle Persian and Parthian,* Leiden, 1975, p. 175; H. J. Klimkeit, *Gnosis on the Silk Road: Gnoric Texts from Central Asia,* San Francisco, 1993, p. 127.

[4] 林悟殊：《元代泉州摩尼教偶像崇拜探源》，《海交史研究》2003年第1期，第65~75页。

[5] 有关研究可参见Zauzsanna Gulácsi, "A Manichaean Portrait the Buddha Jesu (yishu fo zheng): Identifying a Twelfth century Chinese Painting from the Collection of Seiun-ji Zen Temple," *Artibus Asiae,* vol.69,no.1, 2009, pp. 91-145. 〔美〕古乐慈著，王媛媛译：《一幅宋代摩尼教〈夷数佛帧〉》，《艺术史研究》第10辑，中山大学出版社，2008年版，第139~190页。

赞》《策证明赞》《广大忏》《妙水佛帧》《先意佛帧》《夷数佛帧》《善晋帧》
《太子帧》《四天王帧》。

"帧"即画像。《妙水佛帧》《先意佛帧》《夷数佛帧》《善晋帧》《太子帧》
《四天王帧》指的就是摩尼教诸神的画像。而其中的《太子帧》，就应为教主摩尼之画
像[1]。这无疑证明了宋代明教确曾流行圣像崇拜的史实。另，陆游《渭南文集》也提
到了福建明教的图像，其称之为"妖像"：

> 其神号曰明使。又有肉佛、骨佛、血佛等号。白衣乌帽，所在成社。伪经妖
> 像，至于刻板流布。[2]

可见宋代东南沿海摩尼教中神像崇拜现象之广泛流行。何乔远《闽书》记载
道："至道中，怀安士人李廷裕，得佛像于京城卜肆，鬻以五十千钱，而瑞相遂传闽
中。"[3] 王媛媛认为，此摩尼"佛像"实为一画像而非塑像，该画像可能就是此后福
建明教神像的原形[4]。此说是否得当，尚需今后的发现予以验证。值得注意的是，上
文所言崇拜对象显然是明教诸神，而非止于教主一人，且未提及偶像。这可能与其秘密
结社的性质有关。泉州草庵、福州福寿宫的摩尼偶像则是元代及以后出现，处于官方宗
教政策较为宽松的时代。

就摩尼教偶像崇拜出现的原因，近年已有学者论及，如吴幼雄《泉州宗教文化》一
书中有云：

> 宋代温州的明教是"绘画佛像"崇拜，而陆游在福州见到的明教徒也是绘画
> "妖像"奉祀。元代晋江华表山草庵明教寺却是"喜舍本师圣像"，以求"考妣早
> 生佛地"。教徒雕刻摩尼光佛石像，是偶像崇拜。这是违反摩尼教十条戒命的第一
> 条"不拜偶像"和第七条"不行邪道"规定的。由此，可以看出元代泉州的明教，
> 因自唐宋以来长期处在秘密地位活动，逐渐受佛教、道教的影响，而渐渐改变它原
> 来的面貌，以至演变为偶像崇拜的宗教了。[5]

按，摩尼教本无神像或偶像的崇拜，但中国东南沿海摩尼教却不如此，偶像崇拜相
当流行。何以如此？应是受中国传统文化影响所致。多神崇拜在古代中国是常见现象，
平民百姓惟恐神祇少不敷用，多多益善。他们未必能理解和接受各种宗教的学说、教条
和戒律等，但对其神则殆怀敬畏之心，并不排斥，甚至主动接受，为己所用，以增加禳

[1] 林梧殊：《霞浦科仪本〈奏教主〉形成年代考》，《九州学林》第31辑，上海人民出版社，2013年版，
第114页。

[2] （宋）陆游：《渭南文集》卷五《条对状》，《陆放翁全集》上册，中国书店出版社，1986年版，第27页。

[3] （明）何乔远：《闽书》卷七《方域志》，福建人民出版社，1994年版，第172页。

[4] 王媛媛：《汴京卜肆与摩尼教神像入闽》，《故宫博物院刊》2009年第3期，第95~112页。

[5] 吴幼雄：《泉州宗教文化》，鹭江出版社，1993年版，第293~294页。

灾纳福的机率。外来宗教要在这样的社会土壤中生存，并传播其教，就不得不适应这种环境。故曰，福建摩尼教之偶像崇拜，应是特殊环境下的变异。

## 四 福寿宫摩尼光佛孩儿脸形象探原

福寿宫摩尼光佛像以孩儿脸大人身为外部表现，这种形式不惟福寿宫，在福建各地的摩尼光佛造像中很常见，如晋江苏内村水尾宫（境主宫）和草庵摩尼光佛像都是如此。为明晰起见，谨选取三者头像，布列于下（图5）。

图5 孩儿脸形象摩尼光佛

左：福州福寿宫摩尼光佛头部
中：晋江苏内村水尾宫摩尼佛头部[1]
右：晋江草庵摩尼光佛头部[2]

另外，在霞浦上万村也有用于祭祀的木刻摩尼光佛像（图6），系樟木制作，约有10多厘米高，旧漆略有脱落。结跏趺坐，双眼微闭，或结禅定印，呈静思状。着开襟道袍，无扣，腰束绦带，开胸领口处呈长方框，其头带扇状高冠，冠顶有圆形发结，帽沿三侧皆刻有坐姿佛像，仅残存帽冠正面小佛，双手合掌相，坐于光圈内。头发在脑后扎成两绺，披于双肩，末端各散为三绺。整个造像体形丰满，庄重大方，疑系明代以前

---

[1] 图见Samuel N. C. Lieu, "Manichaean Remains in Jinjiang晋江," in Samuel N. C. Lieu&Lance Eccles&Lain Gardner&Ken Parry, eds., *Medieval Christian and Manichaean Remains from Quanzhou (Zayton)*, Turnhout: Brepols, 2012, p. 82, figs. 15-16.

[2] 吴文良：《泉州宗教石刻》，科学出版社，1957年版，第44页，图107；增订本，科学出版社，2005年版，第441~442页，图C 2. 1-2。Samuel N.C. Lieu, "Manichaean Remains in Jinjiang晋江," in Samuel N. C. Lieu&Lance Eccles&Lain Gardner&Ken Parry, eds., *Medieval Christian and Manichaean Remains from Quanzhou (Zayton)*, Turnhout: Brepols, 2012, p. 72, fig. 7.

文物。每逢重大法事，皆会带去以奉道坛之上[1]。其造型，与粘良图先生于晋江所发现的两尊木刻像（后文图7、8）[2]颇为近似，都为童子脸形象，只是不若图5所示三尊摩尼光佛像那么清晰、明显，相异之处主要在于霞浦所见未坐莲花座，而晋江的两尊都坐于莲座之上。

可以看出，福建各地所见摩尼光佛像，不管雕塑与绘画，都无一例外地表现为孩儿脸大人身，形象奇异，颇值得玩味。这种风格的形成，当非凭空而来，应是有迹可循的。20世纪70年代在埃及发现的希腊文《科隆摩尼古卷》中摩尼对自己的成长经历有如是叙述：

图6　霞浦上万村木刻摩尼光佛像

　　四岁时我在浸礼派中抚养长大，然后我接受其教导，当时我的身体尚幼，由诸明使之力引导，受命于光明夷数的极大力量保护着我。……如是，从四岁到我成人，我［秘密地］在最纯洁的天使们和神圣力量的手中得到保护。[3]

阿拉伯学者比鲁尼（Al-Bīrūnī）所著《编年史》（Athār-ul-Bākiya）所引摩尼所撰《沙卜拉干》（Šābuhragān）也记载说：

　　据摩尼在其所著《沙卜拉干》中书籍先知降临一章中自己的陈述，……巴比伦星占学家纪元第539年，……这个十三岁的男孩受到了神圣的启示。[4]

《群书类述》中也有关于摩尼出生到成年的情况记载：

　　摩尼幼年时即已能言善辩，当他十二岁时，启示降临于他。……他告诉他：

[1] 陈进国、林鋆：《明教的发现——福建霞浦县摩尼教事迹辨析》，李少文主编：《不止于艺——中央美院"艺文课堂"名家讲演录》，北京大学出版社，2010年版，第380页。

[2] 粘良图：《晋江草庵研究》，厦门大学出版社，2008年版，彩图24、25。

[3] Lain Gardner&Samuel N. C. Lieu, *Manichaean Texts from the Roman Empire*, Cambridge University Press, 2004, p. 49.

[4] Muhammad ibn Ahmad al-Bīrūnī, *Chronologie orientalischer Völker*, Leipzig: Brockhaus,1878, p. 207; C. Edward Sachau, *The Chronology of Ancient Nation: an English version of the Arabic text of the Athār-ul-Bākiya of AlBīrūnī, Or, "Vestiges of the Past," Collected and Reduced to Writing by the Author in A.H. 390-1, A.D. 1000*, London, 1879, p. 190.

"离开这个教派，因为你不是其信徒。你会洁身自好，远离肉欲，但是，现在还不是你公开显现的时候，因为你年龄尚幼。"[1]

通过早期摩尼教文献的记载，可知摩尼在幼年时即已得到了诸神的佑护。无独有偶，在近期发现于福建霞浦的科仪书中，也有摩尼幼年成神的记载，如《摩尼光佛·下生赞》第297~304行描写了摩尼出生、出家及成道的过程：

十月满，将花诞，出诣娇培，涌化胸间。地涌金莲，捧天洒甘露。十方诸佛尽欢忻，三毒魔王悲烦恼。巍巍宝相，凡间难比。嫔妃仰止，咸迎太子归宫里。年四岁出家，十三成道，便破水洗于今阉默圣，引观三际初、中、后，事皆通知，般般无凝（碍），渐次前行，薄斯、波鲁诸国，龙天八部，咸仰德，人人赞。[2]

上述文献中也把摩尼描述为四岁出家，十三岁成道降魔，在《摩尼光佛》颂赞五佛时，也说摩尼"四岁出家辞国位"，《吉祥道场门书》抄本中也说摩尼"四岁出家"。由是可证摩尼应该是少年时代成佛，而福寿宫供奉的摩尼光佛形象刚好具有孩儿脸的特征。《摩尼光佛》第507~508行载其"托化在王宫，示为太子说法，转金轮，有缘蒙济度"[3]。近期，日本奈良大和文华馆收藏的一幅元代中国画得到刊布，吉田丰和古川摄一分别撰文对这幅绘画进行了细致研究，指出其内容当为摩尼诞生图。画中摩尼为裸体幼童，上举左手指向天空，下垂右手指向地面[4]。这一场景使人不由联想起释迦牟尼佛诞生的画面："行七步，举手而言：'天上天下，唯我独尊。'"[5]这一佛传故事后来也被道教所模仿："老君既生，能行九步，……左手指天，右手指地，言曰：'天上天下，唯我独尊。世间诸苦，何足乐闻。'"[6]日藏摩尼诞生图，即应是模仿佛道而稍作变通的结果[7]。

总之，摩尼光佛像之童子脸，于史有据，福建当地民间艺人从而据之塑造出既有别于佛教，又不同于道教的摩尼光佛形象。

———————————

[1] B. Dodge, *The Fihrist of Al-Nadim*, New York: Columbia University Press, 1970, p. 774.

[2] 杨富学、包朗：《霞浦摩尼教新文献〈摩尼光佛〉校注》，提交"暨南中外关系史高层论坛"（珠海，2013年12月5~6日）论文。

[3] 同上。

[4] 〔日〕吉田丰：《マニ教降诞图について》，《大和文华》第124号"マニ教降诞图特辑"，大和文华馆，2012年版，第1~10页；〔日〕古川摄一：《マニ教降诞图试论》，《大和文华》第124号"マニ教降诞图特辑"，第11~22页；〔日〕吉田丰、古川摄一编：《中国江南マニ教绘画研究》，临川书店，2015年版，第128~137页，图版14。

[5] （东汉）竺大力、康孟祥译：《修行本起经》卷上，《大正藏》第3卷，No. 184，第463页下栏。

[6] （唐）杜光庭：《墉城集仙录》卷一《圣母元君》，《中华道藏》第45册，华夏出版社，2004年版，第193页上栏。

[7] 王媛媛：《日藏"摩尼降诞图"之再解读》，《西域研究》2014年第3期，第77~85页。

## 五　福寿宫摩尼光佛戒装像析疑

福寿宫摩尼光佛雕像最与众不同处，在于手持长剑而以一袭戎装示人，使人颇感疑惑。职是之故，林悟殊先生断言："其手持宝剑，更与摩尼教义格格不入；缘摩尼教反对杀生，其僧侣不仅不能伤害动物，连植物也不能损害，如是，教主本人不可能以一个斗士的形象出现。"[1] 在当时资料稀少的情况下，林先生之言自非虚妄，值得信从。但2008年10月以来，福建霞浦发现了大量有关摩尼教的民间科仪文本资料，对于理解这尊以戎装示人的摩尼光佛像大有裨益。

众所周知，摩尼教教义反对杀生，其僧侣不仅不能伤害动物，连植物也不能损害。敦煌本出土摩尼文回鹘语《摩尼教徒忏悔词》（编号为Or. 8212-178，旧编号ch. 0015）所列十戒中，有两戒与杀生有关，其一为第五戒：杀死生物；其二为第十戒：导致生物毁灭[2]。敦煌本《下部赞·普启赞文》中这样写道："具足善法五净戒。"[3] 根据粟特语写本的解释，五净戒即真实、不害、贞洁、净口和安贫。"不害"就是禁止从事任何可能伤害光明分子的工作，即不要从事耕田、采集、收获和杀害任何动植物的事情。伤害植物在摩尼教中是很严重的罪过，是摩尼教徒（听者）忏悔的十五项内容之一，伤害食物、饮料、土地、动物、植物里的光明分子，即伤害了空气、风、光明、水和火等五位一体神。所以，关于摩尼教徒反对杀生，禁止伤害动植物的观点，是毋庸置疑的。另外，摩尼教崇尚和平，与佛教颇类，"反对以斗争的手段来改变苦难的现实，只是要信徒洁身自好，行善修道"[4]。敦煌本《摩尼教残经》即要求信徒们"不乐斗诤喧乱，若有斗诤，速即远离；强来斗者，而能伏忍"，"心恒慈善，不生忿怒……常怀欢喜，不起恚心……于一切处，心无怨恨……心不刚强，口无粗恶"[5]。

入华后的摩尼教在唐会昌三年曾遭受灭顶之难。当时，摩尼教所怙恃的回鹘汗国土崩瓦解，失去了靠山，而一向痛恨摩尼教的唐武宗遂拿摩尼教开刀问斩。会昌三年，唐

[1] 林悟殊：《福州浦西福寿宫"明教文佛"宗教属性辨析》，《中山大学学报》2004年第6期，第120页。

[2] J. P. Asmussen, *Xuāstvānīft--Studies in Manichaeism* (Acta Theol. Danica,vol.7), Copenhagen: Prostant apud Munksgaard, 1965, pp. 173, 195; L. V. Clark, *Uygur Manichaean Texts: Volume II: Liturgical Texts*, Turnout: Brepols, 2013, pp. 16, 90.

[3] 中国社会科学院历史研究所等编：《英藏敦煌文献（汉文佛经以外部分）》第4卷，四川人民出版社，1991年版，第147页；林悟殊：《摩尼教及其东渐》附录，第242页；芮传明：《东方摩尼教研究》附录《摩尼教汉语典籍校注》，第397页。

[4] 林悟殊：《摩尼教的二宗三际论及其起源初探》，《世界宗教研究》1982年第3期，第55页；收入氏著《摩尼教及其东渐》，第29页。

[5] 中国国家图书馆编：《国家图书馆藏敦煌遗书》第4册，北京图书馆出版社，2005年版，第363~364页；林悟殊：《摩尼教及其东渐》附录，第226、227页；芮传明：《东方摩尼教研究》附录《摩尼教汉语典籍校注》，第374、375页。

武宗下令对摩尼教和僧众进行抄检："诏回鹘营功德使在二京者，悉冠带之。有司收摩尼书若像，烧于道，产赀入之官。"[1]继之，开始屠杀摩尼师僧侣，据日本旅唐僧圆仁记载："（会昌三年）四月中旬，敕下，令煞天下摩尼师。剃发，令着袈裟，作沙门形而煞之。"[2]此后，摩尼教便在中原地区销声匿迹了，摩尼教的传教活动自然也由合法变成了非法。

在此情况下，唐朝统治基础薄弱，而且古来民间信仰兴盛而繁杂的福建地区成为摩尼教的避难之所。会昌法难不久，回鹘摩尼僧呼禄法师逃亡福建，遂以泉州为中心，继续传播摩尼教[3]。何乔远《闽书》言：

> 摩尼佛名末摩尼光佛，苏邻国人。又一佛也，号具智大明使，……会昌中汰僧，明教在汰中。有呼禄法师者，来入福唐，授侣三山，游方泉郡，卒葬郡北山下。[4]

在五代至宋以后，摩尼教被教外人士称作明教，以其崇尚光明之故也。该教的传播，一直以福建为中心，受当地流行的各种宗教的影响，与传统的摩尼教相比，已发生了重大变异，诚如沙畹、伯希和所言：

> 吾人须知者，真正之摩尼教，质言之，大摩尼自外来所传布之教，已灭于八四三年之敕，尚存者为已改之摩尼教，华化之摩尼教耳。[5]

摩尼教自会昌灭法后，潜形民间，为求自保，逐步形成了尚武的传统。及至宋代，当时流行之摩尼教，除在核心教义方面仍主张明暗二宗外，在诸如传教方式、组织形式等方面都已大变，远非原始摩尼教之面目。尤有进者，宋代摩尼教每每因受累于方腊起义而被官方恶称为"吃菜事魔"[6]。

一种意见认为，在宋代存在两支摩尼教，即公开传教派和秘密教派，朱瑞熙首倡此说[7]。嗣后，林悟殊将此说引申为寺院式摩尼教和秘密结社式摩尼教[8]。但王见川不同意此说，认为不管乡村、城市乃至深山的明教拥有相同的经典，所事的佛与所行的戒

[1]《新唐书》卷二一七下《回鹘传下》，中华书局点校本，1975年版，第6133页。

[2]〔日〕圆仁著，白化文等校注：《入唐求法巡礼行记校注》卷三，花山文艺出版社，1992年版，第416页。

[3]杨富学：《〈乐山堂神记〉与福建摩尼教——霞浦与敦煌吐鲁番等摩尼教文献的比较研究》，《文史》2011年第4期，第150~158页；《回鹘摩尼僧开教福建补说》，《西域研究》2013年第4期，第109~117页。

[4]（明）何乔远：《闽书》卷七《方域志》，第172页。

[5]〔法〕沙畹、伯希和著，冯承钧摘译：《摩尼教流行中国考》，《西域南海史地考证译丛八编》，中华书局，1958年版，第53页。

[6]杨富学、史亚军：《"吃菜事魔"名实再探》，《山西大学学报》2014年第3期，第32~38页；收入张小贵主编：《三夷教研究——林悟殊先生古稀纪念论文集》，兰州大学出版社，2014年版，第35~49页。

[7]朱瑞熙：《论方腊起义与摩尼教的关系》，《历史研究》1979年第9期，第74~78页。

[8]林悟殊：《宋元时代中国东南沿海的寺院式摩尼教》，《世界宗教研究》1985年第3期，第103~111页；氏著《摩尼教及其东渐》，第145~158页。

法亦相同，所以根本不存在所谓的"两条路线"或"正统与秘密发展"的问题[1]。马小鹤先生通过对霞浦新文书《奏申牒疏科册》的研究，认为宋代摩尼教为平民化而非官僚化，大众化而非精英化[2]。不管是何种形式，福建摩尼教的总趋势是地下活动，主要是在民间传播，并逐步发生转型，形成了极其严密的师徒体系和堂口化组织[3]。王质《论镇盗疏》中曾提到：

> 臣往在江西，见其所谓食菜事魔者，弥乡亘里，诵经焚香。夜则阒然而来，旦则寂然而亡。其号令之所从出，而语言之所从授，则有宗师。宗师之中，有小有大，而又有甚小者。其徒大者或数千人，其小者或千人，其甚小者亦数百人……故其宗师之御其徒，如君之于臣，父之于子。而其徒之奉其宗师，凛然如天地之神明之不可犯，较然如春夏秋冬之不可违也。虽使之蹈白刃、赴汤火，可也。[4]

从中可知，明教组织自有宗师，负责出其号令，授其语言，而宗师又有小有大，层次严密。下层徒众大者或数千人，小者或千人，更小者数百人，宗师与徒众的关系密切。北宋人廖刚言："今之吃菜事魔，传习妖教，正此之谓。臣访闻两浙江东西，此风方炽。倡自一夫，其徒至于千百为群，阴结死党。"[5]庄绰亦言："事魔食菜……其魁谓之魔王，为之佐者，谓之魔翁、魔母。"[6]可见当时闽浙一带各种名目的与摩尼教有关的堂口组织甚众。

堂口组织的出现，本身就有违摩尼教的教义。敦煌本《摩尼教残经》云："当知是师有五记验：一者不乐久住一处，如王自在；亦不常住一处，时有出游。"[7]说明摩尼是反对僧侣久住一处的，而要经常出游，以便教义的弘传，故每年在传教之初，主张"祈祷神灵，不需要建寺院"[8]。只是摩尼教成为回鹘国教后，寺院才大张旗鼓得到兴建，成为回鹘与粟特商人侵占并囤积财物的场所[9]。宋太祖乾德四年（966），福建

[1] 王见川：《从摩尼教到明教》，新文丰出版公司，1992年版，第321页。

[2] 马小鹤：《摩尼教与济度亡灵——霞浦明教〈奏申牒疏科册〉研究》，《九州学林》2010年第3期，第47页。

[3] 杨富学：《〈乐山堂神记〉与福建摩尼教——霞浦与敦煌吐鲁番等摩尼教文献的比较研究》，第158~166页。

[4] （宋）王质：《论镇盗疏》，《雪山集》卷三，商务印书馆，1935年版，第26页。

[5] （宋）廖刚：《高峰文集》卷二《乞禁妖教劄子》，四库全书本。

[6] （宋）庄绰：《鸡肋编》卷上，中华书局，1983年版，第11~12页。

[7] 敦煌写本《摩尼教残经一》，录文载林悟殊：《摩尼教及其东渐》附录，第225页；芮传明：《东方摩尼教研究》附录《摩尼教汉语典籍校注》，第373页。图版见中国国家图书馆编：《国家图书馆藏敦煌遗书》第4册，第363页。

[8] А. М. Беленицкий, "Вопросы Идеологии и Култов Согда по Материалам Пянжикентсих Храмов," Ивопис Древнего Пянжкента, Москва, 1954, стр.64.

[9] 杨富学：《回鹘摩尼寺的形成及其功能的异化》，《吐鲁番学研究》2012年第2期，第44~68页。

出现了第一座摩尼教寺院——霞浦上万村龙首寺，元初改名为乐山堂，成为东南沿海摩尼教的第一个堂口。此后，堂口之风蔓延，及于福建、浙江多个地区。庄绰言事魔食菜"近时事者益众，云自福建，流至温州，遂及二浙"[1]。温州苍南《林氏族谱》（清抄本）奉林瞪为八世祖，证明苍南林氏是由霞浦上万村迁移过去的，印证了庄绰所谓温州摩尼教来自福建的记载[2]。堂口组织内部均以师徒名分相维系，教徒唯教主马首是瞻，结构严密而渐趋完善。

对于明教的祖师体系，新近发现于霞浦的《乐山堂神记》和《明门初传请本师》两本科册，更有完整的记载。如《神记》第3页载："灵源传教历代宗祖：胡天尊祖师、胡古月祖师、高佛日祖师，乐山堂开山地主孙绵大师、玉林尊者（即林瞪）、陈平山尊者"，一直到近代的谢氏、詹氏法师[3]。同一祖师系统，《明门初传请本师》记载为："灵源传教历代宗师胡天尊祖师、高佛日祖师。"内容与《乐山堂神记》对应，唯阙胡古月一名。笔者考证，胡古月当衍[4]。

通过对乐山堂开山祖师孙绵和林瞪师承的追溯，霞浦的第一代摩尼教高僧西爽大师应师承自高佛日，再传至陈诚庵，由陈再传至孙绵，则传承关系为呼禄法师（胡天尊）→高佛日（或胡高佛日）→西爽大师→陈诚庵→孙绵→林瞪（玉林尊者）。若以一辈相差20至25年计算，自843年摩尼教遭禁至966年孙绵建寺，共历123年，时间上大致吻合。

对于摩尼教堂口组织，王居正所言更为明显："臣闻事魔者，每乡或村有一二桀黠，谓之魔头，尽录其乡村姓氏名字，相与谊盟为事魔之党。"[5]宣和间于温州出现的明教斋堂就有四十多所，"并是私建无名额佛堂"[6]。其广布程度可见一斑。而这种堂口组织，应肇始于福建霞浦的乐山堂。且闻名于世的福建晋江草庵，从其地出土的一件刻有"明教会"黑釉碗来看，亦很可能是明教的堂口。于此可知，明教徒一入教门，则完全受控于宗师，整个组织由上到下、由大到小形成了极为严密的堂口化体系，这些明教徒平日修炼诸如"二会子""金刚禅"等名目的左道法术，表现得极为神秘。

而明教徒之所以有此行为，其实不难理解，据上所论，摩尼教在方腊起义后受到北宋官方的极力镇压，南宋时亦如是。是故，转入地下的摩尼教徒为求自保，开始崇尚武力并与官府作对。他们崇尚强硬的法术，建立严密的使徒体系和堂口组织，并积极吸收

［1］（宋）庄绰：《鸡肋编》卷上，第11页。

［2］杨富学：《〈乐山堂神记〉与福建摩尼教——霞浦与敦煌吐鲁番等摩尼教文献的比较研究》，第166页。参见林顺道：《摩尼教传入温州考》，《世界宗教研究》2007年第1期，第131页。

［3］杨富学：《〈乐山堂神记〉与福建摩尼教——霞浦与敦煌吐鲁番等摩尼教文献的比较研究》，第138~139页。

［4］杨富学：《林瞪及其在中国摩尼教史上的地位》，《中国史研究》2014年第1期，第111页。

［5］（宋）李心传：《建炎以来系年要录》卷七六，中华书局，1956年版，第1248页。

［6］（清）徐松辑：《宋会要辑稿·刑法二》之七八~七九。

佛、道及民间左道，以壮大自身的实力[1]。在《乐山堂神记》中，就拜请有一众明门武将，其中第3页有"本坛明门都统……贞明法院三十六员天将、七十二大吏兵、雄猛四梵天王、俱孚元帅"云云，同时收有桃源境瑜伽坛内合坛圣众，闾山法坛的文武将帅诸神；第7页有"〔拜请〕桃源境瑜伽坛内合坛圣众，梨园坛内田宝二大师爷，闾山法坛文武将帅"云云，而瑜伽派和闾山派道法都是以强硬法术闻名的，都极具杀伤力和攻击性。《明门初传请本师》中亦拜请有"贞明法院三十六员猛将、七十二大吏兵"诸护法神。另据当地传说，乐山堂第二代堂主林瞪曾赴闾山学法，学成归来后在半路收服马、赵二大元帅，后二人成为教主林瞪的护法，并被吸纳入神祇系统。福寿宫亦供奉福建闾山道法教主许真君，并在正殿两侧塑"三十六天尊"，应即是《乐山堂神记》与《明门初传请本师》中所拜请的"三十六天将"，为霞浦摩尼教护法神系统的主要神祇。

这种以祖师体系和堂口制度为具体表现的摩尼教武化特征，正可与福寿宫摩尼光佛的戎装形象相映证。

明教这种武装化的表现，或可以有助于理解庄绰《鸡肋编》中讲摩尼教徒"甘嗜杀人"之记载，他们认为："人生为苦，若杀之是救其苦也，谓之度人。"[2]论者有言，《鸡肋篇》"内容详实，书中所记多得自亲身见闻，可信性比较高"[3]。信矣。

各种条件的交互作用，促成了摩尼教由尚和向尚武的转化，同时因应形势的变化，大力融摄福建地方文化，尤其是佛教、道教文化，形成了与原始摩尼教迥然不同的全新面貌。诚如沙畹、伯希和所言："其教在闽浙诸地，虽具有佛道二教之外表，然尚不失为摩尼教，二宗三际，未仍变也。"[4]武化后的明教依托于其堂口组织，常以"灭魔"为业，并与政府为敌。南宋道士白玉蟾在《万法归一歌》中写道：

　　　　明教专门事灭魔，七时功德便如何？不知清净光明意，面色萎黄空自劳。

　　　　更有持斋四果徒，九曲江头下铁符。乳香烧尽难成佛，精血元阳搬运枯。

可见明教专门灭魔，并持有符咒法术，这完全是华化后明教的面目。马小鹤先生在论及此时云明教专门灭魔，则类似"事魔"之举不可能是明教的特点[5]。殊不知此"魔"非彼"魔"，"魔"是那些视摩尼教为邪教者之恶称，与此处明教欲灭之而后

---

[1] 参见杨富学、史亚军：《摩尼教与宋元东南沿海农民起义——研究述评与展望》，《宗教学研究》2013年第2期，第242~245页。

[2]（宋）庄绰：《鸡肋编》卷上，第12页。

[3] 庄炳章：《庄绰及其名著〈鸡肋编〉》，许在全主编：《泉州文史研究》，中国社会科学出版社，2004年版，第310页。

[4] Edward Chavannes & Paul Pelliot, "Un traité manichéen rétrouve en Chine: traduit et annoté," *Journal Asiatique*, 1913, p. 378;〔法〕伯希和、沙畹著，冯承钧摘译：《摩尼教流行中国考》，《西域南海史地考证译丛八编》，中华书局，1958年版，第100页。

[5] 马小鹤：《光明的使者——摩尼与摩尼教》，兰州大学出版社，2013年版，第389页。

快的"魔"不可混同。明教之灭魔,正是对外界对己教偏见的回击,也是对官方打压的反抗,更是在不断转型而武化后对现实的否定。这种伴随着左道之术的武装行为极易为农民起义者所接受并利用,"当农民逼上梁山时,往往便抛弃了摩尼教逆来顺受的那些训示,而利用其憎恶现实世界的说教来鼓动群众,利用其光明必胜的信念来激励战斗"[1]。以致明教在后来走上了与农民起义相结合的道路。

北宋方腊起义后,摩尼教遭禁,影响延及南宋。不论方腊本人是否为一位摩尼教首领,摩尼教之遭禁与方腊起义有关是不容置疑的,可以说方腊起义是摩尼教在整个宋代传播的转折点[2]。此后爆发于南宋时期的各种农民起义都被污为"妖贼""魔党",如建炎四年(1130)爆发于鼎州(今湖南常德市)的钟相、杨幺起义,被称为"挟左道惑众",元末农民起义更是以"明王出世"为号召。在明代神魔小说中,北宋庆历七年(1047)发动于贝州(今山东一带)的王则起义,其首领王则也是持"金刚禅""二会子"法术的妖人。可见摩尼教在一些外部特征上于宋代发生了重大的转变,上述这种转变过程,庶几提供一条理解宋元东南沿海地区农民起义吸收、融合摩尼教的线索。是故,可以认为,"宋元时代东南沿海地区频繁爆发的农民起义很多都与摩尼教息息相关"[3]。

综上所述,摩尼教在宋代之转折,拐点为方腊起义。此后摩尼教被官方冠名"吃菜事魔"而饱受迫害,除极少数信徒过起寺院式生活外,大部分走向民间。针对官府的武力禁压,其教众为求自保,积极吸收地方信仰文化,开始了向以祖师体系、堂口制度等为表现的武装化方向转变,使一个在历史上"尚和"的宗教开始转向崇尚武力。福寿宫所供奉的摩尼光佛戎装像,正是这一历史转变的产物,不仅无悖于摩尼教向民间转变的过程,更为摩尼教之武化提供了最佳脚注。

## 六 福寿宫摩尼光佛像与周边及吐鲁番所见摩尼光佛像之比较

摩尼教入华后,和佛道及民间宗教信仰相融合,泉州华表山草庵即是一座典型的佛化摩尼教法堂。此法堂为元代所建,摩尼光佛像也基本保持了元代的旧貌。正殿内依崖凿一圆形佛龛,直径19米,龛内浮雕一尊摩尼光佛坐像,佛身高1.52米,宽0.83米,面容圆润,眉毛隆起,散发披肩,颚下二条长须,脸、身、手三部分巧妙地利用岩石不同的自然色调构设,风格迥异,背雕毫光四射纹饰,世称"摩尼光佛"。从吐鲁番出土摩

---

[1] 林悟殊:《摩尼教的二宗三际论及其起源初探》,第56页;收入氏著《摩尼教及其东渐》,第31页。

[2] 杨富学、彭晓静:《宋代民变与摩尼教的蟠结和原委》,提交"中华文化论坛:第三届宋学国际学术研讨会"(南阳,2014年10月29~30日)论文。

[3] 杨富学:《〈乐山堂神记〉与福建摩尼教——霞浦与敦煌吐鲁番等摩尼教文献的比较研究》,第173页。

图7 晋江苏内村摩尼光佛木雕像（附侧面像）[1]　　图8 晋江东石摩尼光佛木雕像[2]

尼教日月宫图看，泉州摩尼光佛身后呈辐射状的光轮有可能表示新月（也有可能表示背光）。科普特文摩尼教经卷说："日是生命火之船。月是生命水之船。"[3]草庵摩尼光佛浮雕在新月下端刻有水波纹，大概表示生命之水；在日的位置雕刻摩尼像，大概是用摩尼本人雕像来代替太阳。总之，草庵摩尼浮雕像是一种简化形式的摩尼光佛像。

　　此外，在草庵附近苏内村也有一所供奉摩尼教神祇的水尾宫（境主宫），系20世纪30年代重建，寝殿粉壁上画"五境主"，居中者即为"摩尼佛"。其画像造型和草庵摩尼光佛雕像如出一辙。在该村一位曾姓村民家中，还存有一尊年代久远的摩尼光佛木雕造像，高30厘米左右，用樟木雕成，莲座，底部黝黑。摩尼光佛发际中分，在脑后结成两辫，披散肩部（图7），其造型有异于草庵摩尼光佛。无独有偶，在晋江市东南沿海的东石镇，也保存有一尊摩尼光佛木雕造像（图8），其造型与雕刻手法等都与晋江曾

[1] 粘良图：《晋江草庵研究》，彩图24; Samuel N. C. Lieu，"Manichaean Remains in Jinjiang晋江，" in Samuel N. C. Lieu&Lance Eccles&Lain Gardner&Ken Parry, eds., *Medieval Christian and Manichaean Remains from Quanzhou (Zayton)*, Turnhout: Brepols, 2012, p. 81, fig. 14.

[2] 粘良图：《晋江草庵研究》，彩图25。

[3] 梅村：《摩尼光佛像与摩尼教》，《文物天地》1997年第1期，第14~18页。

图9　吐鲁番高昌故城出土
摩尼教卷轴画

姓村民所藏几无二致，惟发型与莲座略有差异。总体观之，当出自同一模本。

相比较而言，新疆吐鲁番所见摩尼光佛像内涵要丰富得多。

吐鲁番所见摩尼光佛像仅有三例，其一为吐鲁番高昌故城出土的摩尼教卷轴残片（MIK III 4947 + MIK III 5 d），残片右侧上部绘制佛陀像，其躯体呈微妙形相特征，以蓝色、金色长袍裹身，有头光，分作三层（鎏金—绘画—鎏金）环绕其身。在佛陀左下侧绘摩尼像，为中心人物（图9）[1]。佛环绕在摩尼周围，究其实，应为次要人物，是作为摩尼的化身而出现的。只是摩尼光佛像损毁十分严重，已无法详究其具体形象。

其二为高昌故城K遗址墙壁内侧的摩尼光佛像壁画，现藏柏林，编号为MIK III 6918，系9—10世纪高昌回鹘王国的遗物。画面以淡蓝色为主，中间绘摩尼教高僧，据学术界推测，此人很可能就是摩尼本人，其周围徒众环侍（图10）[2]。关于这身摩尼像的具体特征，陈垣先生有如下总结："高僧衣白法衣，胸前有绣纹，左肩缀阔绣带，帽施金绣，颈间系黑纽，面长圆，鼻作鸷形，目小而歪，酷似中国人描绘欧洲人之手笔。其背光为新月及太阳，新月作黄金色，太阳作淡红色。环列众僧，则各于胸前间以回鹘及摩尼凯亚文字署名。审其貌，确一亚细亚人也。"[3]此论可谓切中肯綮，得其鹄的。

〔1〕Zsuzsanna Gulácsi, *Manichaean Art in Berlin Collections: A Comprehensive Catalogue of Manichaean Artifacts Belong to the Berlin State Museums of the Prussian Cultural Foundation, Museum of Indian Art, and the Berlin-Brandenburg Academy of Sciences, Deposited in the Berlin State Library of the Prussian Cultural Foundation*, Turnhout: Brepols, 2001, pp. 146-148.

〔2〕A. von Le Coq, Chotscho. *Facsimile-Wiedergaben der wichtigeren Funde der Ersten Königlich Preussischen Expedition nach Turfan in Ost-Turkistan*, Berlin, 1913, Taf. 1（〔德〕勒柯克著，赵崇民译：《高昌——吐鲁番古代艺术珍品》，新疆人民出版社，1998年版，图版1）；Zsuzsanna Gulácsi, *Manichaean Art in Berlin Collections: A Comprehensive Catalogue of Manichaean Artifacts Belong to the Berlin State Museums of the Prussian Cultural Foundation, Museum of Indian Art, and the Berlin-Brandenburg Academy of Sciences, Deposited in the Berlin State Library of the Prussian Cultural Foundation*, Turnhout: Brepols, 2001, pp. 198-201.

〔3〕陈垣：《摩尼教入中国考》，《国学季刊》第1卷第2号，1923年，第224页。文中之"摩尼凯亚"，即

图10
吐鲁番壁画中摩尼及其徒众

其三为吐鲁番高昌故城出土的木板烙画（图11）[1]。木板呈梯形，底边长尺许，中间分上下烙制两身摩尼光佛像，大小一样，均为6厘米高，像侧有模糊不清的题字，系9至11世纪之遗物。1909—1910年初获此物时，奥登堡（С.Ф.Ольденбург）即推定其为摩尼教遗物，但一直未能解读其中的铭文[2]。是后，德国学者谢尔曼（C. Salemann）率先予以解读，后经由宗德曼（Werner Sundermann）继续研究，始知其所用为中古波斯语文，内容为"光明使者之像"。这里的光明使者指的就是摩尼本人[3]。

这幅摩尼光佛像的形象，从外表看颇类基督，应系受基督教影响所致。烙画又称烫画、火笔画，系用火烧热烙铁，然后在物体上熨出烙痕而为画，为汉族古代艺术形式之一，证明吐鲁番摩尼教艺术亦曾受到汉族艺术的影响。

---

Manichaean之音译，"摩尼凯亚文字"，即"摩尼文"也。

［1］Pavel Lurje&Kira Samosjoek, *Expedition Silk Road Journey to the West: Treasures from the Hermitage*, Hermitage Amsterdam, 2014, p. 155, fig. 78.

［2］С.Ф.Ольденбург, *Русская туркестанская Экспединция* 1909-1910 гг., СПб, 1914, ф. 73.

［3］W. Sundermann, "Ein uberschenes Bild Manis," *Altorientalische Forschungen* XII, 1985, p. 173.

图11　高昌故城出土木板烙画摩尼光佛像

　　福寿宫摩尼光佛像亦有日月标志，但表现手法和晋江、吐鲁番所见略有不同。这尊塑像双足下蹬火轮，其圆形日心发散出辐射形光轮，和泉州草庵摩尼光佛像光纹颇为相似。塑像双腿之间水样波纹，恰应"月是生命水之船"之语。《明教文佛祖殿全景图挂轴》最上方屋脊正中有火焰造型，也正是"日是生命火之船"的写照。

　　众所周知，摩尼教与其他宗教最大的区别在于摩尼教把日月奉为真神。宋代的摩尼教译经中就有大量赞美日月的经卷，如《日光偈》《月光偈》等。此外，唐代敦煌写本《摩尼教残经》中这样写道："王者犹如朗日，诸明中最；亦如满月，众星中尊。"[1]庄绰《鸡肋编》也说："事魔食菜……亦诵《金刚经》，取'以色见我'为'邪道'，故不事神佛，但拜日月，以为真佛。"[2]这些都足以证明，摩尼教在传播过程中始终保持着敬崇日月的特点。

　　综观福建与吐鲁番所见摩尼光佛之形象特征，两者差异显而易见。首先，吐鲁番壁画描绘的是摩尼及其徒众在一起的场景，是群体形象，且所有画像都呈站姿，显系宗教

---

[1] 敦煌写本《摩尼教残经一》，录文载林悟殊：《摩尼教及其东渐》附录，第223页；芮传明：《东方摩尼教研究》附录《摩尼教汉语典籍校注》，第372页。图版见中国国家图书馆编：《国家图书馆藏敦煌遗书》第4册，第362页。

[2] （宋）庄绰：《鸡肋编》卷上，第11~12页。

宣传画而非用以宗教膜拜的圣像画[1]。霞浦上万村、晋江草庵和苏内村水尾宫、福寿宫等地的摩尼形象则不同，已完全偶像化，是依本佛陀跌坐受人膜拜的姿态而制作的。二者间存在着质的差别；其次，吐鲁番摩尼像头戴高冠，而冠帽是摩尼教僧侣及其诸神形象所必备的，摩尼所特有的冠帽更成为其本人的象征或替身[2]。福建地区所见10身摩尼光佛形象未见任何冠帽，悉皆长发披肩；其三，也是最值得关注的一点，那就是这10身摩尼光佛像皆为童子脸大人身，而吐鲁番所见留有浓密而长的胡须，为长者形象无疑，二者之间的差异是非常明显的。

吐鲁番摩尼像与福建所见摩尼像何以有如此巨大的差别，颇值得玩味。

吾人固知，摩尼教于武则天时代传入中国，但流传不久即遭到唐玄宗的禁断。开元二十年（732）七月颁布敕令，称："末摩尼法本是邪见，妄称佛教，诳惑黎元，宜严加禁断。以其西胡等既是乡法，当身自行，不须科罪者。"[3]虽然对外来"西胡"摩尼僧免于治罪，但西胡僧在中原既不能发展信徒，自然也就失去了生存土壤，难以久留，故而兹后三十年间，摩尼教在中原销声匿迹。直到763年，回鹘第三代君主牟羽可汗定之为国教，摩尼教才实现了柳暗花明大转折，势力很快由漠北推进到黄河流域和长江流域。会昌元年（840），回鹘汗国灭亡，部众大部西迁至西域及河西走廊一带，中原摩尼教随之失去了依托。会昌三年，武宗灭法，摩尼教首当其冲。其孑遗在回鹘高僧呼禄法师带领下潜入福建，在福州、泉州一带继续传教。兹后，摩尼教在东南沿海和西北地区走向了不同的发展道路。在西北地区，摩尼教继续被回鹘奉为国教，尽管其地位与势力已受到佛教的挑战，而且在佛教的影响下日益式微。东南沿海之摩尼教，因为远离宋元时代摩尼教的两大中心——高昌、敦煌，逐步走向民间化、脱夷化的独立发展道路。在此背景下，西域摩尼教仍然固守不拜偶像的戒律，其崇拜对象不是教中神灵的实体形象，多是一些具有象征意义的宗教符号[4]，如冠帽、树木、莲花座等，而福建摩尼教则借鉴佛道和福建民间信仰偶像崇拜的宣教形式，不受戒律所囿，大造偶像，并以之为宗教仪式的核心内容。

---

[1] 林悟殊：《元代泉州摩尼教偶像崇拜探源》，第77页；王媛媛：《庇麻与头冠——高昌摩尼教圣像艺术的宗教功能》，朱凤玉、汪娟编：《张广达先生八十华诞祝寿文集》下册，新文丰出版公司，2010年版，第1109页。

[2] 林悟殊：《从考古发现看摩尼教在高昌回鹘的封建化》，《西北史地》1984年第4期，第9~16页；收入氏著《摩尼教及其东渐》，第100~110页。

[3] （唐）杜佑著，王文锦等点校：《通典》卷四〇，中华书局，2003年版，第1103页注文。（宋）赞宁《大宋僧史略》卷下同载，但称其为八月十五日，见《大正藏》第54卷，No. 2126，第253页中栏。

[4] 王媛媛：《庇麻与头冠——高昌摩尼教圣像艺术的宗教功能》，朱凤玉、汪娟编：《张广达先生八十华诞祝寿文集》下册，第1109页。

# 七 结论

最初不事偶像崇拜的摩尼教，在入华后出于传教和生存的需要，逐步华化，主要是依托佛教、道教，以求自存。经过会昌灭法以后的摩尼教，因遭受沉重打击，教产被没收，僧徒被杀死，尽管有部分教徒有幸逃出，但势单力孤，在潜入福建后只能以秘密的形式传教，而该教所面临的佛教、道教和民间信仰势力却非常强大，若固步自封，不与之靠拢，则势必难以生存。于是，福建摩尼教不得不更多地依托佛道，进而藉由佛道所盛行的偶像崇拜形式进行宣教，以维系本教命脉的延续。

福寿宫现存的四尊孩儿脸大人身摩尼光佛戎装像，就是当地摩尼教信徒根据经典，糅合民间文化传统，加以改造而创制出来的。孩儿脸形象，通过吐鲁番、埃及等地出土的摩尼教文献以及近期于福建霞浦发现的摩尼教科仪书可得到解释，诚如上文所述。这些说明当地信徒的这一创造并非空穴来风，而是来源有自。最难以理解的一袭戎装形象，通过霞浦摩尼教科仪书也可得到解释，当为摩尼教发生变异的产物。

摩尼教在走下神坛，步入下层民间社会后，为自保求存，不得不改变宣教方式，在组织形式上采用堂口制，以便上下级联络；同时开始崇尚武力、法术；主张强硬霸道，由一个原本"尚和"的宗教渐次转变为尚武的宗教。福寿宫所见摩尼光佛戎装像，正是摩尼教教义发生质变的典型例证。

本文的撰写得到北宋摩尼教教主林瞪公第29代裔孙林鋆先生及其助手张凤女士的大力协助，考察活动得到中共福建省委党校常务副校长陈雄教授、福州市台江区浦西村福寿宫管委会主任肖家铨先生的支持与帮助，谨致以衷心的感谢。同时也对考察组其他成员（包朗、计佳辰、史亚军、侯明明）的辛勤与协作深表谢意。

作者单位：敦煌研究院民族宗教文化研究所

收稿日期：2015-10-18

文　献

# 敦煌文书中所存尼僧祭文校考

## 杨宝玉

　　敦煌自古为佛教圣地，唐五代宋初时出家修行的僧人尤其多，占总人口的比例远远超过同期中原地区，如至九世纪末，敦煌教团已拥有一千多人[1]，占沙州总人口的十分之一以上，若再加上依附于教团的寺户部曲，则不止当地总人数的五分之一[2]。值得特别注意的是，出家修行的佛僧中有半数以上为女性。根据敦煌文书中保存的尼僧名籍和记录了众多尼僧名的傃历、入破历等籍账类文书，可知吐蕃统治敦煌初期的辰年（788）有尼171人，同期僧众139人，僧尼合计310人[3]；十余年后，约公元800年前后，有尼209人，僧197人，合计406人；约一百年后的九世纪末十世纪初，有尼693人，僧447人，合计1140人[4]……相应地，举世闻名的敦煌藏经洞存藏的佛教文书中也有不少对当时当地尼僧宗教修习和社会生活情况的记述。

　　纵观中国佛教发展史，尼众多于僧众并非敦煌独有而是一种相当普遍的现象。但是，在中国佛教史研究中，相对于僧众研究而言，对尼众的研究却相当薄弱，这对佛教史学界和今日离尘修行的比丘尼来说，无疑都是一大憾事。原因何在呢？笔者认为其中非常重要的原因即是相关史料极度匮乏。中国古代对尼僧的重视程度远远落后于尼僧僧团的实际发展状况，很少有人有意识地收集保存尼僧史料，以致今日我们在传世文献中所能找到的尼僧相关记述的种类相当有限，数量也十分稀少，学者们尚且难以据之构建尼僧史的完整框架，遑论进行深入细致的研究。

　　这样，敦煌文书中保存的尼僧史料自然因无可替代而弥足珍贵。这些史料不仅可补史籍缺载之憾，还因是当地人书当时事的真实记录，是未经史家取舍和后人改篡的原始资料，而最资证史，也最可凭信。并且，这些史料的研究价值并不限于敦煌尼僧史，因为中古时期的敦煌佛教界与中原、西域等地有着相当广泛的联系，故此敦煌文书不仅可以使后人了解一时一地的地区性历史状况，透过对敦煌尼僧史的研究，我们还可以进一步探究唐五代宋初其他地区尼僧史，乃至中国佛教史的某些重要问题，而这便使得此类

---

[1]　〔日〕藤枝晃：《敦煌の僧尼籍》，载《东方学报》第29册，京都，1959年版，第285～338页。

[2]　荣新江：《敦煌学十八讲》，北京大学出版社，2001年版，第216页。

[3]　据英藏敦煌文书S.2729《辰年（788）三月勘牌子历》。

[4]　据S.2614v《沙州诸寺僧尼名籍》。

地区性与专题性研究具有了更加广泛的学术意义。

关于敦煌文书中尼僧史料的产生与存藏背景、数量种类、局限性与使用上的困难，及相关研究现状等，笔者已撰就《敦煌文书与唐五代宋初尼僧史研究》一文[1]进行评介。至于敦煌女性出家程序、8世纪中后期敦煌尼僧度牒的发放情况、敦煌尼僧临终立嘱方式与内容等具体问题，也分别撰文进行了探讨[2]，今拟就敦煌文书中保存的尼僧祭文再做整理解析，不当之处，敬请专家学者教正。

## 一 敦煌文书中所存尼僧祭文校录注释

敦煌文书中保存的祭文有上百件，其中被祭奠的逝者为僧人的约二十件，而今知内中较典型和完整的尼僧祭文[3]主要为以下五件。各文均无原题，现依敦煌文书拟题惯例据各文内容拟补。

### （一）P.3491v《壬子岁十一月二日同学比丘尼真净真惠等祭薛阇梨文》

法藏敦煌文书P.3491双面抄写，正面所抄为诸杂斋文，内含《愿文》《亡妣文》《亡考文》《临圹文》等。背面所抄则包括：（1）《壬子岁十一月二日同学比丘尼真净真惠等祭薛阇梨文》（9行，图1）；（2）杂文（3行）；（3）《吐蕃时期残籍账》（6行）；（4）《戊申岁三月十八日释门教授徒众等祭杜阇梨文》（8行）。其中第一篇祭文字迹朴拙，文中明言致祭的比丘尼真净和真惠与逝者薛阇梨是同学，是知薛阇梨也是尼僧。为尽可能充分地展示文书原貌，今试依原卷行款校注于后：

  1.维岁次壬子十一月庚寅朔二日辛卯，同

  2.学比丘尼真净[4]、真惠[5]等谨以香茶乳药之

  3.奠，敬祭于故薛阇梨之灵。伏惟

---

[1] 载《形象史学研究（2011）》，人民出版社，2012年版，第75~97页。

[2] 详参拙文《唐五代宋初敦煌女性出家申请的审批》（载《形象史学研究（2012）》）、《敦煌藏经洞所出两件度牒相关文书研究》（载《吐鲁番学研究》2013年第2期）、《英藏敦煌文书S.2199〈尼灵惠唯（遗）书〉解析》（载《形象史学研究（2015/上半年）》）等。

[3] 本文一般仅将专为祭奠亡故尼僧而作的祭文视为尼僧祭文，至于尼僧以致祭者身份撰作的祭文则另当别论。

[4] 真净：法藏敦煌藏文文书P.T.1261背面所存以汉文书写的《僧人分配斋馈历》中有三处记真净之名。另外，英藏敦煌文书S.7882《某年十一月廿一日某寺就贺拔堂出唱碗碟得粮历》中有一位袁真净，若为同一人，则真净俗姓袁。

[5] 真惠：其名又见于S.11352《法律道者（？）帖》。

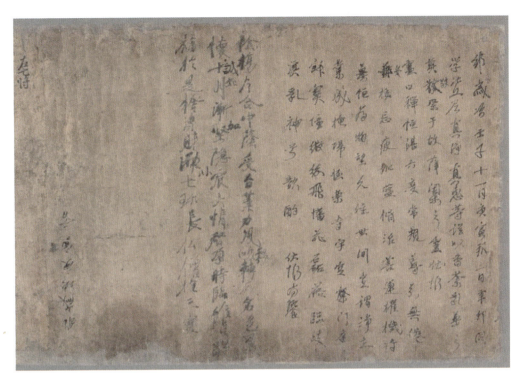

图1　P.3491v《壬子岁十一月二日同学比丘尼真净真惠等祭薛阇梨文》

4.灵，四禅[1]恒湛，六度[2]常规，导引无倦，

5.舟接忘疲，伽蓝修治，善运权机。将

6.冀恒为物望[3]，久住世间。岂谓净土

7.业成，掩归极乐。寺宇空寮，门庭

8.寂寞，幢伞纷飞，幡花磊落。临歧

9.奠乳，神分歆[4]酌。　伏惟尚飨。

---

[1]四禅：即"四禅定"之省称，指色界初禅天至四禅天的四种禅定。具体而言，人于欲界中修习禅定时，忽觉身心凝然，遍身毛孔，气息徐徐出入，入无积聚，出无分散，是为初禅天定，然此禅定中，尚有觉观之相；更摄心在定，觉观即灭，乃发静定之喜，是为二禅天定，然以喜心涌动，定力尚不坚固；因摄心谛观，喜心即谢，于是泯然入定，绵绵之乐，从内以发，此为三禅天定，然乐能扰心，犹未彻底清净；更加功不已，出入息断，绝诸妄想，正念坚固，此为四禅天定。

[2]六度："六波罗蜜多"的意译，"度"为到彼岸之意。六度系指六种能使人得到解脱、成就佛道的修行方法，即：布施、持戒、忍辱、精进、禅定、般若（智慧）。

[3]物望：人望，众望。如《晋书·石勒载记下》即有言："张披与张宾为游侠，门客日百余乘，物望皆归之，非社稷之利也，宜除披以便国家。"

[4]歆：飨，嗅闻，谓祭祀时神灵享用祭品的香气。《诗·大雅·生民》："其香始升，上帝居歆。"郑玄笺："其馨香始上行，上帝则安而歆享之。"《左传·僖公三十一年》："鬼神非其族类，不歆其祀。"杜预注："歆，犹飨也。"

**（二）P.3213v《壬辰岁二月廿四日阿夷（姨）师祭外生（甥）尼胜妙律师文》**

法藏敦煌文书P.3213亦双面书写，一面所抄为《伍子胥变文》、《亡尼文》、《释子赞颂文》。另一面今存字41行，为五篇祭文，分别为：（1）《庚寅岁九月祭故堂弟大郎文》（9行，首二行残损严重）；（2）《庚寅岁九月十四日祭亡兄文》（9行）；（3）《壬辰岁二月廿四日阿夷（姨）师祭外生（甥）尼胜妙律师文》（6行，图2）；（4）《庚寅岁十一月十一日和尚祭小师惟英文》（8行）；（5）《庚寅岁十一月十一日僧幽法睿等祭沙弥惟英文》（9行）。该卷共由4张纸粘接而成，第一、四、五篇祭文各占一纸，第二篇原本也应是单独的一纸，但因所余空白颇多而后来又被抄上了今日所言的第三篇祭文。根据晚唐五代时敦煌地区利用废纸抄写文书的一般情况及对该卷整体抄写状况的分析，笔者认为今日《法藏敦煌西域文献》等图录所标的正面实应为后来抄写而成的背面，但为避免混乱，本文仍沿用学界对文书正背面的习惯标法。五篇祭文中第一、二、四、五篇的笔迹一致，当为同一人所书，各篇虽时有涂改之处，仍令观者感觉字迹工整美观，第三篇（即卷中唯一一篇尼僧祭文）的字迹则比较朴拙，显为另一人所书。其文曰：

1.维岁次壬辰二月壬辰朔廿四日甲寅，阿夷（姨）师正智[1]致以

2.香药之贡，用 (?) 祭于 故外生（甥）尼胜妙[2]律师之灵。

3.惟 灵，幼怀聪慧，义（仪）范[3]清贞[4]，鹅珠[5]皎净，七聚[6]偏精，

---

[1] 正智：其名又见于前揭P.T.1261v《僧人分配斋儭历》。

[2] 胜妙：其名又见于英藏敦煌文书S.2669《尼籍》和S.2614v《沙州诸寺僧尼名籍》。S.2669《尼籍》中有两位胜妙，一为平康乡人，俗名张娲娃，时年15岁，另一位为敦煌乡人，俗名朱端端，时年21岁。S.2614v《沙州诸寺僧尼名籍》则记胜妙已为大乘寺式叉尼。

[3] 义（仪）范：仪容，风范。（北周）庾信《周上柱国齐王宪神道碑》："仪范清冷，风神轩举。"（唐）范摅《云溪友议》卷一："濠梁人南楚材者，旅游陈颍。岁久，颍守慕其仪范，将欲以子妻之。"

[4] 清贞：清白坚贞。（南朝齐）萧子良《上武帝请赠豫章王嶷启》："淡矣止于清贞，无喜愠之色；悠然栖于静默，绝驰竞之声。"《晋书·儒林传·虞喜》："寻阳翟汤、会稽虞喜，并守道清贞，不营世务。"

[5] 鹅珠：佛教著名典故。《大庄严论经》卷十一谓：过去曾有一位僧人到穿珠师家乞食，珠师遂停止穿珠，进房内为僧人取食。此时恰有一只鹅跑过来吞食了珠子。珠师回来后不见珠子，便怀疑是僧人偷拿了而责备他。僧人担心珠师知道真相后会杀鹅取珠，遂仅说偈语劝解。珠师不悟，将僧人绑起来拷打，致其鲜血滴流，而那只鹅又跑来食血，珠师盛怒之下便把鹅打死了。事已至此，僧人只得说明了真相。珠师剖开鹅腹找到珠子，才明白僧人为保鹅命竟然不惜自身受损。这一故事非常深刻有趣，后人遂以"鹅珠"作舍身护戒之典。如（唐）张鷟《沧州弓高县实性寺释迦像碑》即谓："鹅珠护戒，标苦节于坚林；龙镜澄空，照真规于静域。"（唐）郑素卿《西林寺水阁院律大德齐郎和尚碑》亦云："鹅珠在冰雪之中，鹤貌出风尘之外。"

[6] 七聚：又作七犯聚、七罪聚、七篇等。佛教将犯戒之相分为七类（即统括五篇与篇外诸戒条为七类），至于具体所指，各经的解说略有不同，比较常见的说法是：（1）波罗夷，意译断头；（2）僧伽婆尸沙，即僧残，婆尸沙意译为残；（3）偷兰遮，意译大障善道；（4）波逸提，意译堕；（5）波罗提舍尼，意译向彼悔；（6）突吉罗，意译恶作；（7）恶说。《毗尼母经》卷三以尼萨耆波逸提代恶说。《律二十二明了论》则载七聚为：（1）波罗夷聚，谓四波罗夷；（2）僧伽胝施沙聚，谓十三僧伽胝施沙；（3）偷兰遮耶聚，谓一切三聚不具分所生偷兰遮耶；（4）尼萨耆波罗逸尼柯聚，谓三十萨耆波逸尼柯；（5）波罗逸尼柯聚，谓九十波罗逸尼柯；（6）波胝提舍尼聚，谓四波胝提舍尼；（7）非六聚所摄罪、六聚不具分所生罪及学对。

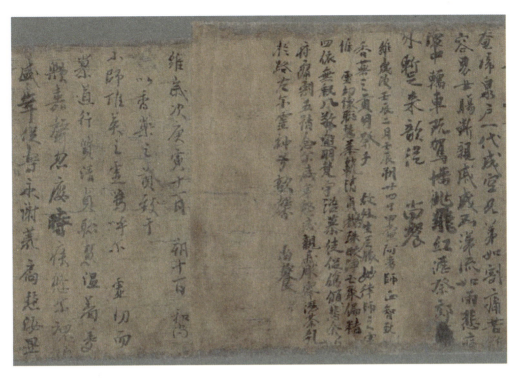

图2　P.3213v《壬辰岁二月廿四日阿夷（姨）师祭外生（甥）尼胜妙律师文》

4.四依[1]无斁（乖?），八敬[2]逾明。梵宇咨(?)慕，徒侣伤倾。悲余心

5.府，痛割五请（情）[3]。念尔盛年悠（攸）灭，亲戚雕零。沥茶乳

6.于路左，尔灵神分歆馨[4]。尚飨[5]。

**（三）S.2691《丁酉岁十一月六日僧玄通祭姊师文》**

英藏敦煌文书S.2691（图3）全卷抄存的10行文字即为此祭文，字迹工整，比较美观。其文曰：

---

[1] 四依：即四依法，具体指依法不依人、依了义经不依不了义经、依义不依语、依智不依识。

[2] 八敬：比丘尼尊重恭敬比丘之八种法，又名八敬法、八尊师法、八不可越法、八不可过法等。具体指：（1）尼百岁礼初夏比丘足，虽百岁比丘尼见新受戒比丘亦应起而迎逆礼拜，与敷净座而请坐；（2）不得骂谤比丘；（3）不得举比丘罪，说其过失，比丘得说尼过；（4）从僧受具足戒，式叉摩那（学法女）学戒毕，应从众僧求受大戒；（5）有过从僧忏，比丘尼犯僧残罪，应于半月内于二部僧中行摩那埵；（6）半月从僧教诫，比丘尼应于半月中从僧求乞教授；（7）依僧三月安居，比丘尼不应于无比丘处夏安居；（8）夏讫从僧自恣，比丘尼夏安居毕，应于比丘僧中求三事以自恣忏悔。

[3] 五请（情）：据文意，"请"当为"情"形近之误。五情：犹言五内。（晋）刘琨《劝进表》："且悲且愧，五情无主。举哀朔垂，上下泣血。"（唐）孟郊《感怀》诗之一："五情今已伤，安得能自老。"

[4] 歆馨：谓神灵享馨香之祭。《文选·张衡〈东京赋〉》："神歆馨而顾德，祚灵主以元吉。"薛综注："歆，飨也……言天神睹人主之明肃，顾飨其馨香之祭。"

[5] 尚飨：亦作"尚享"，旧时用作祭文的结语，表示希望死者来享用祭品。《仪礼·士虞礼》："卒辞曰：哀子某，来日某隮祔尔于尔皇祖某甫。尚飨！"郑玄注："尚，庶几也。"

1.维岁次丁酉十一月丙戌朔六日辛卯，

2.师弟玄通[1]谨以香乳珍羞[2]之馔，

3.敬祭于故 姊师之

4.灵。玄通与姊，往业善缘，运为同

5.气，花萼相敷，谓终千记（纪）。天何不慭[3]，

6.祸分忽至，早弃烦尘，归寂空暐。玄

7.通罪衅[4]，殃及 姊已。孤露凄凄，于

8.何怙恃？剖割肝肠，痛分骨髓。谨

9.荐香茶，祭于郊畤[5]。惟灵不昧，降斯

10.歆旨（止）[6]。 尚飨。

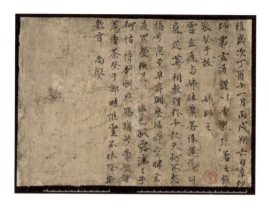

图3　S.2691
《丁酉岁十一月六日僧玄通祭姊师文》

（四）P.3555B《壬午岁六月五日弟祭阿姊师文》

P.3555B（图4）残片存字6行，字迹工整美观。其文曰：

1.维岁次壬午六月朔五日，弟□□□

---

[1]玄通：其名在敦煌文书中曾多次出现，如P.T.1261v《僧人分配斋㦸历》中第51、60、81、96、102行分别留有与玄通有关的记载，而P.T.1261v的时间，日本学者竺沙雅章推定为813年（《敦煌吐蕃期的僧官制度》，载《东アジアの法と社会》，汲古书院，1990年版，第315页）。再如，玄通还见于P.3491《某寺因佛事分配勾当帖》，该帖中的许多僧人又见于P.T.1261v，可见P.T.1261v和P.3491中的玄通当为吐蕃时期僧人。本件祭文中的丁酉岁，刘永明先生认为是817年（《散见敦煌历朔闰辑考》，载《敦煌研究》2002年第6期，第13页），若此定年不误，S.2691与P.T.1261v、P.3491中的玄通应为同一人。

[2]羞：美味的食品，后多作"馐"。《左传·僖公十七年》："雍巫有宠于卫共姬，因寺人貂以荐羞于公。"林尧叟注："羞，食味也。"《楚辞·离骚》："折琼枝以为羞兮，精琼靡以为粮。"王逸注："羞，脯。"《文选·束皙〈补亡诗〉》："馨尔夕膳，絜尔晨羞。"李善注："羞，有滋味者。"

[3]不慭：即不慭遗的省称，意为不愿留。慭，亦作慭。《诗·小雅·十月之交》："不慭遗一老，俾守我王。"后常用作对大臣逝世表示哀悼之辞。（汉）蔡邕《陈太丘碑文》："天不慭遗老，俾屏我王。"（南朝梁）任昉《齐竟陵文宣王行状》："天不慭遗，奄见薨落。"（唐）高彦休《唐阙史·丞相兰公晚遇》："及薨于位，上再兴不慭遗之叹，而废常朝者三日，册赠之礼，有加美焉。"

[4]罪衅：罪行，过恶。《后汉书·桓帝纪》："祸害深大，罪衅日滋。"《北史·李顺传》："蒙逊数与顺游宴，颇有悖言，恐顺泄之，以金宝纳顺怀中，故蒙逊罪衅得不闻。"

[5]郊畤：古代祭天地神灵之处。《后汉书·章帝纪》："要荒四裔……陵践阻绝，骏奔郊畤，咸来助祭。"李贤注："郊畤，祭天处也。《前书音义》曰：'畤，神灵之居之者。'"

[6]歆旨（止）：据文意，"旨"当为"止"音同之误。歆止：歆享。（南朝宋）谢庄《世祖孝武皇帝歌》："神其歆止，降福无穷。"

图4　P.3555B　《壬午岁六月五日弟祭阿姊师文》

2.谨以青（清）酌之奠，致祭于故阿姊

3.师之灵。伏惟灵，小（少）[1]承恩荫，

4.育养周旋，今□□□，再会

5.何季？路傍单（箪）祭，愿灵

6.降筵。伏唯 尚飨。

**（五）P.2614v《癸卯岁十二月十八日侄僧法藏祭师姑文》**

　　P.2614正面所抄为《占筮书》，背面抄存了十余则祭文，堪称祭文集抄。惜该卷残损严重，唯下列祭文的部分文字尚可识读：（1）《十一日姨宋氏祭外甥郎君文》（残存8行之下半部）；（2）《丙午岁二月十六日社官张加晟等祭夫人似氏文》（12行）；（3）《丙午岁二月十六日外甥祭姨文》（8行）；（4）《丁未岁二月廿九日舅马再清祭外甥宜宜文》（8行）；（5）《癸卯岁十二月廿三日妹什娘子祭兄文》（7行）；（6）《癸卯岁十二月十八日侄僧法藏祭师姑文》（残存6行之上部，倒书，图5）；（7）《甲辰岁二月二日社长孙景华祭宋丈人文》（8行）；（8）《壬寅岁十二月

---

[1]小（少）：敦煌文书常将"少"写为"小"，如S.6923v《少小皇宫养赞》即写为"少少黄（皇）宫养"。

图5　P.2614v
《癸卯岁十二月十八日侄僧法藏祭师姑文》

廿日表姊十一娘等祭僧阿师子文》（9行）；（9）《辛丑岁十一月廿九日兄苏某祭弟四郎文》（8行）；（10）《乙巳岁六月廿六日祭亡妣文》（7行）；（11）《乙巳岁六月廿六日祭亡妣文》（6行）；（12）《甲辰岁十二月四日安凤进祭大嫂文》（8行）；（13）《甲辰岁四月廿九日社官翟英玉等祭苏氏文》（10行）；（14）《甲辰岁五月十日女婿田美奴祭丈母文》（8行）；（15）《甲辰岁五月十日周明子祭大嫂王氏文》（4行）。上举第六件祭文是卷中唯一一件尼僧祭文，上下部均有残损，尚存之6行文字损泐严重，墨色浅淡，字迹模糊，极难释读。依稀可辨其残文为：

1.维岁次癸卯十二月辛巳朔十八日戊戌，侄男僧法藏[1]

2.以香茶乳药之奠，谨祭于

3.故师姑之灵。伏惟 灵，枝分九族，义〔后残〕

4.□经(?)法门。将以增修匪□，勉己诚休(?)，百年斯□，千载〔后残〕

5.□忽辞梵众，魂逐云飞。枝亲恸哭，门弟（第）〔后残〕

6.□悲涕。塞[2]诸茶乳，馈饷神灵。伏惟尚飨。

## 二　相关问题探讨

以上笔者集中校录了今已查知的敦煌汉文文书中保存的全部尼僧祭文，从中可以发现一些带有共性的问题，以下试作讨论。

---

[1] 法藏：其名又见于P.3214《己巳岁八月十一日法藏等祭安寺主文》。

[2] 塞：又可写作"赛"，乃报赛之义，指为酬谢神恩而举行的祭仪。唐五代时期的敦煌经常举办各种祈赛活动，文书中时有记述，如S.381《龙兴寺毗沙门天王灵验记》即云："自尔已来，道俗倍加祈赛，幡盖不绝。"

1. 敦煌尼僧祭文的体式结构及其与亡尼文的异同

这五篇祭文的体式结构几乎完全相同，与藏经洞中保存的其他僧众祭文和俗人祭文也相一致，即：先以该祭文适用的祭奠活动的确切时间开篇，然后依次叙述致祭者身份及其与被祭者的关系、所用祭品的种类、被祭者在世时的嘉德懿行、亲朋师友对被祭者的缅怀之情、设祭的地点等，最后祈请逝者之灵前来享用祭品。各祭文行文多用四六骈语，很注意以平阙表示尊敬，非常规范。与传世文献中保留的儒家传统色彩浓郁的祭文[1]相比，这些尼僧祭文虽显简略，但传统祭文的基本要素尚存，显然是承袭了儒家悼祭亡人的习惯做法。另一方面，与儒家传统祭文有别，受祭奠对象与地域时代的制约，敦煌尼僧祭文又具有明显的佛教特征。上录各文均以较多篇幅赞颂被祭尼僧的佛教修为，为此使用了"四禅""六度""鹅珠""七聚""四依"等众多佛学术语或佛教典故，而"八敬"等更是专为尼僧设立的规戒。因而，可以说敦煌尼僧祭文兼具儒、释因素，从文本角度折射出了唐五代宋初敦煌丧葬习俗中儒释混同信奉的基本特征。

敦煌藏经洞中存留的与尼僧丧葬有关的文书除上录祭文外，还有尼僧临终所立处置个人财产的遗嘱、题写于尼僧遗像之下供亲朋眷属瞻仰的邈真赞[2]、根据佛教仪轨和当地民俗举办丧葬活动时使用的亡尼文、亡尼生前所属寺院或沙州都僧统司处理尼僧遗物遗产的唱衣历，等等。其中与本文着力探讨的祭文关联最多的是亡尼文。尼僧祭文与亡尼文的主旨都是对亡故尼僧进行追悼赞颂与缅怀祭奠，均属丧葬活动使用的文本，它们之间的区别主要有两点。其一是祭文更多地体现了儒家丧葬传统，亡尼文则是被笼统称为"亡文"的佛事应用文中的一类，佛教与民俗成分更重。其二是祭文是专为具体逝者撰作的，而亡尼文程序化的程度要高得多，一般均可以灵活套用。敦煌藏经洞中存留的亡尼文有数十件之多，目前笔者正在整理。

2. 祭奠尼僧时所用祭品种类与原因

上录各文中用来祭奠的祭品值得关注。P.3491v和P.2614v所用为"香茶乳药之奠"，前者还于文末称"临歧奠乳"；P.3213v所用为"香药之奠"，致祭方式是"沥茶乳于路左"；S.2691选用"香乳珍羞之馔"，并"谨荐香茶，祭于郊畤"；P.3555B则以"青（清）酌之奠"于"路傍单（箪）祭"。

可见，茶、乳、药为祭奠尼僧的最惯用祭品，因为它们就是僧尼常食之物，其中的药一般认为是指佛教婉言的药食，指僧人所用晚餐。佛陀本规定僧人过午不食，但中国实行农禅制度，僧人需要吃晚餐，故禅宗寺院称午后之饮食为药食。港台学者刘淑芬先生则认为药即是汤——唐宋时期寺院中的汤是一种以药材为原料做成的汤饮，在唐代

---

[1] 我国现存最早的诗文总集《昭明文选》即收列有祭文一类，隋唐五代时期文人撰作的祭文流传至今的也不在少数，《全唐文》等中多有载录。

[2] 前揭拙文《敦煌文书与唐五代宋初尼僧史研究》已对敦煌文书中保留的三篇尼僧邈真赞进行了整理研究。

称为“药”，和茶合称“茶药”，五代时期开始称为“汤药”，宋代则多单称“汤”，和茶合称“茶汤”[1]。据刘淑芬先生的研究，汤药作为养生食物，在寺院生活和仪式中，其地位和茶相同，茶礼“同汤礼”[2]。

上列祭品中比较特殊的是清酌。清酌为祭祀时所用的清酒，乃非常典型的儒家传统祭品，宣讲儒家礼仪的各种礼书，如《礼记·曲礼》等对其有详尽说明，传统祭祀活动中使用清酌的记录更是比比皆是。但是，汉传佛教明确规定僧人须戒酒，因而通常说来用清酌作为祭奠尼僧的祭品与佛教戒律扞格不入。不过，敦煌的情况确实有些特殊。根据学界早已取得的研究成果和相关学者达成的共识，唐五代宋初时的敦煌佛教已高度世俗化，僧人饮酒现象相当普遍，寺院并不禁断。在如此大背景下，以传统祭品清酌祭奠尼僧便是可以理解的了。我们在敦煌僧人祭文中也发现了少量选用清酌为祭品的例证，如P.3214《己巳岁八月十一日法藏等祭安寺主文》即云：“当寺徒众法藏等，谨以清酌之奠，敬祭于故安寺主阇梨之灵”。是知尼僧祭文对祭品的记述也是当时当地社会生活的映照。

3. 致祭者与被祭者关系及其折射的敦煌尼僧史诸问题

上录祭文中致祭者与被祭者的关系尤其耐人寻味。P.3491v中的致祭者自称是被祭者的“同学比丘尼”，文中对亡尼的赞颂全为其佛教功业，并将其亡故阐释为“净土业成，掩归极乐”，抒发对亡尼的缅怀之情时用的也全是寺僧的感受和寺院举哀的情形，堪称通篇佛言僧语。与另外四篇祭文相较，P.3491v的用语显得非常特殊，而这正是致祭者与被祭者之间的同学共修关系决定的。

值得特别注意的是，其他各篇的致祭者与被祭者之间均为有血缘关系的亲眷：P.3213v中的双方虽同为出家尼僧，却也是姨母祭奠外甥女。S.2691和P.3555B是弟弟祭奠姐姐。内中S.2691中的姐弟同为出家人，致祭者僧玄通以“运为同气”“花萼相敷”来形容姐弟情深，尤其真切。同气，指有血缘关系的亲属，特别是兄弟姊妹。《后汉书·东平宪王苍传》即谓：“凡匹夫一介，尚不忘箪食之惠，况臣居宰相之位，同气之亲哉！”曹植《求自试表》亦云：“而臣敢陈闻于陛下者，诚与国分形同气，忧患共之者也。”南朝宋时的鲍照《请假启》的表述更为平和：“臣实百罹孤苦风雨，天伦同气，实惟一妹。”萼，即花蒂，与花共生一处且有保护花瓣的作用，故古人常用花萼来比喻兄弟友爱。如《新唐书·李义传》即云：“义事兄尚一、尚贞，孝谨甚，又俱以文章自名，兄弟同为一集，号《李氏花萼集》。”P.3555B中致祭的弟弟是僧是俗，因卷子残缺无法判定，不过，文中也极力渲染了尼师姐姐对他的鞠养之恩。P.2614v是侄子

[1] 刘淑芬：《“客至则设茶，欲去则设汤”——唐、宋时期世俗社会中的茶》，《燕京学报》新16期，北京大学出版社，2004年版，第117～155页。

[2] 刘淑芬：《唐、宋寺院中的茶与汤药》，《燕京学报》新19期，北京大学出版社，2005年版，第67页。

祭奠姑母，双方均为出家人。从以上的逐件排比可以看出，敦煌比丘尼虽则出家，却与世俗亲眷联系紧密。这与笔者研考尼僧遗书时得出的印象完全一致——尼僧立遗嘱时财产传承人和见证人也以血缘亲人为主。今再从祭文角度考察，上录祭文表明这些尼僧的亲眷即便自身也已出家，仍对亡尼眷眷不忘，那么生时彼此之间一定更是关怀备至。

可以附此一提的是，敦煌文书中也保留有几篇尼僧作为致祭者祭奠亲人的祭文，说明敦煌尼僧也积极参加世俗亲人的丧葬活动。例如，P.2595[1]即抄存有《乙未岁正月七日姑尼圣贤与外甥绵子等祭侄阇梨文》（图6），其文曰："维岁次乙未正月己酉朔七日丁卯，姑尼圣贤[2]、外甥[3]绵子等谨以珍羞之奠，敬祭于故侄阇梨之灵。惟灵为人素雅，言行有期（？），信而不二，能应能随。何即忽然示灭，亲族哀悲。今之送别，再会无时。奠祭郊外，愿神歆希。惟灵尚飨。"此即是已出家的姑母祭奠同样出家为僧的侄子。再如，P.3214[4]亦抄存了一篇《戊辰岁三月十一日孙尼灵智及孙女什娘子祭故阿婆文》（图7），其文曰："维岁次戊辰三月壬申朔十一日壬午，孙尼灵智[5]及孙女什娘子谨以清酌之奠，致祭于故阿婆之灵。伏惟灵，每承恩念，沐受优怜。光荣九族，

[1] P.2595正面所抄为：（1）《净名经集解关中疏》；（2）《乾符二年（875）六月七日慈惠乡陈都知卖地与莫高乡百姓安平子契抄》（倒书）；（3）《乙未岁正月七日弟忠信祭师兄文》；（4）《赤心乡百姓令狐宜宜汜贤集等状抄》；（5）《乙未岁正月七日姑尼圣贤与外甥绵子等祭侄阇梨文》（字大而墨迹浅淡）；（6）佛经疏释。背面为《维摩诘所说经疏释》及少量杂写。

[2] 在S.2669《尼籍》中，圣贤为效谷乡人，俗名康娇娇，时年20岁。S.4654v《老病孝尼名簿》亦记其人。

[3] 此二字原卷的书写非常有趣：甥生，即将"甥"的"男"字旁写到"外"字的右边了。

[4] P.3214卷背仅抄存一件《天复七年三月十一日洪池乡百姓高加盈租地与僧愿济抵所欠斛斗契抄》（6行），正面则抄祭文五篇。这五篇祭文的字迹相当工整美观，第五篇还标有句读，各篇之间均留有空白，各文首尾具全，分别为：（1）《己巳岁八月十一日安文和祭故师兄文》（13行）；（2）《己巳岁八月十一日法藏等祭安寺主文》（15行）；（3）《天复六年（906）十二月廿一日蝇子为故母祭河伯将军桥道之神文》（12行）；（4）《戊辰岁三月十一日孙尼灵智及孙女什娘子祭故阿婆文》（9行）；（5）《丁卯岁十一月三十日契弟僧信惠祭故三哥文》（15行）。另外，第五篇抄完后另抄有一行"维岁次戊辰三月壬申朔十一日壬午"，与第四篇祭文首行内容完全相同。P.3214祭文将撰作时间记为"岁次戊辰"，那么这一干支应对应于公元哪一年呢？该卷所抄五篇祭文的笔迹一致，自当为同一人集抄，各篇的撰作时间也应相差不远。第三篇首书"维大唐天复六年岁次丙寅十二月庚辰朔廿一日庚子"，考"天复"为唐昭宗李晔的年号，史载天复四年（904）闰四月改元天祐，当年八月昭宗卒，子哀帝立，不改元。至天祐三年（907）四月，朱温篡唐，是为梁太祖，改元开平。因而一般说来天复年号应该只用到四年。但是改元天祐时昭宗已被朱氏挟制，西川等地认为天祐不是唐号，仍然沿用天复年号纪年，以示眷恋唐朝。敦煌偏处西陲，难以及时了解中原政局变化的详细情况，得到中原改年号的消息本就相当晚，五代时敦煌与西川地区又仍有联系，所以敦煌文书中出现与西川等地相同的沿用旧号的现象不足为奇。天复六年时当天祐三年，即公元906年。这样便可在此前后一一查出本卷其余各篇祭文所书干支年对应的公元纪年：第一、二篇的己巳岁为909年，第五篇的丁卯岁为907年，本篇尼僧祭故阿婆文撰于戊辰岁即公元908年，时当后梁开平二年。值得注意的是这五篇祭文并不是按照我们前面推断的写作时间的先后抄写的，我们认为这并不难解释，原因是这五篇祭文虽是生活中实际使用过的，但并不是原件，而是事后的抄件，其抄写目的很可能是为了当作写作祭文的范本，注重的是其内容格式与文笔措辞，而对写作年孰先孰后不甚在意。

[5] 灵智：S.2614v《沙州诸寺僧尼名籍》记其为普光寺式叉尼。S.2669《尼籍》记其为玉关乡人，俗名汜娇娇，时年42岁。Дх.1459中亦有其名。

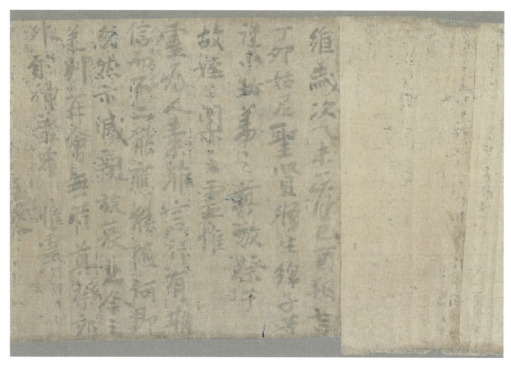

图6　P.2595《乙未岁正月七日姑尼圣贤与外甥绵子等祭侄阇梨文》

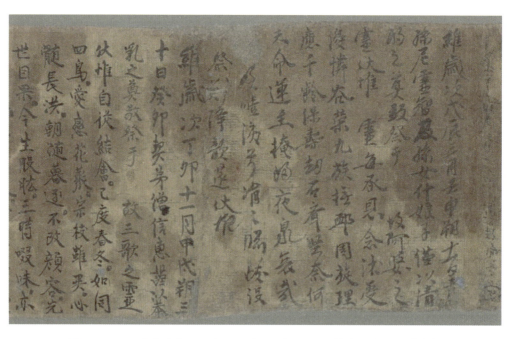

图7　P.3214《戊辰岁三月十一日孙尼灵智及孙女什娘子祭故阿婆文》

抚恤周旋。理应千龄保寿，劫石齐坚。奈何天命运至，掩归夜泉[1]。哀哉哽咽，泪兮涓涓。临歧设祭，愿降歆筵。伏惟〔尚飨〕。"这则祭文中的被祭者乃是在家的世俗亲人，是知尼僧祭奠的对象僧俗兼有，同样说明血缘亲情可以跨越僧俗两界。

以上笔者对敦煌文书中所存尼僧祭文进行了汇录考释，并就尼僧祭文的体式结构特征及其与亡尼文的异同、祭奠尼僧时所用祭品种类与原因、致祭者与被祭者关系及其折射的敦煌尼僧史诸问题进行了探讨。从中可以看出，敦煌尼僧祭文中存留的史料信息相当丰富，不仅真实生动地披露了尼僧丧葬活动中的一些细节，还揭示了当时的社会风尚与佛教世俗化进程中佛教发展史中的诸多问题。相信类似的对相关敦煌文书的分类整理探究，当可以推进敦煌尼僧史等敦煌学与佛教史分支学科向纵深发展。

作者单位：中国社会科学院历史研究所
收稿日期：2015-10-23

---

[1] 掩归夜泉：习称"掩泉"，指没于黄泉，为"死"的讳词。

# 琉球国金石文献述略

## 翟金明

自20世纪90年代开始，国内学界对于琉球文献特别是汉文琉球文献的搜集整理初具规模，从初期的以国内所藏资料的整理为主，发展到加强国际学术交流合作，不断搜集域外资料。从内容上来看，大致可以分为三类：（1）琉球编纂的史志、家谱、童蒙读物、官话课本，琉球人专著、诗文集，琉球刻本、抄本等；（2）中国、日本、朝鲜等国学者以汉文撰写的有关琉球历史的著作；（3）明清时期有关琉球的档案、诗文集、使琉球录等。应当说，目前汉文琉球文献的整理，从文献内容到收集范围，都已比较全面，为相关研究提供了丰富的资料[1]，促进了相关研究的进展，也涌现出了一批优秀的学术成果。

不过，以往的整理工作仍以传世汉文文献为主，学界对于汉文琉球文献中的两类重要资料——家谱和金石文献，则相对关注较少。虽然有学者较早开展了对于琉球金石文献的整理与研究，如国内所见册封使题记、墨记、墓碑，琉球人墓碑、碑刻，石敢当、摩崖等，并且也涉及日本地区的琉球金石资料，不过更多是个案研究与简单介绍。本文重点介绍冲绳县立图书馆现藏琉球金石文献的相关情况，以为相关研究提供更多的参考。

### （一）现存琉球金石文献及拓本情况

对于现存琉球金石的数量尚缺乏确切的统计数字，主要见藏于日本冲绳县立图书馆东恩纳文库、县立博物馆等县立图书馆与博物馆收藏的琉球金石拓片，有一部分可以在其网站在线浏览，另外还有一些私人收藏，如稻村贤敷氏、崎间丽进氏等。其中又以县立图书馆贵重数据书库收藏的拓本最多[2]，共有一百余件，著录了碑刻原所在地[3]，便于学术研究的下载。而县立博物馆收藏的拓本，还有相当多的碑刻原石仍然存在。当然，这仅是琉球金石文献的一部分，还有相当多的资料没有被整理公布。

---

[1] 根据谢必震主编的《中琉关系史料与研究》所涉相关资料有历代宝案、古籍文献（包括正史、明清实录、琉球册封使著作、琉球家谱、其他文献中关于琉球的内容）、历史遗存（遗迹、琉球墓碑、调查手记）、琉球漂海、明清官员与学者文集中的琉球资料等。

[2] http://archive.library.pref.okinawa.jp/.

[3] 按，由于历史的原因，大多数琉球金石文献的所在地，并非是其本来的地点，基本上都被移至别处。

图1 《安国山树华木之记》碑 冲绳县立图书馆藏

从现存的这些琉球金石资料来看，尽管数量不多，但包括的种类比较全面。这些琉球金石文献按形式来分，包括碑刻、钟铭、匾额等，其中碑刻占大多数。从时间来看，现存碑刻文献以《安国山树华木之记》（明宣德二年，1427）为最早（图1）[1]，最晚为日本明治九年（1876）《独逸皇帝感谢之碑》。比较有名的有山岭碑（弘治十年《万岁岭记》）、颂德碑（嘉靖元年《国王颂德碑》）、下马碑（嘉靖六年《崇元寺之前之碑文》）、墓碑（咸丰三年《夏氏大宗墓碑》）、桥梁碑（康熙三十年《势理客桥碑》）、孔子庙碑（康熙五十五年《中山孔子庙碑记》）、儒学碑（康熙五十八年《琉球新建儒学碑记》）、国学碑（嘉庆六年《琉球国新建国学碑文》）、港口碑（康熙五十七年新浚那霸港碑文）等，也不乏宗教类碑铭（景泰七年《琉球国相国禅寺》钟铭、乾隆四十三年《琉球国创建天尊庙天后宫龙王殿关帝祠总记》、天顺二年《万国津梁钟铭》等）。这些文献除大部分出自琉球官员和学者之手外，还有相当一部分为明清官员、学者所撰，如《龙樋之碑》（有高人鉴、赵文楷、齐鲲、林鸿年、赵新等人书）、《琉球国新建儒学碑记》（徐葆光撰并书等）[2]。

以上金石拓本除了一部分保存较好者之外，其余均有一定程度上的磨损，有的甚至漫漶不清，无法辨识。庆幸的是，在写本《琉球国碑文记》中保留了相当多完整的碑文内容。

### （二）琉球国碑文记

《琉球国碑文记》，著录了琉球各地散佚的碑铭、挂轴、匾额等数十种文献，基本上照录其文本形式与内容[3]。该书的抄写年代不详，最早见于琉球王府编纂的辞书《混效验集》[4]（1711）坤集"乾坤"条下"琉球国中碑文记石门"，乃知《琉球国中碑文记》或《琉球国碑文记》在1711年就已经出现。不过，各本《琉球国碑文记》著录的碑文均有晚于1711年的，故现存版本应是后世辑录而成。

该书存世写本有五种，分别为尚家本、东恩纳本（甲乙两种）、琉球大学图书馆藏伊波本、台湾大学图书馆藏本。其中收录资料最多的是冲绳县立图书馆所藏《琉球国碑文记》（甲本），封面题"碑文记全"，共分四编，其著录的碑文从最早的明弘

[1] 按，另有《朝鲜梵钟铭》（后周显德三年，956），发现于韩国庆尚南道的寺庙中，然并非琉球本地金石资料。原为波上宫所藏，日本国宝。

[2] 按，此事在《球阳记事》卷十中有记载，云尚敬王七年"册封使徐葆光新建儒学碑"。

[3]《琉球王国汉文文献集成》（复旦大学出版社，2012年版），《传世汉文琉球文献辑稿》第2辑（鹭江出版社，2015年版），均收录《琉球国碑文记》一书。

[4] 该书是琉球方言辞典，琉球首里王府编纂，分乾坤二卷，乾卷载乾坤、人伦、时候、支体、气形、草木、器财、家屋、衣服、饮食、言语等十一门，坤卷载乾坤、神祇、人伦、气形、草木、时候、衣服、数量、支体、饮食、言语等十二门。

治十年（1497）《万岁岭记》至明治二十二年（1889）《与那国岛祖纳村字兼久碑》，共计收录约九十件（图2）。抄写工整，不仅录有碑刻全文，而且基本上保留了原碑文的格式。琉球大学图书馆藏伊波本收录的碑文亦从弘治十年开始，但《官松岭记》仅有后半，最晚为道光年间浙江人高人鉴所撰楹联。抄写格式也与县立图书馆藏本不同（图3）。不过，该书所著录的一些碑文内容比东恩纳甲本更为丰富，如清康熙五十五年（1716）的《孔子庙碑文》，就多了"孔子庙创建修葺年月并各官姓氏附录"。台湾大学图书馆藏本与冲绳县立图书馆藏本收录的资料最为接近，但首篇《万岁岭记》缺后半，《官松岭记》缺前半[1]。日本学者塚田清策以现存各几种写本为基础，整理出版了《琉球国碑文记》[2]一书，并专门研究了该书的形成过程[3]。可见，这几种《琉球国碑文记》的内容并不完全一致，其抄写者也并非一时一人，各有特点。

图2 琉球国碑文记（甲本）
冲绳县立图书馆藏

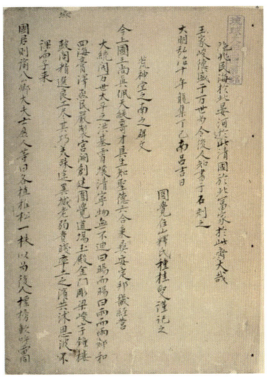

图3 琉球国碑文记（伊波本）
琉球大学附属图书馆藏

---

[1] 台湾大学图书馆：《台湾大学图书馆典藏日文善本解题图录》，台湾大学出版中心，2009年，第143页。

[2] 东京：启学出版，1970年版。

[3]〔日〕塚田清策：《琉球国碑文记の定本作成の研究》，学术书出版会，1971年版。

不过，由于金石文献的特殊性，这种仅仅著录文字的方式，也有其不足：一是不如原碑或拓本更加直观；二是该书对于一些书法碑的摹写，失去了原来的风格和神韵。故而，对于包括碑刻在内的琉球金石文献的搜集，除了著录其文字内容之外，也应尽量搜集原件及拓本。

### （三）琉球金石拓本的整理

《琉球国碑文记》中记录的金石文献，仍有相当一部分拓本存世，甚至有的碑刻原石也被保留了下来。自20世纪80年代起，日本学者就开始对这些金石文的保存、散逸情况进行调查，形成了一批调查报告书及拓本整理成果。如1981年，冲绳县立图书馆根据《琉球国碑文记》收录的碑文情况，利用馆内所藏拓本资料，出版了《琉球金石文拓本集成》一书。据书前凡例称，该书是为昭和五十五年（1980）11月4日，县立图书馆创立七十周年纪念活动而创作，所收资料均为举行"琉球拓本展"展示的拓本资料。该书以A3的版面缩小印刷，用于本馆乡土史讲座的教科书，共收录石碑（表列61件，实际47件）、钟铭（7件）、篇额（7件），共75件。前有目次，著录拓本的名称（一般名称）、撰者、书者、撰文年代（碑刻建立年代）、拓本原尺寸、备考（说明原收藏者及琉球碑文记中未收）、原碑完整情况等信息。其中最早的琉球碑刻为《安国山树华木之记》。有些拓本早已磨损严重，文字几乎不能识别，故本书对于相关碑刻的命名，也不得不参考《琉球国碑文记》。

其后，冲绳县又进行了多次有关金石文献的调查统计工作，并编订相关目录。1984年，冲绳县立图书馆编《新收琉球古地图碑文拓本展展示目录》。1985年，冲绳县教育委员会编《历史资料调查报告书（五）——金石文》。1986年，那霸市教育委员会编《那霸市历史地图——文化遗产悉皆调查报告书》。1987年，名护市碑文记编集委员会编《名护市碑文记：碑文叙说的历史、文化、人物》（《名护市史丛书》第4辑），记录了该市碑文分布图、碑刻及相关照片。1993年，冲绳县立图书馆举办了"刻着的历史——冲绳的石碑和拓本展"，展示了冲绳县立博物馆收藏的石碑及拓本，那霸市教育委员会文化财课战后收集的拓本资料等。1997年，出版了《名护市碑文记》的增补改定版。2001年，名护市教育委员会出版《名护碑文记（增补版）》，共收录名护市所有120件碑刻中的111件，除了相关碑文之外，还介绍碑刻的保存情况，附有照片。2004年，那霸市进行了相关碑刻复原可能性的调查[1]。

---

[1] 〔日〕川岛淳：《那霸市历史博物馆所藏の拓本资料の整理について——目录记述を轴として》，《那霸市立壶屋烧物博物馆纪要》第14号（2013年）。该文论述了那霸市历史博物馆所藏金石文及拓本资料的分类、意义及相关调查、著录、研究等情况，末附表"那霸市历史博物馆所藏的拓本资料"，共列举了249件拓本（包括表里），其著录的信息包括：拓本名称、建立年代、采集年代、拓本形态、尺寸、收藏地、类别、

这些调查工作和拓本著录，使琉球金石文资料的整理更加完善，相关著录不仅有文字信息，而且有拓本、原石照片，而且对于相关金石文献的分类也十分详备。相关研究成果，涉及琉球金石文献的流传分布、历史内容、文化意义等。

**（四）其他文献中的琉球金石资料**

《琉球国碑文记》与《琉球金石文拓本集成》涉及的琉球金石文献，仅是就其形制与文本进行著录，而在一些明清学者著作中，则记载了一些琉球金石文献的制作情况并照录碑文。如明严从简《殊域周咨录》卷四"琉球"云：

> （宣德）五年，上命柴山复往劳之。海中感佛光之祥。既至，作大安禅寺于海南岸以答神贶。（有碑记）
>
> 八年，又敕福建布政司造舟，复命柴山阮鼎赐衣冠仪物，示嘉劳意。乃重建千佛灵阁。（有碑记）
>
> 郭汝霖等复新天妃庙于广石，勒碑为文记之。

后皆附碑文全文。清代琉球使者著作中，也著录了一些琉球碑文资料。清周煌的《琉球国志略》在卷七"祠庙"内"雷神庙"条云：

> 殿廊悬大钟一，镌字曰："王大世主，庚寅庆生。兹现法王身量，大慈愿海。新铸钜钟，寄舍天尊殿，以上祝万岁之宝位，下济三界之众生。辱命相国□为铭，铭曰：华钟铸就，挂着珠林；撞破昏梦，正祷天心。君臣道合，蛮夷不侵；彰兔氏德，起追鑫吟。万古皇泽，流妙法音。景泰七年（丙子）九月二十三日，住持律师艮舜证之大工，国吉奉行，智贤并与，那福中西。"

"文庙"条云：

> （康熙）五十六年，紫金大夫程顺则复启建明伦堂，又于堂中近北壁分三小间，祀启圣并四配位，两庑蓄经书略备。国王命顺则敬刊《圣谕十六条演义》于月吉读之，久米之子弟就学其中，顺则立碑记。又有庙学纪略，前使徐葆光为书启圣祠、明伦堂、儒学三大牓，立碑一。（俱见《艺文》）[1]

"天妃宫"条云：

> 有钟一，铭文与天尊庙同。唯相国缺名处，作"辱命相国安灜为其铭"。末作景泰丁丑年。
>
> 有钟一，镌文与天下妃宫同。

"圆觉寺"条有：

---

原碑样式、纹饰、发现地区、发现场所及现收藏机构、备考等，是目前最多的琉球金石文拓本目录。

[1] 此文见于徐葆光《中山传信录》卷五。

寺系明弘治时王尚真所建，池前土阜上有三山许天赐碑记。（见《艺文》）

"天王寺"条有：

一钟，为景泰七年（丙子）铸，上刻"天龙寺钟"。寺在浦添，有二钟，移其一于此。

"天界寺"条有：

左阶架钟一，尚德王时铸。考铭文，本相国寺钟。铭曰："琉球国君世高王，乘大愿力，新铸巨钟，寄捨相国寺，说偈以铭，是祝王基之万岁。安国利民，圣天子继唐虞之化。全文偃武，贤宰相需霖雨之秋。兹有巨钟新铸就，高楼挂肃万机心，无端扣起群生梦，天上人间妙法音。时成化己丑十月七日。"

而卷十四"艺文"中则有"圆觉寺碑"、"琉球国新建至圣庙记"（三件）、"琉球国学碑铭""新建启圣公祠记""琉球国创建关帝庙记"等。此外，在齐鲲和费锡章同撰的《续琉球国志略》卷四"艺文"中也有相关碑文的著录。这些文献对于琉球金石文献的记载，不仅记载了相关金石资料的文本内容，还记录了与之有关的历史、建筑的情况，可以使我们了解这些资料的背景。而且，有些金石文献仅在这些著作中提及并著录；有的流传至后世，可与现存拓本等进行文字比勘。

### （五）琉球金石文献的特点

日本学者塚田清策[1]已经对琉球碑刻进行了比较全面的研究，其内容包括现存碑刻拓本的馆藏、数量、存佚情况，《琉球国碑文记》的版本及比较，碑文中所涉及的琉球历史文化，碑文解读过程中关于琉球书法的研究等。此外，琉球金石文献作为有形的历史遗迹，其著录内容之外的其他特点，也不应该被忽视。

琉球金石文献现存的拓本不多，且能够传世的实物更是稀见。不过，就琉球金石文献的形制来看，还是可以看出一些特点。从现存情况看，依形式分，琉球金石文献包括石碑、墓碑、厨子甕、石棺、香炉、灯笼铭、钵、石佛、钟铭、鳄口、梵字碑、石敢当、印部石、日时计、刻书、瓦证文、栋石、额字、石桥等。依内容分，按照日本学者金城正笃的观点，有个人事迹碑、记念碑、墓碑、子孙训戒碑、与风水有关的碑刻、名所之碑、由来记之类碑刻、行为禁止有关的碑刻（如崇元寺下马碑）、寄进碑（如灯笼）、瓦证文（八重山）、驱魔碑（石敢当、梵字碑之类）等。这些形式，有的与明清时期的碑刻有渊源，有的则具有明显的琉球特色。

碑刻的材质有石、瓦、铜等。形制有圆首（又分A式、B式、C式、D式、O式）、

---

[1]〔日〕塚田清策：《沖縄文化の研究: 碑文に生きる伝統》，晓教育图书，1965年。《文字から見た沖縄文化の史的研究》，锦正社，1968年，第四篇为"沖縄における金石文·古文書の研究"。

方首、自然形态、浮雕、证文、既有琉球人碑，又有唐人碑。碑刻的纹饰，碑额处主要有日轮云纹（分A、B两种）、双凤云纹、日轮双凤云纹、日轮双凤凰纹、日轮纹或无纹样等。边缘纹饰则以无纹饰的居多，少数为唐草文[1]。

从现存的琉球碑刻原石来看，正如前文所说，其质地多为青石，而琉球当地的青石资源是有限的，这些青石有很多来自于中国福建。

至于碑刻上的文字，国内发现的琉球墓碑，基本上以汉字为主，但也有很多碑刻的文字是兼有汉文与琉文。琉文既不同于汉文，也不同于日文，故而，在释读这种碑文时，其难度是相当大的。如2004年赵丽娜在《碑上春秋》[2]一文中提到的常熟碑刻博物馆藏《琉球国书》碑，便兼有汉字与琉球语。该碑有清代钱泳作序，王文治作跋。十年之后（2014），钱文辉、吴建芳撰文解决了此碑的释文及其汉译[3]。琉球金石文献有很多兼有汉文及琉文，其中《本觉山碑文》是现存"最后的琉球语金石文"拓本（明天启四年，1624）[4]。

琉球碑刻的文字内容也相当有特色。如"崇元寺下马碑"，此碑一面为汉文，上题"但官员人等至此下马"，一面为琉文（图4）。其文字与国内发现的下马碑不同[5]。国内的下马碑，如著名的孔庙门前的下马碑（金明昌二年，1190），碑文曰"文武官员军民人等至此驻轿下马"。到了清代康熙年间，则为"一应文武官员军民人等在此下马"。清代北京国子监下马碑，题曰"文武官员军民人等此下马"。此处所举琉球下马碑，其本意与国内下马碑并没有区别，其行文稍显简练。"但"字在此的意思应作"凡是"，或者与"一应"相类。"但"作"凡"意，在《洪武正韵》中有明确记载，云："但，徒亶切。徒也，凡也，任也。语辞。"[6]此意又见于《江湖尺牍分韵撮要合集》[7]。后世的《康熙字典》中并无此意。不过，在元明清的小说中，有"但凡"连用的词语出现，故应当是比较口语化的一种现象。

琉球自明朝洪武五年（1372）以后，其纪年均用明清帝王年号，直至1876年（日本明治九年）以后才改用日本年号，其碑刻、钟铭末尾所书年号也是如此。同时，在

---

[1]〔日〕川岛淳：《那覇市歴史博物館所蔵の拓本資料の整理について——目録記述を軸として》，第22~23页。

[2]赵丽娜：《碑上春秋》，《苏州杂志》2004年第6期。

[3]钱文辉、吴建芳：《破译〈琉球国书〉碑》，《大众考古》2014年第7期。

[4]冲绳县立图书馆：《琉球金石文拓本集成》目录，第1页。

[5]据《球阳纪事》记载：先王庙在真和志安里村，庙前松冈数重，左右溪涧环注安里桥下入海，复有海水来朝。庙貌浑朴，迭石为墙，左右立木坊及"下马"碑。文庙在久米村泉崎桥北，南向，红墙朱扉，左右立"下马"碑。可见琉球也有严格的礼制约束。

[6]《洪武正韵笺》卷二，第113b页。

[7]《江湖尺牍分韵撮要合集》卷二，第71页。

图4 崇元寺下马碑（表）
冲绳县立图书馆藏

《球阳》《中山世鉴》等琉球史书中，其纪年则以某王某年为序，"即位元年"等字样后，以小注标明中国朝代年号。明洪武二十三年（1390），朱元璋改琉求为琉球。其后，相关琉球金石文献中，琉球多自称"大琉球国"[1]，至清代则多自称"琉球国"，甚至是"大清琉球国"[2]，并不见有"琉球王国"的说法。

以上仅对琉球金石文献特别是碑刻文献的相关情况进行了介绍，并结合目前国内外学者对琉球碑刻的研究、整理情况，列举了一些整理成果及相关目录资料，指出了琉球金石文献特别是碑刻在形制、文字、纹饰等方面的特色。总体上来说，目前琉球碑刻资料的搜集已经比较完备，相关研究特别是日本学者的研究，已经比较充分。相对而言，国内学者对于琉球金石文献的研究和利用，大多停留在介绍阶段。本文认为，研究琉球历史及中琉经济文化交流，不仅资料的搜集需要扩展到域外，对于这些珍贵原始资料的研究，也应放到整个东亚历史的大背景中去考察，唯其如此，才能促进相关研究的发展。

作者单位：中国社会科学院研究生院

收稿日期：2015-7-12

---

[1] 见明弘治十一年（1498）《大琉球国王颂德碑》。

[2] 见清乾隆二十一年（1756）《大清琉球国夫子庙碑》。

妈祖文化与海洋史研究

# 连城四堡邹氏家族的妈祖信仰

陈支平

明清时期，随着社会经济特别是市场商品经济的发展，妈祖信仰在国内的许多地方迅猛地传播开来。虽然从整体上看，妈祖信仰主要流行于商品经济比较发达的市镇以及交通要津一带，但是由于中国各地的社会经济与文化习俗差异性比较大，不同地方的妈祖信仰，也会呈现出一些不同的特色。近来，笔者翻阅以往搜集来的族谱，无意中发现闽西连城山区四堡乡邹氏家族的《邹氏族谱》中，记录有该家族建造天后宫和信奉天后妈祖的文献。兹略加整理如次，以便对于不同地方妈祖信仰的差异性，做些个案性的分析，以加深对于妈祖信仰差异性的了解。

## 一 连城四堡乡的从商习俗

清代连城县四堡乡，虽然处于深山老林之中，却是当时中国赫赫有名的木板雕刻印刷业的四大中心之一。居住在这里的邹氏家族和马氏家族，大部分族人都是以刻书、贩书作为主要的职业，从商服贾的习俗之盛，在国内也鲜有乡村可以与之媲美。

四堡的印书业至迟在明代后期即已兴起。据说，万历八年，邹学圣从杭州辞官归里，带回了元宵灯艺及雕板印刷术，此后遂"镌经史以利人"。至明末清初，以雾阁乡为中心的四堡地区，印书业及贩书业已颇为发达。如马氏十八代马阳波，明末以"授经"为生，其儿辈则从事"贸书"，渐至以此为"一家所业"；十九代厚斋，于"操持家政"之余，"兼贾书于江广间，凡十四、五年，颇获利。……而募匠雕枣梨，摹印书籍，以为诸贾贩，其利且倍蓰于远贾。"邹氏的印书业及贩书业，至清康熙年间亦成"世业"。邹氏十五代藻初，"壮年贸易广东兴宁县，颇获利，遂娶妻育子，因居其地，刊刻经书出售。至康熙二十年辛酉，方搬回本里，置宅买田，并抚养诸侄，仍卖书治生。闽汀四堡书坊，实公所开创也。"乾嘉年间，四堡的雕板印刷业进入了全盛时期。如云，"吾乡在乾嘉时，书业甚盛，致富者累相望"，"开坊募梓，集书板充栋，致赀信饶，若素封者然"；"广镌古今遗编，布诸海内，锱铢所积，饶若素封。"据估计，邹氏和马氏世代相传的大书坊，共有百余家。其中仍可查考者，邹氏族内有碧清堂、文海楼、文香阁、翰宝楼、玉经堂、崇文楼、素位堂、素位山房、萃芸楼、梅中昌、种梅山房、本立堂、以文阁等十三家；马氏族内有泗波堂、林兰堂、万竹楼、翼经堂、德文堂等五家。这些自立堂号的大书坊，除经营刻印之外，一般也兼营销售，可谓集生产与贩卖为一体。《马氏族谱》亦记载云："明末清初马屋文风相当兴盛，先后在文昌阁、六祖庙、珠峰寨、东升寨等处设立书院，传授经史。……文风盛极一时。……走上雕版开坊印书行业。据族谱列传对维翰、利群、隆禧、怡庵、富良、履恭、则忠诸公均有记载其无意功名、刊刻书版创设书坊等事迹，为马屋雕版印书奠定了根基。……至康熙、乾隆、嘉庆年代一百多年的鼎盛时期，印刷坊遍及全村。秋冬季节家家户户、男女老少都投入印刷，准备明年春天客商之需求。……每年元宵节后，马屋与雾阁交界处官地坝里，湘、赣、粤、桂、苏、浙各省书商如期汇集采购，成为热闹书市交易场所。……马屋雕版印书，据不完全统计，各种书号有二百五十多部版本。"

经过长期不断的努力，四堡书商与各地客户建立了密切的联系，逐渐由行商转化为坐贾，到处开设书肆，设置商业网点，建立了比较稳定的书籍销售网。据说，清代四堡书商有三条主要的运销路线，即北线、西线和南线。"当时，北线经清流入沙溪下闽江，或由宁化到建宁、泰宁，进入江西丰城、临川、南昌、樟树、九江等地，再由长江向上游进发到武汉、长沙和四川重庆、成都，下游抵安庆、芜湖、宣城、南京、湖州、无锡、苏州和杭州。西线至长汀后，也分水陆两路，一路沿汀江乘舟南下，入上杭、潮州、汕头，经海运入珠江、进广州，散入粤西各地，或沿珠江上溯至广西梧州、贵县、灵山、横县、南宁、北色，直抵云南各地，或于潮州陆路转入粤东北各地；另一路由长汀向西入赣南和湘南诸县市。南线至连城后分东、南两路，东路入永安经沙溪发行至南平、建瓯、崇安、浦城各地，或沿闽江东下至福州，转海运入温州、浙东各地，伸而入杭州，散于全浙；南路经朋口溪入韩江至广东，或陆路至龙岩、漳州、厦门、泉州等地。"

连城县四堡乡邹氏、马氏两大家族的雕版印刷业与贩书业，一直沿袭到清代末期。族人们在经营印书、贩书的同时，也涉足其他的商业领域，如山区的茶业、纸业及其他土特产业。族人们除了活跃于国内各地之外，还远涉重洋，进入东南亚各国，从而使得四堡乡成为闽西客家最早的华侨发源地之一。

## 二　邹氏家族创建"公平墟"和天后宫

清代乾隆年间，随着雕版印刷业和书市的繁荣，邹氏家族为了适应书籍交易发展的需求，在邹氏家族所在地雾阁村，开设了交易市场，名曰"公平墟"。族谱记云：

> 忆昔吾乡新开公平墟，先辈早有以旧墟稍远，每思自辟一区，便于交易。然托诸空言，未果举行。至乾隆戊戌岁之十一月十八日始议，一唱百和，众心齐一。而

十九日即起墟场，赶集如云。此时开墟一项，胜公房使费一半，我敷公房、礼崇公、雄公、希孟公、永生公使费一半。

关于邹氏家族天后宫建造的具体经过，《敦敬堂邹氏族谱》有《天后宫源流序》云：

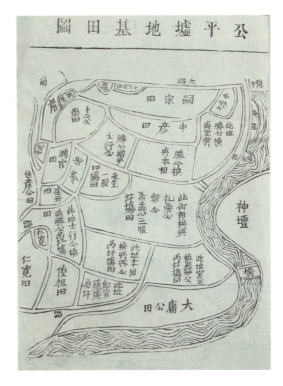

图1 邹氏公平墟地基田图
本文图片均引自民国《敦本堂邹氏族谱》
卷二九《乡村·祠庙·房屋图志》

道光甲辰，吴门俳优于保生大帝之庙，族人邹明章、华林、世本、朝梅同往视焉。观看之下，相顾而言曰："吾等皆属七郎公之裔，分处三门。上祖之时，三门皆可云富盛。其奉祀神明，可谓极其诚敬。如积福庵建造禅堂，广施香田，找僧主持香火，敬奉神佛。太祖庙丹楹刻桷，极其美丽。而又助下香田，架造庙亭，俾庙祝栖止，奉祀太祖。独于天后宫，未之有焉。岂圣母灵显之不如诸神哉？实未有人焉出而倡为之耳。"归而与玉生、继院、继仁、裕和、隆选、华有诸人言，佥曰圣母诞生于闽，大而京师会城郡邑，小而市镇乡村山陬海澨，无不建宫奉祀。虽是女流，自天子以至于庶人，莫不焚香礼拜。且我等叨蒙圣母庇佑，或舟行涉水，凡有侥险倾危之际，有呼即赴。此所谓镇狂澜如衽席，压洪波如砥道，岂非普天慈母，而天下之人之莫不尊亲。吾等所当出而倡事也哉。于是订簿题捐，各各欢欣，而或多或少，量其分以出。虽不能出助钱米者，或助石，或助工，无不踊跃而乐赴焉。不数月，题捐共算得花银数百许，又钱几万许。因择其基址，取于三门下手之罗星上大路旁，戌山辰向兼辛乙分金。即择于十月初十日辰时兴土动工架马。按圣母宫之龙从鳌峰起祖，降至黄竹坑开翼，左分鸡薮窠，右分印盒山为夹，从中抽出脉，委蛇屈曲，美不可言。……此天造地设、美并天宫，以俟倡首人迁点而为圣母之宫之吉壤者，岂可多得哉！

当架造时，有形家者，因探亲而游于此，览言曰："尔联云是天上神仙之府，真神仙府也。三年之内，尔贵处当有人蜚声艺苑、品列胶庠者。"岁在丙午科，试敏以篾线之才亦幸而见赏李宗工焉。越一岁丁未，华翰幸游璧水。又越一岁戊申，斯钦品重雍宫，远近闻之咸美。圣母宫之风水，愚以为虽其中有风水，抑亦圣母在天之灵之默为呵获也。……

今者圣天子初登御宇之年，改元恩科之际，我三门各重订家乘，诸首事欲书原委以订于谱，使后之人得识来由，永垂不朽，而问序于余。余以谫劣无文，不敢擅自挥毫贻后日羞，因揣既蒙圣母庇佑，欲借此以报圣恩于万一，兼以诸首事之命不敢拂，安可再三推诿，遂敬承钧命而为序。沐恩邑庠生文轩邹清盥手敬撰。

四堡邹氏家族在自己的家乡建造"公平墟"和天后宫，从经济层面看，是由于随着清代中期四堡雕版印书业及贩书业得到空前的发展，进入到鼎盛时期，以往旧的墟市已经无法适应书籍大量交易的需要，必须扩大交易场所，推进交易的规模。而在"公平墟"建立之后，家族集议在"公平墟"之侧建造天后宫。其目的首先有如上引《天后宫源流序》所言，"圣母庇佑，或舟行涉水，凡有侥险倾危之际，有呼即赴。此所谓镇狂澜如衽席，压洪波如砥道"，希望在出外经商时得到天后的护佑。其次，当每年"公平墟"开市交易之时，各地客商来自四面八方，难免良莠不齐。在"公平墟"之侧建造供奉天后妈祖，显然具有强烈的精神公判作用，这对于维持书市交易的正常进行，起到一定的震慑作用。再者，从《天后宫源流序》中我们还可以看到一个信息，即所谓天后宫建成之后，居然对邹氏家族的科举功名大有益助。这也许体现了邹氏家族读书人的一种普遍愿望。在《邹氏族谱》的传记中，我们可以看到这个家族虽然有大量的族人刻书、贩书，服贾起家，但是从家族的最高价值观来衡量，读书依然是最值得崇尚的。读书人也往往成为家族事务的积极参与者。正因为如此，天后宫的建造，在这班读书人心目中，也许保佑旅途平安、生意兴隆的诉求是第二位的，而求得科举功名的成功才是第一位的。这种无法公开宣扬的诉求，也许只有在这种家族所有的天后宫庙宇文献中，才有可能得到比较真实的反映吧。

## 三　邹氏家族天后宫的管理机制

作为家族所有的墟市和寺庙，四堡"公平墟"和天后宫从其建造之初的资金筹集到日后的管理祭祀等，无不都是通过家族的形式进行的。

建造之初，邹氏家族相关各房就"公平墟"和天后宫的经费筹集等进行协商，订立了合同书。该合同书内容如下：

立合同人胜公子孙同曾任孙、礼崇公子孙御祖、洪生、熊云、中彦、雄彦、一彦、圣乾、征耀等为本乡水口新起公平墟，老少欢悦，俱各齐心踊跃，各出自己粮田以作墟场。其建造店宇并小庄，皆照八股均派。胜公房墟基使用俱出祠内公项，礼崇公、雄公、希孟公、永生公四公合成一半，胜公一半。自后每年收公平墟税，

图2　邹氏家庙

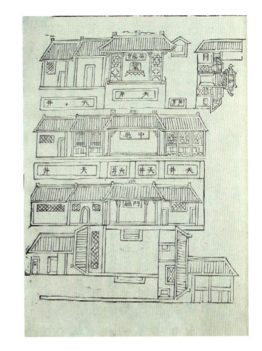

图3　邹氏家庙内图

当作八股收税。胜公房收墟税四股，礼崇公房亦收四股，其实二房每收一半。至递年收墟税公议，胜公房择知事首四人，礼崇公房择知事首四人，至临收租之期，务要知会八人同往，均收均分，毋得越议一二人专擅。恐口无凭，立合同字各付一纸，永远为照。

乾隆四十四年六月廿三日立合同人胜公、崇公子孙仝立。

一批胜公扶桐岗墟田，丈积上则三亩四分五厘五毫，原载正米一斗八升六合五勺七抄。其钱粮折胜公祠子孙收纳。

礼崇公、雄公、希孟公、永生公四公扶桐岗墟田丈积上则三亩一分，原载正米一斗七升二合八勺，其钱粮内礼崇公、雄公、希孟公三股，墟田载正米一斗二升九合六勺，折御祖公子孙完纳。永生公墟田载正米四升三合二勺，折永生公子孙完纳。

天后宫建造的时间迟于公平墟，据族谱记载，是在乾隆"壬子之春阖族佥议欲于公平墟建造天后宫"，即乾隆五十七年（1792）。由于参加的族房有所增加，因而其建造经费的分派在建造公平墟的基础上有所调整，嘉庆七年族众曾对于天后宫的建造经费及管理交纳地租诸事立有碑记，其碑记如下：

至乾隆壬子之春，阖族佥议欲于公平墟建造天后宫。我四公子孙邀礼衡公子孙入墟叩之，即欣然乐从。我四公开墟前用之项，照依五股派还四公，自得当众交讫。嗣后公平墟墟场墟租，胜公房子孙分收墟租一半，敫公房、礼崇公、礼衡公、雄公、希孟公、永生公，五公子孙分收墟租一半。前后立有合同，大簿载明，付执永为凭据。聊志数语，俾后人知先后之由矣。一，礼衡公子孙帮出开墟使用花边一百二十圆；大路下余剩田二小坵；天后庙背上田一坵，丈积九分三厘三毫六丝；襄彦助出田一处，正米三合六勺。 附：通墟众造庙屋开后：天后宫左畔，一植大客店一所，二植大客店一所，三植店一间，四植又一间，五植又一间，六植又一间，共六植。其右畔个人自造之店屋，各人自己递年纳地租交众，及小庄租钱交众。

嘉庆七年壬戌岁秋首事邹胜公、敷公二公子孙仝立碑。

图4 邹氏始祖坟茔

为了让家族对于天后宫的管理得以持久并保障经费来源充足，邹氏家族专门设立了"天后宫龙翔会"。龙翔会类似于清代福建民间流行的民间金融互助组织"钱会"，共分为四班。这四班人员的名单如下：

首班：时运、子仁、子荣、仁宽、仁盛、元暄、志乾、志和、元超、全远、圣云、礼光。

二班：观辉、寿官、成官、科瑞、含辉、殿赓、扬朝、扬山、扬轩、圣坤、新顺、荣雨。

三班：雄彦、聘官、猷官、善官、本官、安官、以中、弼中、全仁、天中、元超、传应。

四班：复生、殿试、崙生、元超、显登、郎官、清官、运官、服官、振官、宗官、琪官。

共四十八人，分为四会。当日每人出大番二圆。众议将此银自一会领起，交至二会、三会、四会，轮流生息，周而复始。存至嘉庆十七年，本利大番五百零六圆。原额日后倘有会内要拆回者，只许领回本大番二圆，批照。

除了组织龙翔会筹集银两以轮流生息之外，邹氏家族还于嘉庆十七年专门购置了田

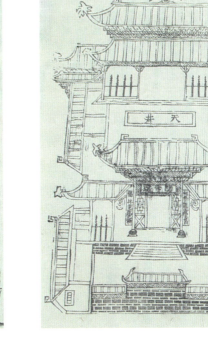

图5　邹氏天后宫图　　　　　　　　　　　图6　邹氏天后宫内图

地，并且还在官府的册籍中以"邹龙翔"的名称登记入籍，以租谷收入供天后宫的日常费用：

> 嘉庆十七年十二月购买田片列后：
>
> 一处本里神坛下，田一坵，上则，丈积二亩二分二厘四毫正，载正米一斗二升零零九抄九撮正。东至路，西至征秉田，南至子仁田，北至熊云公田。
>
> 一处本里塘策空，田三坵，中则，丈积一亩三分八厘八毫，载正米五升九合九勺六抄一撮六圭。东至周祯公尝田，西至叶胜公尝田，南至宗望田，北至郎官田。
>
> 一处本里社树下，田二坵，下则，丈积一亩四分三厘八毫，载正米四升四合三勺六抄二撮五圭八粟七粒六微。东至子仁田，西至选官田，南至路，北至路。
>
> 以上三处，共正米二斗二升四合四勺二抄零一圭八粟七粒六微。该钱粮三钱九分零五毫。本仓一斗五合五勺一抄，在保四图四甲新立邹龙翔户轮纳。
>
> 以上三处，共去契价大番四百九十五圆零。

有了庙宇设施及经费保障之后，邹氏家族对天后宫的轮值祭祀也做了相应的规定，族谱载《天后圣母娘娘千秋规额》云：

> 备办祭仪等物，假如一班值事收田钱，预先另请二班、三班、四班各班请出一位公平正直能办之人，为上下明甫，备办祭仪、席面等物，其钱在直事之班支用。

其值事班，但办凳桌，不得买办。今自一班轮至四班，周而复始。倘有不请各班一人为明甫办事，希图渔利者，定罚戏一本，以杜私弊。是为记，批照。

从以上这些记载可以看出，四堡乡天后宫作为邹氏家族的族有庙宇，从筹建、庙产，到每年的祭祀管理轮值等等，都是通过家族内部的组织来推行的。就国内其他地方天后宫的一般情景而言，天后宫较多的是跨姓氏的、在一定地域内受到崇拜和管理的庙宇。而作为某一个姓氏家族所有并为之管理崇祀的天后宫，则相对少些。尽管如此，通过对连城县四堡乡邹氏家族天后宫的分析，无疑可以进一步充实对于中国各地天后宫崇拜信仰的不同形式的了解。也许正是这种存在一定差异性的天后妈祖崇拜，显现出天后妈祖崇拜的多样性和社会适应性，而这种多样性和社会适应性，正是天后妈祖信仰能够冲破地域的界限和时代的界限，得以永久延续的一个重要内在因素，值得我们重视。

作者单位：厦门大学两岸关系和平发展协同创新中心

收稿日期：2015-11-6

# "香料"辨义
## ——以东西交通为视角

高荣盛

"丝绸之路"作为热门词指代为东西交通,不经意间将中国的丝绸提升为东西交流中的主流或主导产品,这显然有失允当——即便丝绸是东西通道上的重要产品,它也仅仅是中国的单向输出,中国不需要来自域外的产品吗?显然不是。一个简单的道理是,国际交通是双向的或多向的互动关系,是多种需求构成的极其复杂的交往网络。我们在这里无意改变"丝绸之路"这一约定俗成的话语,但有必要从东西交通中提炼出更具代表性的交往物质——它必须是东西双方,乃至整个交通网络中供求热切,并在长期的交往历程中越来越凸显其重要性的产品。历史进程表明,这种产品是存在的,它就是香料,是属于国际贸易"首要商品"的香料[1]。我国着重于研究汉唐时代中外交通的学者也认为,"香料贸易在丝绸之路贸易的份额中实占有举足轻重的地位";通过较为信实的量化和支付手段的分析,得出"海陆路丝绸之路上进口的香药不论在数量上,还是在商品的总价值量上,都不逊于出口的丝绸"的结论[2]。汉唐如此,遑论东西交通贸易大发展、香料贸易空前兴盛的宋元明时期。

"最早到亚洲的英国人的确是去寻找香料的,……香料是探索发现的催化剂,扩大一些,用通俗历史学家有些滥用的词语来说,它们重塑了世界。葡萄牙、英国、荷兰在亚洲的领地略微夸张一点说乃是由寻找桂皮、丁香、胡椒、肉豆蔻仁和肉豆蔻皮等始而形成的,而美国的领地也多少如此。是的,不论在现代还是几百甚至几千年前,对香料的渴求都是激发人类探索的巨大动力。为了香料的原因,财富聚了又散,帝国建了又毁,以致一个新世界由之发现。千百年来,这种饮食上的欲求驱使人们横跨这个星球,从而也改变着这个星球。"问题是,在现代人看来,香料何以有那么强大的吸引力?
"我们总会想:不管食物差到什么程度,那些异域的辛辣调料值得这样小题大做吗?在一个人们把经商的能量投入到追求武器、石油、矿产、旅游和毒品这类缺乏诗意的商品上的时代,那种把这些能量投入到寻找似乎不那么重要的香料上的做法,在我们看来也

---

[1]〔比〕亨利·皮朗著,乐文译:《中世纪欧洲经济社会史》,上海人民出版社,2001年版,第136页。

[2] 温翠芳:《唐代外来香药研究》序论,重庆出版社,2007年版,第17、19页。

实在是一种难以参透之谜。"[1]

或许，这"难以参透之谜"在国内更为突出，例如，有学者鉴于阿拉伯地区的香料（或指乳香、没药等阿拉伯地产香料）在世界文化史上占有"极其重要的地位"的史实，通过互联网检索到与之有关的论文，其中属于食品及染料工业范畴的文章达3129篇，而与阿拉伯香料相关的论文仅4篇。其中，国内学者发表的与阿拉伯香料有关的文章虽时间跨度近三十年，但介绍性的材料近八成，"论述香料贸易与跨区域国际文化交流"者仅有1篇[2]。

与此相类似的另一倾向是，鉴于欧洲与亚洲不可或缺的贸易联系，西方学者的众多论述尚能对香料的重要性予以关注，但在中国，香料作为古代贸易中的一个品类，学者们虽注意到它与医药、宗教和社会生活方方面面的广泛联系，但其重要性似乎没有提升到应有的高度[3]。笔者在百度上偶然见到一篇题为《外来香料与中古中国社会建构的互动》的文章，它从经济史和人类学角度考察战国以来（似止于宋代）香料作为一种重要经济资源与文化资源对中国各时期社会的建构所产生的重要影响，立论和论述颇中要义[4]。但此类论著数量十分有限。

"香料的故事是一团散着香气却头绪万千、难于梳理的历史乱麻"[5]，将香料提升到国际贸易"首要商品"地位（约16世纪前）并非易事[6]。它涉及香料的社会功

---

[1]〔澳〕杰克·特纳著，周子平译：《香料传奇——一部由诱惑衍生的历史》，三联书店，2007年版，第20、21页。

[2] 马和斌：《论伊斯兰教对阿拉伯香料文化的影响》，《西北民族研究》2008年第3期。

[3] 除上引温翠芳等人著作外，其它关注者如罗香林曾言，天然香料"实与民生日用，不可分离，而中土所产者少，必常取给于外"（罗香林：《乙堂文存》卷一序跋，中国学社，1965年版，第69页）。并言："夫香药种类至繁，作用至夥，可为防腐避垢，去疾治瘟，寓有圣洁之意，非第芬芳馥郁，足为适性怡情而已，在昔化学香品未兴时代，天然香料，实与民生日用，不可分离，而中土所产者少，必常取给于外，是故海舶往来，每多香药，而宋代对外贸易，亦缘是发达，宋史食货志，谓宋代经费，茶盐矾外，惟香利为博，而其关系以对外与国家财计者巨，盖可知矣。"（林天蔚：《宋代香药贸易史》之罗香林序，中国文化大学出版部，1986年。）笔者孤陋所知，林天蔚的《宋代香药贸易史》虽早成于上世纪末而略嫌粗疏，但不失为较为全面解析香料与中国社会经济建构关系的开创之作。

[4] 陈超：《外来香料与中古中国社会建构的互动》，见http://wenku.baidu.com/link?url=R9pRquVUqxqzE6oxgZ-ALjuyEI9nHITY3zTcuiQKoId9uKRDbizek3Rr24munDJ8zd3wElm0txkVp12kpY9c6uWpWUfOjzzKYPU87_YYXEq。

[5] 前引《香料传奇》语。

[6] 香料重要性的减退"在欧洲人最初向东方寻找香料时就已开始了，香料的鼎盛时期也就是它们的吸引力开始衰落之时，这一结束过程用了几百年时间"，就是说，这个过程若始于16世纪，那么，到18世纪，随着丁香、豆蔻和肉桂先后被移栽成功，荷兰东印度公司垄断体制被打破，并伴随着更有利可图的商品如茶叶、白银、橡胶及编织品的出现，香料的稀有、贵重性便成为明日黄花。参前揭《香料传奇——一部由诱惑衍生的历史》，第246页。《岛夷志略》的校释者苏继庼说："丁香之地理分布至狭，本以其原产地马鲁古岛为限。然在葡萄牙东来前不久，安汶岛（Amboyna）已移植丁香。至1770年，法人始以丁香移植于印度洋中之毛利求斯岛（Mauritius），后南美之圭亚那（Guiana），东非之桑给巴尔（Zanzibar）与彭巴（Pemba）二岛皆移植之。"（元）汪大渊著，苏继庼校释：《岛夷志略校释》，中华书局，1981年版，第208页。

用、产地分布、海外各地市场的需求状况、运作实态等问题；反过来，又深刻体现于香料对东西交通的影响（集中体现为以港口变迁为主环节，在政治、经济诸因素的制约下，因香料主要品种产地的不同而影响和拉动着东西交通格局的变迁）。简言之，若要"主张"香料为国际贸易的"首要商品"，相应的"举证"难以一蹴而就，它必须从辨义、功用与运作三个相互联系的环节进行阐发。本文试就香料的义涵作如下解析。

## 辨义之一："香料""香药"及其分类

英文的spice与special是同根词，意味着"香料"带有一种独特、无可替代的含义（参见后文），这与中国有关"香料"的内涵具有不同的意味。

"香药"一词出现较早，如后人释《尔雅》时所谓的"以香药熏草沐浴"乃宋人语[1]。正称或早见于南朝[2]。宋代官方文献亦多称"香药"。为管理和储销香料，宋代从中央到地方设置一系列机构，如中央"太府寺"下设"掌修合良药出卖以剂民疾"的和剂局、惠民局，另设香药库"掌出纳外国贡献及市舶香药宝石之事"[3]。其中，香药库是香药的最大储藏机构。

汉文"香料"一词最迟出现于南宋。如开禧二年（1206）年底某日，南宋抗金名将毕再遇与敌接战佯退，"视日已晚，乃以香料煮黑豆铺地上"，复与金人战，佯败，"金人乘胜追逐，其马已饥。闻豆香，皆就食，鞭之不前"，宋军反攻，"金人马死者不可胜记"[4]。元代的一条载录中提到的"回回香料"既是香药的一种，又是进口中国的著名调味品之一[5]。此后或多见于明代（包括明代小说）及其以后。

唐代外来香药研究者温翠芳注意到"香料"与"香药"的区别，认为，"香药，就其狭义而言，指有香味的药物"；其广义指"香料"及"药物"，即"香料"从广义言，"香药"以狭义言，指"有香味的药物"，只不过，因篇幅的限制而在其论著中"对药物的叙述以芳香植物类药为主"而已[6]。

我们认为，从实际功用看，"香料"同样具有药用价值（此点另著文分析）；并

---

[1]（宋）罗愿著，昭文、张海鹏订：《尔雅翼》卷二《释草二·蒿》，丛书集成本。

[2] 详（晋）陈寿著、（南朝宋）裴松之注：《三国志》卷五三《吴书·薛综》，崇祯十七年本。文称，交阯等地"以益中国"之物中有"远珍名珠、香药、象牙、犀角、瑇瑁、珊瑚、琉璃、鹦鹉"。

[3]《宋史》卷一六五《职官志五》。

[4] 载（宋）刘时举：《续宋编年资治通鉴》卷十三《宋宁宗二》，丛书集成初编本，第169～170页。

[5]（元）高德基：《平江记事》（四库全书本）："吴人制鲈鱼鲊、鲭子腊，风味甚美，……鲭子鱼选肥美者，去头尾，润以酥油，风干为腊，亦加香料，相兼他鱼，无可为敌。回回豆子细如榛子肉，味香美。一息泥如地椒，回回香料也。"

[6] 温翠芳：《唐代外来香药研究》，第13页页下注①。

且，根据相关定义，香料亦指产于热带地区的植物或芳香类植物（详"辨义之二"）。由此可见，"香料"与"香药"的涵义基本重合，其微弱的区别可能是，"香料"多具有调味功能，"香药"重在药用价值，而就相当数量的香药而言，调味功能并不重要。不过，温氏的说明意味着，"香药"的范畴尚不限于"芳香植物类药"。那么，在"香的气味"这一限定下（稍特殊的事例非止一二，如阿魏味臭，芦荟味苦，但习惯上仍归为香料），"香药"尚包括龙涎、甲香等动物类香料（它们同样具有药用价值）。由此应注意"香料""香药"与中外药典或方剂类著述中的"药方"这一指称的区分，例如，唐五代时期的李珣（其先波斯人）的《海药本草》曾将131种外来药物分为"玉石""草""木""兽""虫鱼"和"果米"等六部，若按照上述界定，可较明确地将"玉石"（大致相当于矿物类）、"兽"和"虫鱼"部（除龙涎、甲香等少数品种外）排除在"香料"或"香药"之外；"草""木"和"果米"部作为"香药"与上述主张基本吻合，亦与后文所阐发的"香料"的定义相吻合。也就是说，香料的核心或主干品类指芳香类植物，但"香的气味"这一意蕴使"香料"的品类得以适度扩展，其涵指尚须具有一定的灵活性。

香料在古代中国域外进口货物中占据大半乃至三分之二的比例，其类别的划分则缺乏确定的标准。如元代文献《大德南海志》将中国进口香料列为"香货""药物"和"诸木"三个名目，品种33种。其中"药物"下的"硫黄"当归入《海药本草》中的"玉石"类（矿物类）；"诸木"下的"苏木"作为香药，名气很大，而射木、乌木、红柴主要用于造船或建筑，可排除在"香料"或"香药"之外[1]。唐以来市舶部门另一种划分办法是以"粗货"与"细货"分类。如《至正四明续志》将进口的205种货物划为"细色"119种和"粗色"86种。除去金、银、纺织品和手工业品外，估计"细色"香料至少近70种，"粗色"香料至少20种左右[2]。

---

[1] 陈大震《大德南海志》（中华书局《宋元方志丛刊》本）所载外来香料有：
香货：沉香、速香、黄熟香、打拍香、暗八香、占城（疑缺"香"字——笔者注）、粗熟、乌香、奇楠木、降香、檀香、戎香、蔷薇水、乳香、金颜香。
药物：脑子、阿魏、没药、胡椒、丁香、肉子豆蔻、白豆蔻、豆蔻花、乌爹泥、茴香、硫黄、血竭、木香、荜拨、木兰皮、番白芷、苏合油、荜澄茄。
诸木：苏木、射木、乌木、红柴。
[2] 王元恭：《至正四明续志》卷五《土产·市舶物货》（据中华书局《宋元方志丛刊》本）：
细色：珊瑚、玉、玛瑙、水晶、犀角、琥珀、马价珠、生珠（合经抽解）、熟珠（舶务合收税钱）、倭金、倭银、象牙、玳瑁、龟筒、抽解、翠毛、南安息、苏合油、槟榔、血竭、人参、鹿茸、芦荟、阿魏、乌犀、腽肭脐、丁香、丁香枝、白豆蔻、苏澄茄、没药、砂仁、木香、细辛、五味子、桂花、诃子、大腹子、茯苓、茯神、舶上茴香、黄芪、松子、榛子、松花、黄熟香、粗熟、黄熟豆、口香、沈香、暂香、笺香、虫漏香、没斯宁、蟹壳香、蓬莱香、登楼眉香、旧州香、生香、光香、阿香、委香、嘉路香、吉贝香、吉贝布、木棉、三幅布罩、番花棋布、毛驼布、袜布、鞋布、吉贝纱、胡椒、降真香、檀香、糖霜、苓苓香、麝香、脑香、人面干、紫矿、龙骨、大枫油、泽泻、黄蜡、八角茴香、金颜香、硃砂、天竺黄、桔梗、麖香、剡香、鹏砂、新罗漆、笃耨香、乌黑香、搭泊香、水盘香、肉豆蔻、水银、乳香、喷哒香、龙涎香、栀子花、

显然,这是按珍贵程度分类,政府通过"抽分"获取需要的香料("细色"多数由官方无价征取,或以更高比率"抽分"),并对某些品类实行专买专营。由于中国是东西海道中东方的最大市场,因而,国际香料流布于东方的基本情况,可由其得到较为集中的反映。

另一种习惯上的分类大致着眼于应用。它将香料分为"熏香"和"辛香"两大类别。"辛香"似更重口感,"胡椒"无疑为"辛香"类的突出代表(另包括生姜、桂皮、丁香、豆蔻等)[1];"熏香"类似侧重于环境和文化的功效,但亦可用于调味。两者均可入药。在非香料专业领域,此种分类、区分不太会涉及实质性问题。熏香中的"芬芳类木材"主要集中于东南亚和南亚地区[2],对中国而言,更多应用于宗教和社会生活领域内的这类香料或原材料进口量大,获取亦较便利;此划分亦可将众多香料的种类梳理得更简要一些。基于此,"香料""熏香类""辛香类"和"芳香类树木"等名目均可运用于研究或实际阐述之中。

以上论述可概括为对"香料"涵义的经验性归纳或理解。重要的是,尚必须为"香料"寻求一种较为科学的定义。

## 辨义之二:产于热带地区/"次要化合物"与香料分布之大势

现代科学无疑能对"香料"下一个确切的定义。但是,它应该包含人类对它的认识、利用等丰富的历史内涵;重要的是,我们关注的是前工业化时代的自然香料而不包括其后的化学合成香料,所以,它有别于现代科学对它的界定。这里主要看《香料传

---

红花、龙涎、修割香、硇砂、牛黄、鸡骨香、雌黄、樟脑、赤鱼鳔、鹤顶、罗纹香、黄紧香、赖核香、黑脑香油、崖布、绿矾、雄黄、软香、脊蛤皮、三泊、马雅香、万安香、交趾香、土花香、化香、罗斛香、高丽青器、高丽铜器、芯拨、沙鱼皮、桂皮。

粗色:红豆、壳砂、草豆蔻、倭枋板柃、木鳖子、丁香皮、良姜、蓬术、海铜皮、滑石、藿香、破故纸、花梨木、射香、掬木、乌木、苏木、赤藤、白藤、螺头、鲜鲐、琼芝菜、倭铁、苎麻、硫黄、没石子、不斛、草菓、广漆、史君子、益智、香脂、花梨根、椰子、铅锡、石珠、炉甘石、条铁、红柴、螺壳、相思子、豆蔻花、倭条、倭橹、芦头、椰簟、三赖子、芜荑仁、硫黄泥、五倍子、白术、铜青、甘松、花蕊石、合蕈、印香、京皮、牛角、桂头、镀铁、丁铁、铜钱、麂皮、鹿皮、鹿角、山马角、牛皮、牛蹄、香肺、焦布、手布、生皮、藤棒、椰子壳、生香粒、石决明、拖明、生白香、真炉、黄丁、杏仁、历青、松香、磨珠、细削香、条截香。

[1] 中国国家技术监督局于1991年公布的国家标准以"香辛料"为通称,规定了42种中国常用的香料的技术标准。这个标准将香辛料分为4类:(1)以芳香为主,如大茴香、罗勒、芥子、黄蒿、小豆蔻、丁香、肉桂、芫荽、莳萝、茴香、肉豆蔻、洋苏叶等。(2)以增进食欲为主,如生姜、辣椒、胡椒、芥末、山葵菜、花椒等。(3)以脱臭性(矫臭性)为主,如大蒜、月桂、葱类、洋苏叶、玫瑰、麝香草等。(4)以着色性为主,如红辣椒、藏红花、郁金等。这种分类基本将"熏香类"排除在外。

[2] 〔新〕尼古拉斯·塔林主编,贺圣达等译:《剑桥东南亚史》,云南人民出版社,2003年版,第150页。《剑桥东南亚史》等著述提出这一划分时,似未同时提出对应的其它概念。

奇》的一段表达：

　　总括地说，香料并不是一种香草（这里指植物中带香味的叶状绿色部分），香草是叶片，香料是从植物的其他部分获取的：树皮、根、花蕾、树胶与树脂、种子、果实或柱头。香草多生长在温带地区，香料则生长在热带地区，从历史上来说，这意味着香料比香草要难获取得多，因而也珍贵得多。

　　生长环境也从更根本上对香料作了解释，从化学角度来说，使香料具有香料特性的是这种植物所含的稀有的叫做油精和油脂体的高度挥发性化合物。正是它们赋予了香料特殊的味道、香气和防腐特性。植物学家把这种化学物质归类于次要化合物，这是因为它们对植物的新陈代谢来说是次要的，也就是说它们在光合作用或营养吸收过程中不起作用。然而次要不等于没有必要，它们的存在是由于一种进化反应，是植物对于其所生长的热带环境下的寄生虫、细菌、真菌的威胁的一种抵抗手段。简言之，香料的化学性质（归根结底是使香料成为香料的东西）从进化论的角度说即相当于刚毛之于豪猪，或躯壳之于乌龟。自然状态下的桂皮是一种一流的盔甲，肉豆蔻诱人的香味对于某些昆虫来说则是一种毒剂。香料的吸引力（从植物的角度来说）是达尔文进化论的一种反向结果，它们对人产生诱惑的恰是使一些动物对之排斥的东西。香料对人来说如果食用过量也会是一种毒剂，长期过量食用肉豆蔻可诱发肝癌。

　　当然，在历史上人们对于香料的化学性质或自然选择的奇事都是不可能知道的，使香料显得与众不同的是其他一些特点。在欧洲人发现美洲之前，那些稀有而珍贵的香料从实际的定义上说是来自亚洲的产物。地中海盆地也有不少本地土生的香料植物，其中许多香料现在都被普遍地与东方烹调联系在一起，如胡荽、孜然芹、藏红花等（中世纪时英格兰是藏红花的主要产地，这提示人们，香料的交易线路是双向的）。另一方面，一些以前被算做香料的东西如今已不再被归于此类。……一般而言，香料的共同特点是体态小，耐保存，难获得。尤其要提一下的是，香料（spice）这个词带有一种独特、无可替代的含义。说香料是特殊之物（special）是同义语反复，事实上这两个词是同根词。正如它们的名称中蕴涵着非寻常之义，这名称也与魅力诱人相连。[1]

杰克·特纳的表述当源于植物学或植物学家，其中涉及了两个相互联系的义项："真正的香料"（出自植物的皮、根、花蕾、树胶与树脂、种子、果实或柱头部分，它们含有的"次要化合物"，即"稀有的叫做油精和油脂体的高度挥发性化合物"，能赋予香料"特殊的味道、香气和防腐特性"）产自热带地区，因而"体态小，耐保存，难

---

[1] 〔澳〕杰克·特纳著，周子平译：《香料传奇——一部由诱惑衍生的历史》，第30、31页。

获得"，具有"诱人"的"魅力"；香料交易路线的双向性（地中海盆地地产香料［如胡荽、孜然芹、藏红花等］←→亚洲香料），两者构成了中世纪东西交流中最重要的物质载体——香料的分布及其流动的复杂图景。

如所周知，南北回归线之间的区域为热带区。北回归线自台湾嘉义、潮汕西至云南个旧、临沧穿过；东南亚、南亚、阿拉伯半岛和非洲的绝大部分地区，包括台湾省的南部和雷州半岛、海南岛和西双版纳等地属热带区，是"真正的香料"的主产地。然而，《香料传奇》明确提出地中海盆地的地产香料（即著名的胡荽、孜然芹、藏红花等）亦属"真正的香料"，这就意味着，所谓的热带实际包括了亚热带——由此势必考虑到这样的常识：气候类型即地区的自然条件（一般由阳光强弱、水、陆面积大小、海陆位置分布而产生），即各个地方气候类型不一。但气候类型没有特定的纬度区域限制。而且，从温度考虑，南北方向可划分出温带、亚热带和热带的半干旱和干旱气候，然而除个别情况外，它们在地区分布上是连续而难以区分的。可见，地中海盆地（地中海式气候区）属亚热带常绿硬叶林气候区（分布地中海沿岸，包括欧洲南部、非洲北部沿海和西亚少数地区），也包括除内陆之外的小亚细亚半岛。中国南部的一些地区则属亚热带季风（常绿阔叶林）气候。

由此可见，香料交易的双向性启示我们重视真正香料产区的另一端，即地中海地区以及西亚地区（东起阿富汗，西迄土耳其的西部，含17个国家和地区）——北回归线从本区中部穿过，大部分地域处于副热带高压和干燥的东北信风控制之下，同时，其西南临干旱的北非，加之高原边缘有高大山系环绕，所以气候干燥，多属热带和亚热带沙漠和草原气候（含热带疏林草原气候、热带沙漠气候和亚热带沙漠和草原气候三种类型）——作为参与东西海陆交通的重要区域，这里当然也属于真正香料的产区[1]。

显然，北回归线以南地区作为"真正的香料"的产区，甚至将其视为真正的一线香料的产区是没有问题的，这也是我们所熟悉，并视为香料交易路线中的重点地区；而在东南亚、南亚和阿拉伯半岛与非洲的大部分地区之外的欧亚内陆地区的地产香料往往是我们熟视无睹、并易于疏忽的地区——它们作为香料交易路线的"双向性"中的另一侧，当然也应该受到同样的关注（以下以"西方/西亚—地中海"指代这一地区）。

那么，如何了解亚热带地区（西亚—地中海）地产香料的种类及其分布情况呢？可行的途径无非是以有关资料与现有研究成果两相结合，从东向传播的香料/香药种类中探寻出西亚—地中海地区的相应状况。

香料对人类的作用涉及社会生活的方方面面，但其中最切中国计民生的是其医药功用，因此，无论从文献的提供还是从研究者的关注度看，"香药"都是首当其冲

---

[1] 主要参考《世界地图集》之《气候的形成》，中国地图出版社，2005年版，第12页。

的。唐代外来香药便较早成为研究者们的一个较好切入点，他们以美国东方学者劳费尔（Berthold Laufer）的《中国伊朗编——中国对古代伊朗文明史的贡献》（*Sino-Iranica:Chinese Contributions to the History of Civilization in Ancient Iran*, Chicago, 1919。林筠因汉译，商务印书馆，1964年版）、美国汉学家谢弗（E. H. Schafer）的《撒马尔罕的金桃》（*The Golden Peaches of Samarkand*, Berkeley:University of California Press, 1963。吴玉贵汉译，译为《唐代的外来文明》，中国社会科学出版社，1995年版）、宋岘的《古代波斯医学与中国》和姜伯勤的《敦煌吐鲁番文书与丝绸之路》等等译著[1]，结合唐五代的《新修本草》（苏敬主纂）、《酉阳杂俎》（段成式）和《海药本草》（李珣）等东方本草文献，对汉唐时期西方/西亚—地中海地区进口中国的香药进行较为深入、系统的研究。关于后一个阶段，即中外交通进入繁盛期的五代、宋、元、明阶段，著成于明洪武年间、具有高度西亚—地中海背景[2]的《回回药方》（原36卷，现存仅4卷）向我们提供了极其难得的文献依据，它不仅为中外药物的构成及其产地、性状的研究提供了最丰富的参考资源；而且，就香料/香药而言，其数量亦足以覆盖包括欧亚内陆在内的东西海陆地区的所有香料[3]。我国学者宋岘通过详实的对比研究，揭示出

[1] 参见温翠芳：《唐代外来香药研究》前言，第4～5页。

[2] 根源于印度的古波斯医学是欧洲、亚洲、非洲诸民族国家的医术和药物学相互交流、借鉴与融合的产物。9世纪初，阿拔斯帝国仿照波斯医院格局在巴格达建立第一所医院（称"比马利斯坦"，Bīmāristān，波斯语，意为"治病的地方"），不久，伊斯兰世界先后建立的医院达34所。872年，开罗建立了埃及的第一家医院（存续到15世纪）。可见，阿拉伯医学和伊斯兰医学虽是古希腊医学的忠实继承者，但希腊医学到阿拉伯医学转化实与波斯医学的形成有密切关联——巴格达医院最著名的波斯医生均因各自著有百科全书般的医学巨著而成为阿拉伯医学史上最杰出的人物，在世界医学史中也占有重要地位。这些著作是在阿拉伯医学和伊斯兰医学形成和高度发达时期形成的集大成的医药名著，因而，它们在相当程度上反映了当时欧洲、亚洲、非洲诸民族国家的医术和药物学的相互交流、借鉴与融合，是中世纪世界药物学的杰出成果。见〔美〕菲利普·希提著，马坚译：《阿拉伯通史》，新世界出版社，2008年版，第329～333页。

[3] 宋岘在列举了《回回药方》的448种方剂（主要是香药）后说："除上述者外，还有很多种生药，其中有未及考证其含义的，也有被收入李时珍《本草纲目》的，在此暂不列出。从上面的情形看，一种胡本草有多种汉字音译名的情况很普遍，比如熏衣草，音译名有14种，在统计药物种类时，只能算作一种。尽管如此，也能看出《回回药方》的本草种数在450种以上。因此可以说，一部《回回药方》的胡药名，就比那以前的历代传入中国的药物名之总和还要多。这足以表明古波斯医药对中国社会生活和中国本草学均具有何等重大的影响。这也说明，伊斯兰文化传入中国，乃是波斯医药大量传入中国的文化背景。为此做出了巨大贡献者主要是那些来华的波斯医生。"（宋岘：《古代波斯医学与中国》，经济日报出版社，2001年版，第76页。）不过，他所列出的448种药物中，有大量种类应排除在香料/香药之外（如属《海药本草》"玉石""兽""虫鱼"类的品种），重复和有待合并归类者仍比比皆是，例如（"/"两侧分别为同类药名和音写；阿拉伯数字为《古代波斯医学与中国》中药物的排序）：阿思忙攻［181］/雅胡提、雅胡石［401］［Āsmaūn /Yāghūt］可归为红宝石/红刚玉，［93］之"牙古石"明显重出；赞哥尔［425］/罗亦琐黑达［429］［Zanjār/Rawskhataj］之铜绿［vardigri］与铜的氧化物亦可归为一类；"兽"类中的"扎里木"［Zalīm］为公驼鸟，但分列［43］、［75］两条。《回回药方》将一般性食用植物如蚕豆［25］、野葱［27］、豌豆［157］、菠菜［415］和诸如亚麻［115］、大猩猩的毛发［191］、法国梧桐、洋梧桐［418］、棉花籽［448］等均作为入药的物品载入，它们多数可排除在"香料"之外。"香料"名的重复更为普遍，如桃金嬢（木儿的/Murd）同于［51］、［355］条，［52］木儿答那（Murdānah）之"桃金嬢果"亦当归入此类；指甲花（耶悉弭花、白茉莉花）［5］/牙西珉（Yāsamīn，素馨花）［94］/福黎（Ful）［398］均指茉莉

《回回药方》与阿拉伯医学兴盛时期的医学著作不仅对中世纪的西方医学产生过巨大影响，"对东方的诸民族医学也产生过影响"，它"与阿拉伯医学体系确实存在着直接的关系"[1]，它与最著名的医药学家及其著作也存在直接的渊源关系，乃至其医方抄自这些波斯医家的著作[2]。以此结合这一时期的汉文文献，如《清异录》[3]、《宋会要辑稿·职官志》、元陈大震的《大德南海志》、王元恭的《至正四明续志》卷五《土

花；撒肥失儿（Shamsir）[416]和可黑里、渴渴里（Qāqullā）[441]同指小豆蔻；那儿丁（Nardīn）[158]、纳而丁（Nārdin）[336]重复，与福（Fuwwa）[396]并指甘松（亚洲香茅、野生甘松）；著名的没药在《回回药方》译作"木瓦"（Muw）[49]、"木里、木儿、木而"（Mmr）[50]、"母瓦"（Mmv）[70]，分指"欧洲没药"、"阿拉伯没药"和"没药"，并指"芦荟"者尚有"飞古刺"（Fayqra）[326]；茴香的名目更多，如可木你（Kammūn）[100]与可落牙（Karawiya）[117]同译为小茴香（latency/anethum, peucedanum graveolens, Dill），即刺（Zeerah）[213]与达达茴香（Shabt）[346]于小茴香之外，另分别名为孜然（fructus,cumini, Zeerah的音译）和蒔萝，实与茴香同类；而阿你松（Anīsǔn）[178]、鲁米茴香、鲁迷茴香（Amsum）[405]虽分译为（拜占廷）大茴香（anise）和欧洲大茴香（Anise）[405]，其实都是指同一种大茴香。

[1] 宋岘：《回回药方考释》前言，中华书局，2000年版，第19页。

[2] 他们是：穆罕默德·本·扎卡利亚·拉齐（Al-Rāzī，拉丁名Rhazes），代表性著作为《医学集成》（Kitāb al-āwī fi ibb），1279年译成拉丁文为Continens，又名《万国医典》；阿里·本·阿拔斯·麦朱西（Majūsī），以其《王书》（al-Kitāb al-Maliki；原名《医学全书》，Kāmil al-inā 'at al-ibbiyyah）而驰名；在阿拉伯医学编年史上，拉齐后最著名的医学家是伊本·西那（希伯来语Aven Sīna，拉丁语Avicenna，980－1037），医生兼哲学家、语言学家和诗人，据说著书达99部。他把希腊的和阿拉伯的医学思想加以总结而编成《医典》（al-Qānūn fi al ibb），原为阿拉伯语，12世纪译成拉丁文，名Canon。这是一部具有百科全书的内容、系统化的编排和哲学的计划的名著，在那个时代的医学文献中取得了卓越的地位，取代了格林、拉齐和麦朱西三人的著作，而被采用为欧洲各大学的医学教科书。这部书的药物学研究了760种药的性能。自12世纪到17世纪，这部书被用做西方医学指南，东方的伊斯兰国家现在还有人偶尔应用这部书。另如《沙卜而并撒哈而八黑忒文书》《麻而瓦吉》等著述也对《回回药方》有直接影响。前三者为波斯人，而伊本·贝塔尔（1197－1248）则是一位阿拉伯后裔。作为西班牙的穆斯林，"事实上是穆斯林世界的最驰名的植物学家兼药物学家"，他曾以草本学家的身份游历西班牙各地和北非，后来服务于开罗艾优卜王朝。从埃及到叙利亚和小亚进行广泛旅行，留下两部著作，其一为关于药品学的《药物学集成》（al-Mughni fi al-Adwiyah al-Mufradah），另一部为医方总集《医方汇编》（al-Jāmi 'fi al-Adwiyah al-Mufradah），所列药物包括动物、植物、矿物三大种类。该书把希腊的和阿拉伯的资料融合起来，又根据著者的临床经验和科学研究作了增补。这部书是同类中世纪论文中的杰作。书中论述了一千四百个项目，其中有三百个是新颖的，这些新颖的项目包括二百多种植物。他所引证的著作家约有一百五十人，其中有二十个是希腊人。该书宋岘在《回回药方考释》中译为《药典》，引证率较高。见〔美〕菲利普希提著、马坚译：《阿拉伯通史》，第330～333、524页；另参见宋岘：《古代波斯医学与中国》，第2～3、6～8页。

[3] （宋）陶谷：《清异录》二卷，惜阴轩丛书本。该书旨在采摘隋唐五代及宋初典故，考证源流演变过程。其中的《药谱》序言载："苾蒭清本，良于医，药数百品，各以角贴，所题名字诡异。余大骇，究其源底，答言天成中进士侯宁极戏造《药谱》一卷，尽出新意，改立别名，因时多艰，不传于世。余以礼求，假录一通，用娱闲暇。""苾蒭"亦作"苾刍"，本西域草名，梵语以喻出家的佛弟子比丘，此即玄奘《大唐西域记·僧诃补罗国》所谓"大者谓苾刍，小者称沙弥"。显然，此《药谱》乃由清本比丘录自后唐进士出身的侯宁（"天成"年号多见，此处当为后唐李嗣源所取年号，926－939），其中多见有出自欧亚内陆的香药。一位进士出身者能对包括进口药物在内的大量药物熟识到如此地步，以至可以用"极戏"方式，即以"角贴"为每味药物题上对应的词语（如："阿魏"/"魏去疾"、"诃梨勒"/"涩翁"、"皁荚"[疑即"波斯皁[皂]荚"]/"玄房仲长统"、"安息香"/"命门录事"、"苏合香"/"帝膏"、"没药"/"蛮龙舌血"、"密陀僧"/"甜面淳于"、"木香"[即"青木香"]/"大通绿"、"茴香"/"八月珠"，等等），令人惊异。据该书载，五代时流行药物达"数百品"之多（此处实记190品）。

产·市舶物货》等，另包括一些香书和药典，无疑会深化对西亚—地中海地区香料的认识（根据需要，宋岘的《回回药方考释》或简作"宋释"）。

以上成果及其有关史料显示的一个有趣现象是，研究者归入中亚地区的产品大概有康国的两种：赋香即甘松香，多年生矮小草本，或即甘松茅；香橼（枸橼、佛手柑，属芸香科，花、叶、果实均可提取芳香油）。前者或产于印度（甘松茅）、希腊（甘松茅）和叙利亚（称山区甘松茅，它生长的山地一面与叙利亚相连，另一面与印度毗邻），后者主产于波斯北部塔布拉斯（宋以来或移植岭南地区）。两者因通过中亚两河间的粟特人转贩，故研究者将它们归入康国香药。这一情况多少透露出温带地区确非"真正香料"的主产地（尽管还须作进一步细化论证），其它分布于波斯、大秦（罗马帝国覆灭后的大秦多指拂林，一般指拜占庭）、地中海地区的主要部分属亚热带。综合起来，该地区销往中国的香料有番红花（藏红花）、安息香、苏合香、茉莉、阿魏、兜纳香、迷迭香[1]、阿勃参、捺祗、胡桐泪、木香（青木香）、虎魄、无食子（无石子）、安石榴、婆那娑树、波斯枣、偏桃、槃砮（一作碧）稽树、齐暾树、醋[2]齐、波斯皂荚、野悉密、底称实（阿驵）、蜜草以及茴香、莳萝、诃子（当即诃梨勒）、甘松、茅香、皂荚（当即波斯皂荚）、茉莉、栀子花、藿香、兔丝子、蓬术、紫苏等；另，底野迦（亚历山大征波斯、印度时传入的解毒药）和蔷薇香水（玫瑰香水）属合成香药（和香）[3]。其中，著名的安息香主要产于伊朗（波斯），劳费尔认为产于马来亚群岛的小安息香树（Styrax benjoin）更为重要；苏合香主产地为叙利亚和拜占庭所在的小亚地区；木香（青木香）的产地或兼及热带地区的阿拉伯、印度地区（叙利亚亦有所产）；甘松（或作赋香、松香、甘松香，《回回药方》又作野生甘松、亚洲香茅）产于希腊、叙利亚（印度亦有所产）；没石子（无石子）产于波斯。上述香料《回回药方》均有著录。

显然，以上30多个品种仅仅是一种粗略的归纳，除难免遗漏的外[4]，应注意其中

---

[1] 原产南欧的迷迭香，三国时颇受欢迎，并由魏文帝时移植禁苑，但唐代已退出了时代潮流（温翠芳：《唐代外来香药研究》，第259页）。此说或可商榷，见后。

[2] "醋"，或作"醣"。见（明）周嘉胄：《香乘》卷二，四库全书本，第14页。

[3] 详见温翠芳：《唐代外来香药研究》，第176～261页；宋岘：《古代波斯医学与中国》，第16～39页。以上仅对进口中国的西方/西亚—地中海地产香料作一概略筛拣，其中的重要品种除于下文另作必要的说明和考辨外，当另作专门研究。

[4] 《回回药方》中传入的香料值得注意，如前文提到"香料"一词出处时引用的《平江记事》中提到"吴人制鲈鱼鲊、鲭子腊"时用了两种香料，其中"细如榛子肉"的"回回豆子"亦见于忽思慧《饮膳正要》，或即《回回药方》"回回豆子面"条的"回回豆子"，可考为回鹘豆、那合（Nakhūt）豆，亦即鸡豆（hims），又名鹰嘴豆（非《本草纲目》的豌豆）。参见宋释159。按鹰嘴豆是西亚和埃及人常用食品，伊本·拔图泰游记中亦多见。《平江记事》另一香料"一息泥"当即《回回药方》中的"以其黎黎""亦乞里"，为阿拉伯词语Iklīl的音译，宋岘疑为香草木樨（Iklil al-Maliki）或迷迭香（Iklil al-Jabali）。如前文所及，产于南欧的迷迭香由三国时的魏文帝移植禁苑，但研究者称唐代已退出时代潮流，而《平江记事》（成

的一些产品更值得关注，如著名香料番红花价格昂贵，是地中海大地域中的著名香料
（《香料传奇》所谓"中世纪时英格兰是藏红花的主要产地"之说值得商榷）[1]；蔷
薇水（玫瑰香水）的历史十分悠久，一直以其最为昂贵的西方香料为东西方各国所青
睐，但其配方及其演变的历史较为复杂，它与东方的著名香料桂皮、小豆蔻、肉桂和丁
香等的紧密关联很可能是促发西方向往"神秘东方"的原因之一；《香料传奇》的作者
所谓的"最昂贵的香料香水有着最大的社会效应"一语耐人寻味[2]。

　　相对于亚热带地区，热带地区作为更为重要的香料产地，或许因其"次要化合物"
的特性更为优越而产出品质更佳、香料属性更为突出的香料种类。它们更值得关注的主
要原因在于产地的分布更为特殊——在遍及东南亚、南亚、阿拉伯半岛南部和非洲东南
部的广大地域中，龙脑香、沉香、丁香（鸡舌香）、藿香、豆蔻（白豆蔻、肉豆蔻、小
豆蔻）、降真香、詹糖香、艾纳香、甲香、旃檀香、青木香、胡椒、荜拨、庵摩勒、毗
梨勒、乳香、没药、龙涎香等30余个产品经久不断地出现在东西各国的进口货单中。其
中，阿拉伯半岛和东非的乳香和没药、印度及东南亚诸地的胡椒和"极东"地带的班达
群岛、马鲁古群岛产的豆蔻、丁香，从西往东，构成了相连续的品种链条，从而对东西
海上交通产生了巨大影响。如乳香（以今也门的哈达拉毛、迈赫拉和佐法尔为中心，旁
及阿曼中东部地区；品种或种类与之相近者在索马里的瓜达富供角；印度中部山区和马
拉巴尔海岸的乳香则"质量欠佳"）与没药（主产地在索马里为中心的非洲东海岸地区
和阿拉伯半岛的南部），它们相对于丁香、豆蔻等商品，距中国的距离仅稍逊于西亚一

书于元至正年间）既然以阿拉伯语的音译"一息泥"相称、并明确为"回回香料"，则表明迷迭香作为延袭
至今的西餐调味配方，至少在元代乃作为进口香药流行于中国。另一种"马思答吉"在元代宫廷饮膳中作为
一味重要调味品而闻名。《回回药方》另以多种译写见载（考略），它是产于地中海诸国（尤以小亚细亚和
罗马帝国之欧洲地区为主）的一种含甜味剂（木糖醇）的洋乳香（漆树科），是中世纪地中海地区人们用于
清洁口腔和消炎去火的优良香药。必须注意的是，此"洋乳香"与阿拉伯半岛南部和非洲东南部的另一种
"乳香"（属橄榄科），即东西交通中更为盛行的一种重要香料分属不同的品种。三者或失载于有关进口物
品的汉文文献中。这一状况反映史料记录仍有缺失，亦启示我们进一步考虑中外香料交流的丰富性和多样
性。
[1]　"八哈剌迷"（bahram）（宋释52）和"撒法郎"（Za'farān）分别为波斯语和阿拉伯语词的音译
（宋释61）；"咱儿那不"（Zarnab）或为"撒法郎"的另译（宋释277）。原生地大体在帕米尔高原以西的
亚洲西部和欧洲，产地应以地中海为中心，呈逐步扩大，同时又向意大利中部集中的趋势。这符合10世纪以
来意大利经济和对外贸易急剧发展的史实。
[2]　研究者根据希提的一种说法，认为阿拉伯大量出口中国的蔷薇水以蔷薇、睡莲、橙子花、紫花地丁等香
花（它们大概是西亚-地中海地区的地产香料）制作而成（前揭《阿拉伯通史》，第412页；温翠芳：《唐
代外来香药研究》，第217页）。然而，中世纪的香水品种可能并不单一，其制作及其配方的演变过程亦较
复杂，作为罗马香水的技术精华被罗马人保持到中世纪。在千年之交，随着与东方贸易的复兴和阿拉伯人科
学技术（如采用阿拉伯人的蒸馏法提取花精）的不断输入，香料制作的技术大为提高。这一时期的香水制作
是以油类或动物脂肪为基础，加上酒、香料和芳香物。例如，一种典型的中世纪的腋下用配方被建议使用桂
皮、丁香和酒来除去腋臭。中世纪的香水配方可能离不开桂皮、小豆蔻、肉桂和丁香等东方热带地区的香
料，"其中最昂贵的香料香水有着最大的社会效应"（前揭《香料传奇——一部由诱惑衍生的历史》，第
236、240、245、243页）。

地中海地区。乳香在两宋时代成为中国市场用量最大，因而也是最有影响的国际远程贸易商品；南亚、东南亚为香料的主产区，其中辛香类的突出代表胡椒堪称东西交通贸易中的大宗，并越来越受到包括中国在内的市场的追逐，其产地虽较为广泛地分布于东南亚和中国海南地区以及非洲西海岸，但又有一个较为明确的中心——印度西海岸的马拉巴尔地区。这一"胡椒海岸"历史悠久、产地集中、胡椒品质优良，并且，因处于距西方（欧洲和伊斯兰世界）较近的位置而具有独特的地缘优势，所以，这一中心在相当程度上左右了海上交通集散中心的转移。不过，胡椒在东南亚的其它地区，如苏门答腊和爪哇岛也有广泛的分布，产量也相当可观。其产地大致可分为三组：第一组以印度的马拉巴尔海岸为中心，兼及缅甸、暹罗及马来半岛；第二、三组分别以苏门答腊和爪哇为中心，产地多达25处左右。

自印尼群岛穿越爪哇海和班达海转北，此为香料商人所神往的"极东之地"。在16—18世纪前，那里的"香料群岛"是丁香和豆蔻（肉豆蔻）的唯一产地[1]，引起西方人越来越多的关注，直至15世纪开始的长时期内，成为葡、荷、英、法等欧洲列强争夺的重要物品。产地的大略分布：

豆蔻——该品种所在的班达（Bamdam）诸岛由6个岛屿组成，其中5个产豆蔻香料，按其重要性，它们分别为普罗·班达（Pulo Bamdam）、内拉（Neira）、普罗·艾（Pulo Ai）、普罗·鲁恩（Pulo Run）和普罗·崩卡杰（Pulo Bomcagy）。

丁香——自班达诸岛往北，进入丁香产地摩鹿加诸岛，即"丁香诸岛"。群岛中有5个产丁香，自北往南是：德那第/特尔纳特/德尔纳特（Ternate）、蒂多雷（Tidora）、摩蒂尔（Moter）岛、马克扬（Maquiem）、巴契安（Pacham）、吉洛洛（Bato Chyna）。

## 辨义之三：远程贸易与香料的稀有、贵重"二重性"

互通有无是经济交往和国际交往的基本出发点。《剑桥插图伊斯兰世界史》说，之所以冲破种种艰难险阻而开展远距离的海上贸易的主要动力是"文明的伟大产品"，即"丝绸、瓷器、香料、熏香、良种马以及各种精美物品，加上日常生活较普通的必需品——粮食、燃料、木材和食用油"[2]。比利时著名学者亨利·皮朗在强调香料是地中海贸易的基本"动力"时说："当西方与东方、基督教徒与伊斯兰教徒的关系日益密

---

[1] 唯一的例外是，爪哇的森林中产有"不多"的小豆蔻。〔葡〕多默·皮列士著，何高济译：《东方志——从红海到中国》，江苏教育出版社，2005年版，第134页。

[2] 〔英〕弗朗西斯·鲁宾逊著，安维华、钱雪梅译：《剑桥插图伊斯兰世界史》，世界知识出版社，2005年版，第127页。

切与频繁的时候，各种自然商品与制造品的交易也不断地增加。从13世纪起，输入欧洲的商品有米、橘、杏、无花果、葡萄干、香粉、药剂与来自印度的苏木、洋红、明矾等染料。除此以外，还有棉花……。生丝是从12世纪末年起输入欧洲的，并且，当丝织品和棉织品的制造首先在意大利，随后不久又在大陆上发达起来时，生丝的输入量也和棉花一样日益增加了。东方的若干制造品，例如大马士革的缎子、巴格达的神龛、摩苏尔的纱布、加沙的棉纱，在欧洲也是有需求的。"[1]这就是说，基于基本的物质需求而开展的东西海上贸易，其交易货物的构成是复杂的、多种多样的。然而，在这些"伟大产品"中，像粮食、燃料、木材、食用油和良种马等等物品因其体积大、利润低而只适合近距离交易；各种精美物品如珠宝、丝绸价值高，体积相对小；其中的珠宝尤其突出，然而，功能的相对单一，特别是受众面的狭小决定它们不可能成为常规性的、大规模的远距离交易的物品。显而易见，在16世纪前后香料的吸引力开始衰落和化学合成香料产生前，人类唯一可依赖的自然香料的优势独树一帜。它在印度，在伊斯兰世界，在西欧民族的日常生活中，在中国，不仅仅作为一种调味品，更作为一种药品、营养品、敬神的贡品、奢侈品、春药和解毒剂，在各民族、国家的社会生活的方方面面起到了至关重要的作用，并由体现香料本身实际存在的"神奇的作用"上升至精神层面的"魔力"作用。

《香料传奇》的作者杰克·特纳曾将香料的神奇性具体为"稀有""贵重"二重性[2]。那么，这种"二重性"又是何以形成的呢？

如前所述，"真正的香料"主要分布于热带和亚热带地区，这引导我们进一步注意到西方（以西亚—地中海为中心，即亚热带地区）的香料产品对东方的重要性，它们往往以"香药"的东进为线索，透露出东西通道中的西侧——内陆欧亚地区的地产香料在东西"双向流动"中的重要意义。一些西方论著往往更侧重于双向流动中的西方的一侧，例如，在分析12—14世纪东西海上香料贸易的复杂变迁及其多种原因时说，由于"南中国海给中国独立的航海者带来了更多的贸易机会，他们的船直接航行到香水和香料的供应地。结果，中国本身成为一个香料市场，吸引了来自基督教和穆斯林地区的商人，而在12世纪及13世纪早期，中国往往将获得的香料用于国内消费，外国商人则在马来亚以远（大略指印度洋贸易圈——本文作者）的地方经营。在野蛮的元朝的灰色统治下，中国国内对香料和香水的需求大大下降了"[3]。

这里所谓的"香料和香水"无疑包括番红花、阿魏、苏合香、安息香以及西方合香

[3] 〔比〕亨利·皮朗著，乐文译：《中世纪欧洲经济社会史》，第139页。
[1] 〔澳〕杰克·特纳著，周子平译：《香料传奇——一部由诱惑衍生的历史》，第246页。
[3] 〔英〕M. M. 波斯坦、爱德华·米勒主编，钟和等译：《剑桥欧洲经济史》第二卷《中世纪的贸易和工业》，经济科学出版社，2004年版，第375页。

的佼佼者——蔷薇香水等30多种西方香药/香料。12—13世纪早期中国市场的变化，特别是上层社会对"香料和香水"需求的下降，对西方来说，其消极影响能被敏锐地感受到——这种分析或可进一步商榷，但产品双向流动的重要性，不言而喻。

当然，相对于亚热带地区，热带地区的30余种产品在东西交通中的地位更为重要，并与亚热带的地产香料构成了东西互动、相互依赖的大格局：中国是海上通道东部最大的进出口市场，又是东方最具影响的大国，他对东南亚的政治、经济的影响力往往举足轻重。可以说，在葡萄牙人东进前，中国不仅可以无障碍地，乃至可以通过"朝贡贸易"获得它所需要的香料——包括东方的丁香、豆蔻以及通过自己的积极参与获得它所需要的胡椒、乳香等商品。不过，中国与西亚—地中海地区相距遥遥，西方香料的东进毕竟得通过长距离的递相转运。

由欧、亚、非组成的地中海世界的地缘关系较为复杂。7世纪形成的伊斯兰世界与欧洲形成政治、宗教上既对立又相互依赖的复杂关系；就东西交通领域而言，伊斯兰世界作为东西海陆通道的"十字路口"，时时制约着欧洲与东方的直接交通。于是，在多数情况下，欧洲与遥远的东方的贸易势必受穆斯林中介商的控制而增加香料贸易的成本。所以，摆脱中间势力的控制大概是欧洲人越来越强烈的宿愿。

显而易见，产品的分布与各国（地区）的地缘因素交相作用，构成了相邻、相近地区间以及跨州、跨洋间的多层次、多形式的交往关系。唐代义净（635—713）在"附舶"转行于印度洋和南海各地的经历中，获知商舶装载的贸易货物分"体重价重""体轻价重""体重价轻"和"体轻价轻"四种类型（"船主"根据需要将它们进行混合装载），其中"体轻价重"的代表性货物为"缯彩及丝、郁金香、苏泣迷罗（sukismila，小豆蔻）"[1]——香料作为"体轻价重"者理所当然地成为运载方便、适合进行长途转贩以获取更高利润的商品。在这个问题上，西方学者的论述更为精当，几乎所有的重要著述同时强调了香料在地中海贸易乃至国际远程贸易中的首要地位，如亨利·皮朗说：

中世纪的商业，一开始就不是在地方贸易的影响之下，而是在输出贸易的影响之下发展起来的。……

香料是这种贸易的首要商品。一直到最后，香料所占的首要地位始终未变。……在葡萄牙人发现新航路而直接购买香料以前，从阿拉伯、印度、中国来的商队把大批的香料运到叙利亚，叙利亚成了欧洲商船的主要目的地。载运的方便和售价的昂贵，使香料具有无与伦比的优越性。因此，中世纪的贸易是以奢侈品的贸

---

[1]《乾隆大藏经》第1113-01部（《小乘律》）《根本说一切有部毗奈耶》卷三《不与取学处第二之二》，义净译；参见温翠芳：《唐代外来香药研究》序论，第13页。

易开始的。所谓奢侈品的贸易就是成本较低、利润较高的贸易。直到中世纪贸易的末期，这种性质也并无改变。需要巨额运费与大量资金的大批原料和日用消费品的贩运，在中世纪是没有的。这就是现代贸易与中世纪贸易最为强烈的对比。中世纪的港口设备只是一些简单的木建码头，备有一两架起重机，可以停靠200吨至600吨的船只。这就是当时所需要的一切设备，在那里装运、起卸商船上几百吨的胡椒、肉桂、丁香、豆蔻、甘蔗等贵重货物。……

中世纪的船主不必担心香料的存货过多和它的价格惨跌，因为每一艘回到注册港埠的商船，都因贩运香料而获厚利。[1]

意大利著名学者卡洛·M·奇波拉也说：

中世纪的大规模贸易与两个地区密切相关，这两个地区最初都是相当独立地发展的，但很快它们之间便开始相互补充而繁荣；一是在地中海，意大利居无可匹敌的地位；另一是北欧的狭窄海域，经济上受低地各国的控制。地中海是欧亚两洲既冲突又连续相互交流的舞台，那里首先是香料贸易的交通要道。香料贸易这个有魔力的名字，充满了"迷人的东方"的全部声望，实际上包括所有异国的货物和其他物品在内。这些货物的高昂价值，它们所提供的巨大利益，以及对于这些物品的普遍需求，单凭这几点就足以抵销远距离经营危险事业的风险。这些因素使得香料成为最高价值的国际商品，一种其本身对国际贸易的复活作出贡献的商品。

这些宝贵物品中的大部分来自最遥远的亚洲：从印度、锡兰、爪哇（根据马可·波罗的说法，"这是全世界最大最富的岛屿"），从摩鹿加这块盛产芬芳香料的广大地区，和最后来自中国。那里的港口广州是胡椒、生丝、玉器、瓷器的分配中心。[2]

另一部专论香料的西方著作《危险的味道》的一段表述也很恰当："人们总是追求那些外来的——那些自己家园不能拥有的东西。通过陆地和海洋进行的贸易，无论多么困难，多么缓慢，多么昂贵，多么危险，都已使我们的食品和庆典活动染上了世界另一端的色彩和味道。""'世界的另端'是确实存在的，香料在贸易网络中是跨越地球的最早的产品之一。"[3]《香料传奇》的作者杰克·特纳的归纳亦或顺理成章："香料（spice）这个词带有一种独特、无可替代的含义。说香料是特殊之物（special）是同

[1]〔比〕亨利·皮朗著，乐文译：《中世纪欧洲经济社会史》，第137～139页。

[2]〔意〕奇波拉主编，徐璇译：《欧洲经济史》第一卷《中世纪时期》，商务印书馆，1988年版，第219、220页。不过，胡椒的主产地在印度的马拉巴尔海岸，这一点，奇波拉不会不了解，他将广州视为胡椒的"分配中心"，有点令人费解。

[3]〔英〕Andrew Dalby著，李蔚虹、赵凤军、姜竹青译：《危险的味道——香料的历史》，百花文艺出版社，2004年版，第1页。

义语反复，事实上这两个词是同根词。正如它们的名称中蕴涵着非寻常之义，这名称也与魅力诱人相连。"[1] 我们有理由将稀有、贵重的"二重性"（具体为体态小，耐保存，难获得）这一特质附着在香料之中，作为中世纪"香料"的一项重要义涵。

## 小　结

"香料"的药用价值在相当程度上决定了它对于人类社会的必需性，我们对香料产于热带与亚热带地区之所以作必要的诠释，在于这一意涵决定了不同功用的香料分布相距数万里之遥的不同地区，并且，在16—18世纪前，像藏红花、乳香、胡椒、丁香、豆蔻等产品移植它地的努力几乎全告失败，因此，"特定地区"的"自然产物"这一要素造就了一些重要国际贸易香料品种的"地区性"，进而形成了此类香料对东西方人的"必须性"乃至"唯一性"，以中国为中心的东亚海域圈与以地中海为中心的欧亚非海域圈之间以及两大区域间各国、各地区之间复杂的依存与互动关系因此形成。当年三上次男一行冒着生死之险从苏伊士沿红海南下，到达11世纪中期至14世纪中期繁荣一时的阿伊扎布港口（大致位于红海西海岸的中部偏南），在"孤独、宁静、空无一人的沙漠海岸上的废墟"面对"为数竟达千余"的中国的陶瓷碎片，为"人类的种种艰苦经营和四百年来的苦难历史"所震撼，由衷感到，"在这数万公里艰难的旅程之中，不得不使人惊叹，表现在各个方面的人类欲望，是何等的深刻和强烈"[2]。

有意味的是，他们在这批中国的陶瓷碎片中发现了一些带有"□清香"戳子的瓷片，即"因储存香料之类的货品而运来此处"的瓷壶——显然，香料远不如陶瓷那样，可向我们提供同样的历史见证，但那种带"戳子"的瓷壶，难道不更能透露出它的主人的珍贵吗！由此反向转往数万公里之外的东方——当欧洲人孜孜不倦地寻求东方香料，特别是冒着千难万险，从星球的一端航行到另一端，追逐深藏于婆罗州和新几内亚间几个小火山岛上的丁香和豆蔻，进而引发欧洲列强间长期的血腥厮杀时，不也会引起人们的惊叹吗！

作者单位：南京大学历史系

收稿日期：2015-12-12

---

[1] 〔澳〕杰克·特纳著，周子平译：《香料传奇——一部由诱惑衍生的历史》，第30、31页。

[2] 〔日〕三上次男著，胡德芬译：《陶瓷之路——东西文明接触点的探索》，天津人民出版社，1983年版。